Différent, tout comme moi

Catalogage avant publication de Bibliothèque et Archives nationales du Québec et Bibliothèque et Archives Canada

Hall, Ron, 1945 19 sept.-

    Différent, tout comme moi : le destin de deux hommes d'univers différents unis par une amitié hors du commun

    Traduction de : Same kind of different as me.

    ISBN 978-2-89225-738-0

    1. Hall, Ron, 1945 19 sept.- . 2. Moore, Denver. 3. Blancs - Texas – Biographies. 4. Noirs américains – Texas – Biographies. I. Moore, Denver. II. Vincent, Lynn. III. Titre.

F391.3.H3414 2011   976.4'0630922   C2011-940598-9

Adresse municipale :
Les éditions Un monde différent
3905, rue Isabelle, bureau 101
Brossard (Québec), Canada J4Y 2R2
Tél. : 450 656-2660 ou 800 443-2582
Téléc. : 450 659-9328
Site Internet : www.unmondedifferent.com
Courriel : info@umd.ca

Adresse postale :
Les éditions Un monde différent
C.P. 51546
Succ. Galeries Taschereau
Greenfield Park (Québec)
J4V 3N8

Cet ouvrage a été publié en langue anglaise sous le titre original :
SAME KIND OF DIFFERENT AS ME : A MODERN-DAY SLAVE, AN INTERNATIONAL ART DEALER, AND THE UNLIKELY WOMAN WHO BOUND THEM TOGETHER
Published in Nashville, Tennessee, by Thomas Nelson, Inc.
SpecialMarkets@ThomasNelson.com
Author is represented by the literary agency od Alive Communications, Inc. 7680 Goddard Street, Suite 200, Colorado Springs, CO 80920

Copyright © 2006 by Ron Hall
All rights reserved

©, Les éditions Un monde différent ltée, 2011
Pour l'édition en langue française

Dépôts légaux : 2e trimestre 2011
Bibliothèque nationale du Québec
Bibliothèque nationale du Canada
Bibliothèque nationale de France

Conception graphique de la couverture :
OLIVIER LASSER et AMÉLIE BARRETTE

Conception de la couverture originale :
GEARBOX

Photographie de la couverture :
CARSON HALL

Version française :
JOCELYNE ROY

Photocomposition et mise en pages :
ANDRÉA JOSEPH [pagexpress@videotron.ca]

Typographie : Fairfield LH 12,3 sur 15 pts

ISBN 978-2-89225-738-0

Nous reconnaissons l'aide financière du gouvernement du Canada par l'entremise du Fonds du livre du Canada (FLC) pour nos activités d'édition.

Gouvernement du Québec – Programme de crédit d'impôt pour l'édition de livres – Gestion SODEC.

Gouvernement du Québec – Programme d'aide à l'édition de la SODEC.

Imprimé au Canada

RON HALL & DENVER MOORE
AVEC LYNN VINCENT

Différent, tout comme moi

Le destin de deux hommes d'univers
différents unis par une amitié hors du commun

UN MONDE 🏃 DIFFÉRENT

1

« Eh ben, le pauvre Lazare pauvre comme moi
Lorsqu'il est mort il est allé là-haut...
L'homme riche a vécu sans soucis
Lorsqu'il est mort il est allé en enfer...
Il vaut mieux s'établir dans cette pierre, ne vois-tu pas ? »

— NÉGRO-SPIRITUAL

Denver

Avant de rencontrer Miss Debbie, j'avais jamais parlé à une femme blanche. J'avais peut-être répondu à une ou deux questions, mais c'était pas vraiment *parler*. Et c'était pas mal risqué, parce que la dernière fois que j'avais été assez fou pour ouvrir la bouche devant une femme blanche, je m'étais retrouvé à moitié mort et presque aveugle.

J'avais 15 ou 16 ans peut-être, je marchais sur la route de terre rouge qui passe devant la plantation de coton de Red River Parish, en Louisiane, où je vivais. La plantation était grande et plate, comme beaucoup de fermes ensemble, avec un bayou qui les traversait comme un serpent. Des cyprès squattaient comme des araignées dans l'eau vert pomme. La plantation, c'était beaucoup de champs de 100, peut-être 200 acres, avec de chaque côté des arbres feuillus, surtout des pacaniers.

Mais il y avait pas beaucoup d'arbres près du chemin. Ce jour-là, je revenais de chez ma tante – mais c'était la sœur de ma grand-mère du côté de mon père – et on pouvait me voir de loin. Et puis j'ai vu cette femme blanche debout à côté de sa voiture, une Ford bleue, un modèle 1950 ou 51, quelque chose comme ça. Elle était là debout avec son chapeau et sa jupe, un peu comme si elle revenait de la ville. Elle avait l'air de se demander comment réparer une crevaison. Donc, j'ai arrêté.

« Besoin d'aide, m'dame ?

– Oui, merci », elle a dit, l'air plutôt reconnaissant pour vous dire la vérité. « J'en ai vraiment besoin. »

J'ai demandé si elle avait un cric, elle a répondu oui, et c'est tout ce qu'on a dit.

Je finissais de réparer le pneu quand trois garçons blancs sur des chevaux brun-roux sont arrivés sur la route. Ils étaient allés chasser, je me suis dit, et ils approchaient en trottant et ne me voyaient pas parce que j'étais derrière la voiture. Les pattes des chevaux ont soulevé de la poussière rouge partout autour de moi. Je suis resté sans bouger et j'ai pensé attendre qu'ils partent. Puis j'ai décidé que je voulais pas qu'ils pensent que je me cachais et lentement je me suis relevé. En même temps, un des garçons a demandé à la femme blanche si elle voulait de l'aide.

« Je suppose que non », a dit un gars aux cheveux roux et aux grandes dents quand il m'a vu. « Il y a un *nègre* qui l'aide ! »

Un autre, aux cheveux foncés et au visage de fouine, a mis une main sur le pommeau de sa selle et a repoussé son chapeau de l'autre. « Hé ! jeune vaurien, qu'est-ce que tu fais là à embêter cette jolie dame ? »

Il était lui-même jeune, peut-être 18, 19 ans. J'ai rien dit, je l'ai seulement regardé.

« Qu'est-ce que tu regardes, jeune vaurien ? », il a dit, et il a craché dans la poussière.

Les deux autres ont ri. La femme blanche a rien dit, elle regardait ses souliers. Et puis il y a eu juste le silence, à part le grattement des sabots des chevaux. Comme le grand silence avant un cyclone. Et puis le garçon le plus près de moi a passé une corde de chanvre autour de mon cou, comme s'il attrapait un veau. Il a tiré fort et je pouvais plus respirer. Le nœud coulant a serré mon cou, m'a piqué comme des ronces, et la peur a monté le long de mes jambes jusqu'à mon ventre.

J'ai regardé les trois garçons, et j'ai pensé qu'on avait presque le même âge. Mais leurs yeux étaient méchants.

« Nous allons t'apprendre à ne pas embêter les femmes blanches », a dit celui qui tenait la corde. Après ils ont plus rien dit.

J'aime pas beaucoup parler de ce qui est arrivé après, parce que je cherche pas la pitié. Mais c'était comme ça en Louisiane dans ce temps-là. Au Mississippi aussi, j'imagine, parce que deux ans après, des gens ont raconté l'histoire d'un jeune gars de couleur qui s'appelait Emmett Till et qui avait été battu jusqu'à ce que personne soit capable de dire qui il était. Il avait sifflé une femme blanche, et d'autres bons garçons – c'est comme si les bois étaient pleins de bons garçons – avaient pas beaucoup aimé ça. Ils ont battu le jeune Noir jusqu'à ce qu'un œil lui sorte de la tête, et puis ils ont attaché un ventilateur d'égreneuse à coton autour de son cou et l'ont jeté en bas d'un pont dans la rivière Tallahatchie. Les gens disent que si on traverse ce pont aujourd'hui, on peut encore entendre les cris du garçon en train de se noyer.

Il y avait beaucoup de Emmett Till, sauf qu'on en parlait pas. On dit que le bayou de Red River Parish est rempli jusqu'à sa surface vert pomme des os éclatés de gens de couleur que les hommes blancs ont donné à manger aux alligators, parce qu'ils ont eu envie de leurs femmes, ou peut-être seulement parce qu'ils les ont un peu regardées. Ça arrivait pas tous les jours. Mais le risque que ça arrive, la menace que ça arrive, flottait comme un fantôme sur les champs de coton.

J'ai travaillé dans ces champs presque 30 ans, comme un esclave, même si l'esclavage était censé avoir disparu quand ma grand-mère était encore petite. J'avais une cabane qui était pas à moi, deux salopettes que j'avais pas pu payer, un cochon et des toilettes dehors. Je travaillais dans ces champs, plantant, bêchant, cueillant, et donnant tout le coton à l'Homme blanc qui était le propriétaire de la terre, tout ça sans salaire. Je savais même pas qu'un chèque de paye pouvait exister.

Pour vous, tout ça est peut-être pas facile à imaginer, mais j'ai travaillé comme ça saison après saison, de l'époque où j'étais un petit garçon après celle où ce président appelé Kennedy a été tué à Dallas.

Pendant tout ce temps, il y avait un train de marchandises qui avait l'habitude de traverser Red River Parish sur des rails là-bas près de la route 1. Chaque jour, je l'entendais siffler et grincer, et j'imaginais qu'il chantait le nom d'endroits où il pourrait m'emmener... comme New York ou Détroit où j'avais entendu dire qu'un homme de couleur pouvait être payé, ou la Californie où j'avais entendu dire que presque n'importe qui capable de respirer pouvait empiler de l'argent en papier comme on empile des crêpes.

Un jour, j'ai été fatigué d'être pauvre. Donc, j'ai marché jusqu'à la route 1, j'ai attendu que ce train ralentisse un peu et j'ai sauté dessus. Je suis pas descendu avant que les portes s'ouvrent, à Fort Worth au Texas. Mais quand un homme noir qui sait pas lire, pas écrire, pas compter, et qui sait rien faire d'autre que travailler dans un champ de coton arrive dans une grande ville, il a pas beaucoup de ce que les hommes blancs appellent des «perspectives de carrière». C'est pour ça que j'ai fini par dormir dans la rue.

Je vous cacherai rien : la rue rend méchant. Et j'avais été un homme méchant, un sans-abri, pas ami avec la loi, j'avais été dans la prison d'Angola, et puis encore un sans-abri pendant beaucoup d'années avant que je rencontre Miss Debbie.

Je veux vous dire ceci de Miss Debbie : elle était la personne la plus maigre et la plus curieuse, noire ou blanche, que j'avais rencontrée dans toute ma vie.

Elle était si curieuse que j'ai pas pu l'empêcher de découvrir que je m'appelais Denver. Elle a fait son enquête. Longtemps, j'ai essayé d'éviter qu'elle s'approche de moi. Mais après un bout de temps, Miss Debbie est arrivée à me faire parler de choses que j'aime pas raconter et à me faire dire des choses que j'avais jamais révélées à personne, pas même l'histoire des trois garçons avec la corde.

Mais à vous maintenant je vais en parler.

_2_

Ron

La vie nous offre de ces moments peu glorieux qui restent à jamais gravés dans notre mémoire. L'un d'eux, qui remonte à 1952, m'a marqué au fer rouge, comme on marque un bœuf à longues cornes. À cette époque, tous les écoliers devaient apporter à l'école un échantillon d'urine que les travailleurs de la santé publique analysaient pour détecter des maladies redoutables. J'étais en deuxième année à l'école primaire Riverside de Fort Worth, au Texas, et je transportais soigneusement mon pipi dans une coupe de papier Dixie, comme tous les autres garçons et filles. Mais au lieu de l'apporter à l'infirmière de l'école, je suis allé directement au bureau de Miss Poe, l'enseignante la plus mesquine et la plus laide que j'ai jamais eue.

Mon erreur a déclenché chez elle un tel accès de colère qu'on aurait cru que j'avais déversé le contenu de ma coupe Dixie directement dans la tasse de café qui se trouvait sur son bureau. Pour me punir, elle a fait marcher, tel un sergent instructeur, toute la classe de 2e jusqu'à la cour de récréation, et elle a tapé dans ses mains pour capter notre attention.

«Classe, j'ai quelque chose à vous annoncer», a-t-elle dit de sa voix râpeuse de fumeuse, aussi grinçante que les freins en mauvais état d'un 18 roues. «Ronnie Hall sera privé de récréation aujourd'hui. Parce qu'il a été assez stupide pour apporter sa coupe Dixie dans la salle de classe au lieu d'aller à l'infirmerie, il passera les 30 prochaines minutes le nez dans un cercle. »

Miss Poe a alors sorti de sa poche un bâton de craie tout neuf et a dessiné un cercle sur le mur de briques rouges de l'école à environ 8 centimètres au-dessus de l'endroit où mon nez le toucherait si je gardais les talons au sol. Humilié, je me suis avancé, je me suis dressé sur la pointe des pieds, et j'ai collé mon nez sur le mur. Après 5 minutes, j'ai commencé à loucher et j'ai dû fermer les yeux, me rappelant que ma mère m'avait averti que si je louchais, mes yeux pourraient rester figés dans cette position. Après 15 minutes, des crampes me vrillaient férocement les orteils et les mollets, et après 20 minutes, mes larmes ont effacé la partie inférieure du cercle que Miss Poe avait tracé sur le mur.

Avec toute la haine que peut ressentir un enfant humilié, je me suis mis à détester Miss Poe. Et les années passant, j'ai toujours souhaité lui envoyer un message pour lui prouver que je n'étais pas stupide. Toutefois, cela faisait des années que je n'avais plus pensé à elle, jusqu'à cette splendide journée de juin 1978, alors que je descendais la North Main Street de Fort Worth dans ma Mercedes décapotable et que le gardien de sécurité m'a fait signe de franchir la barrière menant à l'aire de stationnement privé du Meacham Airfied, comme si j'étais une vedette rock.

Cela aurait été parfait si Miss Poe, quelques-unes de mes anciennes petites amies – Lana et Rita Gail, peut-être – et, pourquoi pas toute la promotion de 1963 de l'école secondaire d'Haltom, avaient été alignées là, comme pour assister au passage d'une procession, afin de voir comment je m'étais hissé au-dessus de ma modeste condition. Quand j'y repense, cela m'étonne que je sois arrivé à bon port étant donné que j'avais passé les 10 minutes du trajet à m'admirer dans le rétroviseur.

J'ai roulé jusqu'à l'endroit où un pilote attendait debout devant un jet privé Falcon. Vêtu d'un pantalon noir, d'une chemise blanche empesée et de bottes de cow-boy rutilantes, il a levé la main en guise de salut, plissant les yeux dans la chaleur texane qui irradiait de la piste d'envol.

«Bonjour, Mr Hall», a-t-il lancé par-dessus le vrombissement des turbines. «Besoin d'aide pour transporter ces tableaux?»

Avec soin, un à la fois, nous avons porté trois tableaux de Georgia O'Keeffe de la Mercedes jusqu'au Falcon. À elles seules, ces trois toiles valaient tout près d'un million de dollars. Deux ans plus tôt, j'avais vendu la même collection 500 000 $ (deux des représentations florales emblématiques de O'Keeffe et une toile représentant un crâne de bovin) à une richissime femme du sud du Texas. Lorsqu'elle avait détaché un chèque libellé au montant total de son chéquier de cuir Hermès, je lui avais demandé à la blague si elle était certaine qu'il n'était pas en bois.

«Je l'espère bien, mon chou», avait-elle répondu avec l'accent sirupeux et traînant du Texas. «La banque m'appartient.»

Et maintenant, cette cliente se défaisait à la fois d'un mari prospecteur d'or et des œuvres de Georgia O'Keeffe. La nouvelle acheteuse, une élégante quinquagénaire, propriétaire de l'un des plus beaux appartements de Madison Avenue et qui portait probablement des perles dans son bain, divorçait également. Elle avait organisé cet après-midi-là un déjeuner pour moi et deux de ses amis artistes et mondains afin de fêter ses nouvelles acquisitions. Fervente partisane de la philosophie qui veut que bien vivre est la meilleure des vengeances, elle avait utilisé une partie de la rançon de roi soutirée à son ex-mari pour acheter les O'Keeffe à près du double de leur valeur initiale. Elle était de loin trop riche pour négocier le prix d'un million inscrit sur l'étiquette. Cela me convenait parfaitement, étant donné que ma commission pour cette transaction se chiffrait à exactement 100 000 $.

Ma cliente avait envoyé le Falcon de New York expressément pour moi. À l'intérieur, je me suis installé confortablement dans un fauteuil de cuir crème et j'ai parcouru les grands titres du jour. Le pilote s'est engagé sur la piste, a décollé vers le sud et puis a lentement bifurqué vers le nord. Pendant que nous prenions de l'altitude, j'ai admiré Fort Worth, une ville qui était sur le point d'être transformée par des milliardaires locaux. C'était bien plus qu'une rénovation : des trous géants creusés dans le sol annonçaient la construction imminente de grandes tours miroitantes faites de verre et d'acier. Des galeries, des cafés, des musées et des hôtels huppés s'élèveraient bientôt pour cohabiter avec les banques et les cabinets d'avocats, transformant le centre-ville somnolent de Fort Worth en un épicentre urbain branché.

Le projet était à ce point ambitieux qu'il forçait l'exode de la population des sans-abri de la ville, ce qui en était en fait le but avoué, une façon de faire de notre ville un meilleur endroit où vivre. À 900 mètres d'altitude, j'étais secrètement heureux qu'on repousse les clochards de l'autre côté de la voie ferrée, car je détestais me faire demander l'aumône chaque jour lorsque j'allais m'entraîner au Fort Worth Club.

Ma femme, Debbie, ignorait quels étaient mes véritables sentiments à cet égard. Nouveau venu dans l'élite, je cachais plutôt bien mon jeu. Après tout, il y avait 9 ans seulement, je gagnais 450 $ par mois en vendant de la soupe Campbell, et seulement 7 depuis que j'avais acheté et vendu ma première toile, en utilisant secrètement – en volant ? – les 50 actions de Ford de Debbie, un cadeau que ses parents lui avaient fait lorsqu'elle avait obtenu son diplôme à la Texas Christian University.

C'était de l'histoire ancienne en ce qui me concernait. J'avais connu une ascension fulgurante, me hissant de l'univers de la soupe en boîte au milieu de l'art, en passant par les services bancaires d'investissement. À vrai dire, Dieu m'avait fait don de deux bons yeux, l'un pour l'art et l'autre pour les affaires. Mais vous n'auriez pas pu me le faire admettre à l'époque. Je croyais m'être hissé tout seul du monde de la classe moyenne rurale à cet univers à l'atmosphère raréfiée qui oxygène le style de vie de l'élite des Forbes 400.

Debbie avait menacé de divorcer lorsque j'avais utilisé ses actions de Ford – « la seule chose qui m'appartient en propre ! », avait-elle dit, furieuse – mais j'ai précautionneusement acheté son pardon de façon éhontée : je lui ai offert une montre en or Piaget et une veste de vison de chez Koslow.

Au début, j'ai tâté de la vente d'œuvres d'art tout en conservant mon emploi à la banque. Mais en 1975, j'ai réalisé un bénéfice net de 10 000 $ en vendant une toile de Charles Russell à un homme de Beverly Hills qui portait des bottes de cow-boy en peau de python blanc à la pointe dorée et une ceinture dont la boucle sertie de diamants avait la taille d'une assiette. Après cela, j'ai quitté les services bancaires pour m'aventurer dans le monde de l'art, comme un funambule sans filet de protection.

Cela a été payant. En 1977, j'ai vendu mon premier Renoir et puis j'ai passé un mois en Europe, me faisant connaître, mon œil sûr et moi, parmi l'élite du Vieux-Monde. Il n'a pas fallu longtemps pour que les zéros commencent à se succéder dans les comptes bancaires de Ron et Debbie Hall. Nous ne jouissions pas de la même fortune que mes clients dont la valeur nette moyenne oscillait entre 50 et 200 millions de dollars. Mais ils nous invitaient dans leur stratosphère : croisières sur des yachts privés dans les Caraïbes, voyages de chasse à la levée au Yucatán, séjours dans des domaines insulaires ou de vieux manoirs familiaux.

Je me délectais dans cet univers, adoptant comme uniforme standard des costumes Armani qui remplissaient désormais mon placard. Debbie n'était pas aussi éprise des artifices de la richesse. En 1981, je l'ai appelée de la salle de démonstration d'un concessionnaire Rolls-Royce de Scottsdale, en Arizona, qui s'était entiché d'une toile occidentale que je possédais.

«Tu ne me croiras pas lorsque je te dirai quel échange je viens de faire!», ai-je dit dès qu'elle a pris la communication dans notre résidence de Fort Worth. J'étais assis dans une Rolls-Royce Corniche décapotable rouge pompier de 160 000 $ à l'intérieur de cuir blanc garni d'un passepoil rouge assorti à la carrosserie. J'en ai fait la description en bafouillant dans mon téléphone satellite.

Debbie m'a écouté attentivement, et puis elle a rendu son verdict: «Je te défends de rapporter cette chose à la maison. Ne la sors même pas de la salle d'exposition. Cela m'embarrasserait d'être vue dans une telle voiture, ou même qu'elle soit garée dans notre allée.»

Venait-elle d'appeler une Rolls-Royce haut de gamme *cette chose*? «Je pense que ce serait amusant, ai-je encore tenté.

– Ron, chéri?

– Oui?», ai-je dit, soudain rempli d'espoir devant son ton radouci.

«Cette Rolls est-elle équipée d'un rétroviseur?

– Oui.

– Jettes-y un coup d'œil, a-t-elle dit. Est-ce que tu y vois une rock-star?

– Euh, non… ·

– Rappelle-toi seulement que tu vends des tableaux pour gagner ta vie. Maintenant, sors de cette Rolls, mets tes fesses d'Haltom City dans un avion et rentre à la maison.»

C'est ce que j'ai fait.

La même année où Debbie a snobé la Rolls, j'ai ouvert une nouvelle galerie sur Main Street, dans le quartier culturel en plein essor de Fort Worth, un lieu connu sous le nom de Sundance Square, et j'ai embauché une femme appelée Patty pour la diriger. Bien que nous exposions des toiles impressionnistes et modernes – Monet, Picasso et leurs pairs – d'une valeur de plusieurs centaines de milliers de dollars, nous veillions à ne pas en afficher le prix ou à ne pas en avoir un trop grand nombre en stock, car beaucoup d'épaves humaines n'avaient pas encore été convaincues de déménager leurs pénates dans leur nouvel environnement sous les autoroutes au sud-est de la ville. Crasseux et nauséabonds, plusieurs itinérants venaient chaque jour pour se rafraîchir, se réchauffer ou inspecter les lieux. La plupart d'entre eux étaient noirs, et j'étais persuadé que tous étaient également alcooliques et drogués, même si je n'avais jamais pris le temps de les écouter raconter leur histoire. Cela ne m'intéressait pas vraiment.

Un jour, un Noir au regard vitreux et d'une saleté repoussante, vêtu de fringues militaires usées jusqu'à la corde, est entré en traînant les pieds. «Combien pour celle-là?», a-t-il demandé d'une voix pâteuse, en montrant du doigt une toile de Mary Cassatt évaluée à 250 000 $.

Craignant d'être victime d'un vol, j'ai tenté de jouer le jeu. «Combien avez-vous dans vos poches?

– Cinquante dollars, a-t-il dit.

– Alors, donnez-les-moi et la toile est à vous.

– Non, m'sieur! Je vous donnerai pas 50 $ pour ça!

– Eh bien, cet endroit n'est pas un musée et je n'exige pas de prix d'entrée. Donc, si vous n'achetez rien, comment croyez-vous que je vais pouvoir payer mon loyer?» Je l'ai ensuite invité à quitter les lieux.

Quelques jours plus tard, il est revenu accompagné d'un autre clochard à l'allure aussi peu rassurante que la sienne. Ils ont cambriolé la galerie et pris la fuite à pied avec un sac plein d'argent et de bijoux artisanaux. Patty a appuyé sur le bouton panique bien réel que nous avions fait installer, et j'ai accouru du bureau où je me trouvais à l'étage, me lançant dans une poursuite du plus pur style hollywoodien, les voleurs se faufilant dans les ruelles et sautant par-dessus des poubelles, et moi hurlant derrière eux : «Arrêtez ces hommes! Au voleur!»

J'ai d'abord couru à toute vitesse, et puis j'ai ralenti un peu lorsque j'ai commencé à me demander ce que je ferais d'eux si je les rattrapais. (J'ai crié encore plus pour compenser ma progression plus lente.) Lorsque la police les a épinglés une dizaine d'immeubles plus loin, les filous avaient les mains vides, ayant éparpillé dans leur sillage bijoux et billets de 20 $.

Cet incident n'a fait que confirmer l'opinion que je me faisais des sans-abri, c'est-à-dire de la racaille, une bande de fourmis déterminées à ruiner les pique-niques des gens bien. J'ignorais que Dieu, avec son sens de l'humour raffiné, était alors en train de tisser un canevas qui permettrait à l'un d'eux de changer ma vie.

3

Personne m'a jamais dit d'où me venait ce prénom de Denver. Pendant longtemps, on m'avait appelé seulement Li'l Buddy. Il paraît que quand j'étais tout jeune, PawPaw, mon grand-père, avait l'habitude de m'emmener partout dans la poche en avant de sa salopette. C'est pour ça qu'on m'appelait Li'l Buddy, j'imagine.

J'ai pas beaucoup connu ma mère. C'était une fille très jeune, trop jeune pour bien s'occuper de moi. Donc, elle a fait ce qu'elle avait à faire et m'a donné à PawPaw et Big Mama. C'est comme ça que les choses se passaient dans les plantations et les fermes de Red River Parish. Les familles de couleur étaient toutes mélangées et de toutes les grandeurs. On pouvait voir une femme adulte qui vivait dans une *shotgun house*, qui cueillait du coton et qui élevait ses frères et ses sœurs, et c'était une famille. Ou on pouvait voir un oncle et une tante qui élevaient les enfants de la sœur de la femme, et c'était une famille. Et beaucoup d'enfants avaient seulement une mère et pas de père.

C'était comme ça à cause de la pauvreté. Je sais que c'est pas une chose populaire à dire aujourd'hui. Mais c'était comme ça. Souvent, les hommes cultivaient les champs et puis ils regardaient autour et se demandaient pourquoi ils travaillaient si dur quand chaque année l'Homme blanc qui était le propriétaire de la terre gardait tous les profits.

Le métayage existe plus maintenant et donc je vais vous dire comment c'était. La terre appartenait à l'Homme blanc. Il vous donnait les graines de coton et l'engrais, et le mulet et quelques vêtements, et tout ce qu'il fallait pour l'année. Sauf qu'il vous le donnait pas vraiment : il vous permettait d'acheter à crédit au magasin. Mais c'était le magasin de la plantation et c'était lui le propriétaire.

Vous labourez, vous plantez et vous entretenez les champs jusqu'à la récolte. Et puis à la fin de l'année, quand vous récoltez le coton, vous l'apportez à l'Homme blanc et vous faites vos comptes. Vous croyez séparer le coton en 2 parties égales, ou peut-être 64. Mais quand arrive le moment de récolter, vous devez tant à l'Homme blanc que votre part est toute grugée. Et même si vous croyez pas lui devoir autant d'argent, ou même si la récolte a été très bonne cette année-là, l'Homme blanc pèse le coton et écrit des chiffres, et il est le seul qui peut lire la balance ou les livres.

Vous avez travaillé toute l'année et l'Homme blanc n'a rien fait, mais vous lui devez encore de l'argent. Et vous pouvez rien faire d'autre que travailler dans ses champs encore une année pour rembourser. C'était comme ça : l'Homme blanc possédait pas seulement la terre. Il *vous* possédait. On avait un vieux dicton : « Un devoir est un devoir, un chiffre est un chiffre, tout pour l'Homme blanc, rien pour le nègre. »

Quand j'étais encore un petit garçon, les gens disaient qu'il y avait un homme qui s'appelait Roosevelt, qu'il vivait dans une maison blanche et qu'il essayait de rendre les choses meilleures pour les gens de couleur. Mais il y avait beaucoup d'hommes blancs, surtout des shérifs, qui aimaient les choses comme elles étaient. Souvent, ça décourageait beaucoup les hommes de couleur, et alors ils se levaient et ils partaient, et ils abandonnaient les femmes et les enfants. Certains étaient des hommes mauvais. Mais certains avaient seulement honte de pas pouvoir faire mieux. Il y a pas d'excuses, mais je jure que c'est la vérité.

Je connaissais presque personne qui avait un père et une mère, les deux à la fois. Donc moi et mon grand frère, Thurman, on vivait avec Big Mama et PawPaw, et on se posait pas de questions. On avait aussi une sœur, Hershalee, mais elle était déjà grande et elle vivait plus loin au bout du chemin.

Big Mama était la mère de mon père, sauf que je l'appelais pas Daddy. Je l'appelais BB. Il venait nous voir de temps en temps. On vivait avec Big Mama et PawPaw dans une cabane de trois pièces et il y avait dans le plancher des fentes assez larges pour qu'on voit la terre à travers. Il y avait pas de vitres aux fenêtres, seulement des volets de bois. Les trous dans le plancher ne nous dérangeaient pas quand il faisait chaud, mais l'hiver le froid faufilait son affreuse tête dedans et nous mordait. On essayait de l'empêcher d'entrer avec des planches ou des couvercles de boîtes de conserve.

Big Mama et PawPaw formaient tout un couple. Big Mama était une *grosse* femme... et je parle pas seulement de ses gros os. Elle était grosse de profil, du nord au sud, de tous les côtés. Elle avait l'habitude de coudre ses robes dans des sacs de farine. Dans ce temps-là, les sacs de farine étaient assez jolis. Il pouvait y avoir des imprimés dessus, des fleurs ou des oiseaux. Il fallait sept ou huit très gros sacs pour que Big Mama se fasse une robe.

PawPaw, lui, était assez petit. Debout à côté de Big Mama, il avait même l'air très maigre. Elle aurait pu l'aplatir, j'imagine. Mais c'était une femme tranquille et gentille. J'ai jamais entendu dire qu'elle a frappé quelqu'un ou même crié. Mais il faut pas s'y tromper, c'était elle qui menait. PawPaw était juste maître de sa langue. Mais il prenait soin de Big Mama. Elle allait pas travailler dans les champs. Elle était occupée à élever ses petits-enfants.

Mais elle était pas seulement ma grand-mère. Big Mama était ma meilleure amie. Je l'aimais et moi aussi je prenais soin d'elle. Elle a été malade quand j'étais encore très jeune et elle avait beaucoup mal. Je lui donnais ses remèdes. Je sais pas exactement quoi, mais elle appelait les pilules des Red Devils.

« Li'l Buddy, va chercher deux Red Devils pour Big Mama, elle disait. Il faut pas que je me fatigue. »

J'ai fait beaucoup de choses spéciales pour Big Mama, comme sortir les bassines d'eau sale ou attraper un poulet dans la cour et lui tordre le cou, et elle le faisait frire pour le souper. Et puis chaque année PawPaw élevait une dinde pour l'Action de grâces. Il la soignait bien pour qu'elle soit grosse et grasse. La première année qu'elle a pensé que j'étais assez grand, Big Mama a dit : « Li'l Buddy, va dehors et tord le cou à cette dinde. C'est aujourd'hui que je la mets dans la casserole. »

Je vais vous dire, ça a pas été facile. Quand j'ai essayé de m'approcher de Tom, il s'est énervé comme s'il avait le diable lui-même à ses trousses. Il a zig et zagué dans la poussière, et il poussait des gloussements comme si j'étais déjà en train de le tuer. J'ai couru après l'oiseau jusqu'à ce que je pense que mes jambes allaient me lâcher, et avant ce jour-là je savais pas qu'une dinde pouvait voler ! Elle a décollé comme un avion et s'est arrêtée tout en haut d'un cyprès.

Cet oiseau n'était pas fou non plus. Il est descendu de là trois ou quatre jours après l'Action de grâces. À cause de lui, on a dû manger du poulet cette année-là.

Quand la dinde s'est sauvée du poulailler, j'ai vraiment pensé que j'allais recevoir ma première baffe. Mais Big Mama s'est contentée de rire si fort que j'ai cru qu'elle allait exploser. J'imagine que c'est parce qu'elle savait que j'avais fait de mon mieux. C'est la preuve qu'elle me faisait confiance. En fait, elle avait plus confiance en moi qu'en mon père et mes oncles, ses propres garçons. Prenons l'exemple de la ceinture-portefeuille qu'elle gardait attachée autour de la taille. J'étais le seul qui avait le droit d'aller sous sa jupe pour prendre de l'argent.

« Li'l Buddy, entre et va me chercher deux dix cents et un vingt-cinq cents », elle disait. Et j'allais chercher l'argent et je le donnais à qui elle voulait le donner.

Big Mama avait toujours quelque chose pour moi. Un bonbon à la menthe ou de temps en temps des capsules de bouteille pour que je construise un camion. Si je voulais un camion, je prenais un bloc de bois et je clouais quatre capsules, deux en avant et deux en arrière, et voilà, j'avais un camion que je pouvais faire rouler dans la poussière. Mais c'était rare. J'ai jamais été un enfant qui jouait beaucoup. J'ai jamais demandé un jouet à Noël. J'étais pas comme ça.

J'imagine que c'est pour ça que j'ai agi comme j'ai fait quand une première tragédie est arrivée dans ma vie.

Un soir, quand j'avais 5 ou 6 ans, les jambes de Big Mama lui faisaient des misères et elle m'a demandé deux Red Devils et elle est allée se coucher. Pas longtemps après, moi et Thurman on est aussi allés se coucher, même si notre cousin Chook a dit qu'il allait veiller un peu à côté du feu. Il habitait avec nous.

Moi et Thurman on avait une chambre à l'arrière de la maison. J'avais pas de lit à moi, seulement un matelas sur des planches de bois et des blocs de ciment. Mais j'aimais ça parce qu'il y avait une fenêtre juste au-dessus de ma tête. L'été je pouvais laisser les volets ouverts et sentir la terre chaude et regarder les étoiles qui me faisaient des clins d'œil.

Je pense qu'il y avait plus d'étoiles dans ce temps-là qu'aujourd'hui. Il y avait pas de lumière électrique qui éteignait le ciel. Sauf quand la lune perçait un trou dans le ciel, les nuits étaient aussi noires que la mélasse, et les étoiles brillaient comme des morceaux de vitre au soleil.

J'avais un petit chat que j'avais trouvé quand il était encore juste une petite boule de poils de chaton. Je me rappelle même pas le nom que je lui avais donné, mais il avait l'habitude de dormir sur ma poitrine chaque nuit. Sa fourrure chatouillait mon menton et j'aimais son ronron ; ça m'aidait à m'endormir.

Mais cette nuit-là, je pense que je dormais depuis un bout de temps quand le chat a sauté de ma poitrine et m'a donné un coup de griffe. J'ai crié en me réveillant et le chat a sauté sur le bord de la fenêtre et il s'est mis à miauler très fort et il ne voulait pas se taire. Donc, je me suis levé pour voir ce qui allait pas avec le chat et dans le clair de lune j'ai vu qu'il y avait de la fumée dans la maison.

Au début, j'ai pensé que je rêvais et j'ai frotté mes yeux. Mais après la fumée était encore là et elle tournait et tournait. La première chose que j'ai faite, c'est pousser mon chat dehors. Et puis j'ai couru vers la chambre de Big Mama, mais j'ai pas vu de flammes. Je savais que la maison brûlait parce que la fumée commençait à être très épaisse.

Même si je voyais aucune flamme, c'était comme si du feu me brûlait la gorge et les yeux. Je me suis mis à tousser très fort et j'ai couru vers la porte, mais PawPaw était déjà parti travailler et elle était fermée avec une clé. Je savais que la porte d'en arrière avait un loquet de bois, mais il était trop haut pour moi.

Je suis retourné en courant dans ma chambre et j'ai essayé de réveiller mon frère. « Thurman ! Thurman ! La maison est en feu ! Thurman, réveille-toi ! »

Je l'ai secoué et secoué, mais il dormait dur. Finalement, j'ai tiré ses couvertures et j'ai reculé mon poing et j'ai donné un coup sur sa tête aussi fort que j'ai pu. Il s'est réveillé aussi fâché qu'un chat mouillé et il a sauté sur moi. On a roulé sur le plancher comme quand on se bat et je continuais à essayer de lui dire que la maison était en feu. Il a compris après une minute, et moi et lui on a sauté par la fenêtre dans les mauvaises herbes. Même s'il était plus vieux que moi, Thurman s'est assis par terre et il a commencé à pleurer.

J'ai essayé de penser très vite à ce que je pouvais faire. Big Mama était encore dans la maison et Chook aussi. J'ai décidé de retourner dedans pour essayer de les faire sortir. J'ai sauté et je me suis accroché au bord de la fenêtre et j'ai grimpé le long des planches en poussant dessus avec le bout de mes orteils. Une fois dans la maison, j'ai couru jusqu'à la chambre d'en avant, plié en deux plus bas que le nuage de fumée, et là j'ai vu Chook assis à côté de l'âtre avec un tisonnier à la main et les yeux fixes et vides.

« Chook ! La maison est en feu ! Aide-moi avec Big Mama ; il faut qu'on sorte ! » Mais Chook a continué à faire bouger le tisonnier dans l'âtre comme s'il était en transe.

J'ai regardé en haut et j'ai vu des étincelles qui sortaient de la cheminée et qui tournaient dans la fumée comme des petits moulins à vent. Alors, j'ai compris que la cheminée était en feu et aussi probablement le toit. Je toussais et je toussais, mais il fallait que j'essaie de sauver ma grand-mère. Je me suis penché et je suis allé dans sa chambre. Je pouvais voir son visage ; elle dormait aussi dur que Thurman plus tôt, et je l'ai secouée et secouée, mais elle ne se réveillait pas.

« Big Mama ! Big Mama ! », j'ai hurlé dans son oreille, mais elle avait plus l'air d'être morte qu'endormie. Je pouvais maintenant entendre les flammes dans la cheminée qui soufflaient comme un train. J'ai tiré et tiré Big Mama et j'ai essayé de la sortir de son lit, mais elle était trop lourde.

« Big Mama ! S'il te plaît ! Réveille-toi ! La maison est en feu ! »

J'ai pensé que la fumée l'avait tuée et mon cœur s'est brisé en deux, juste là où j'étais. Je pouvais sentir les larmes qui coulaient sur mes joues, à moitié parce que j'avais de la peine et à moitié à cause de la fumée. Il commençait à faire très chaud et je savais qu'il fallait que je sorte de là, ou bien j'y passerais moi aussi.

Je suis retourné en courant dans la pièce d'en avant, braillant et criant et toussant : « Il faut que tu sortes, Chook ! La fumée a eu Big Mama ! Sors de là ! »

Chook s'est tourné vers moi et m'a regardé avec les yeux de quelqu'un qui est déjà mort. « Non, je vais rester ici avec Big Mama. » Je sais pas pourquoi, mais il toussait même pas ni rien. Et puis il a recommencé à faire bouger le tisonnier dans l'âtre.

C'est là que j'ai entendu un craquement qui m'a fait figer et j'ai regardé en haut : le toit allait tomber. La fumée commençait à être si épaisse que je pouvais plus voir Chook. Je me suis mis à quatre pattes et j'ai avancé dans la nuit jusqu'à ce que je sente les pattes du gros poêle ventru, et alors j'ai su que j'étais pas loin de la porte d'en arrière. J'ai rampé encore un peu jusqu'à ce que je voie une petite lueur qui glissait sous la porte. Je me suis relevé et je me suis étiré autant que j'ai pu, et même là j'arrivais à peine à toucher le loquet de bois avec le bout de mes doigts. Et puis la porte s'est ouverte et j'ai roulé à l'extérieur, et la fumée noire m'a suivi en tournant comme un troupeau de démons.

J'ai cherché Thurman et je l'ai trouvé qui pleurait du côté de la maison où était la chambre de Big Mama. Je pleurais moi aussi. Nous avons vu le feu se faufiler en dessous de la corniche et courir sur les planches et commencer à attaquer les côtés de la maison. La chaleur nous a fait reculer, mais je pouvais pas m'arrêter de brailler : « Big Mama ! Big Mama ! »

Les flammes ont tourbillonné jusqu'à l'aube comme un cyclone, elles rugissaient et crépitaient et il y avait partout la noire odeur de choses qui sont pas censées brûler. Le pire c'est quand le toit est tombé, parce que c'est là que Big Mama s'est réveillée. Entre les flammes et la fumée, je l'ai vue se retourner et appeler le Seigneur.

«Aide-moi, Jésus! Sauve-moi!», elle hurlait en toussant dans la fumée. Et puis il y a eu un énorme craquement et Big Mama a crié. J'ai vu une grosse poutre tomber et la clouer sur son lit. Elle ne pouvait plus bouger, mais elle continuait à hurler : « Seigneur Jésus, sauve-moi! »

J'ai entendu Chook crier une seule fois et puis plus rien. Je suis resté planté là et j'ai crié, et j'ai regardé ma grand-mère brûler.

4

Comme je l'ai déjà mentionné, je ne suis pas né riche. J'ai été
élevé à Haltom City, un quartier de la classe moyenne de
Fort Worth, un endroit si laid qu'il était le seul du Texas à ne
pas figurer sur les cartes postales que l'on vendait à la pharmacie locale. Il n'y avait là rien de mystérieux : qui voudrait se
souvenir de son séjour dans un lieu où une roulotte miteuse ou
des voitures démontées pour les pièces squattaient dans chaque
cour, gardées par des chiens bâtards attachés à de longues
chaînes ? Nous avions l'habitude de blaguer en disant que la
seule industrie lourde de Haltom City était celle des dames
Avon qui pesaient 135 kilos.

Mon père, Earl, avait été élevé par une mère célibataire et
deux tantes vieilles filles qui prisaient du tabac Garrett jusqu'à
ce que du jus leur coule sur le menton et sèche dans leurs
rides. Je détestais les embrasser. Jeune, mon père était un
homme comique qui aimait s'amuser, et il a pris sa retraite
après avoir travaillé pendant une quarantaine d'années chez
Coca-Cola. Mais quelque part pendant mon enfance, il est
tombé dans une bouteille de whisky et n'en est ressorti que
lorsque j'ai atteint l'âge adulte.

Ma mère, Tommye, était une fille de la campagne qui avait
grandi sur une ferme de Barry, au Texas. Elle cousait tous nos
vêtements, faisait cuire des biscuits et venait m'applaudir lors
des championnats de base-ball de la Petite Ligue. Lorsqu'elle

était petite, sa sœur, son frère et elle se rendaient à l'école à cheval – sur le même cheval, tous les trois. Son frère s'appelait Buddy, et sa sœur Elvice – on prononçait « Elvis », ce qui allait devenir plus tard une source de problème.

Tommye, Buddy, Elvice et, par la suite, Vida May, la cadette, ont tous cueilli du coton dans les champs au sol noir qui appartenaient à leur père, mon grand-père, Mr Jack Brooks.

En fait, rares sont les gens qui veulent acquérir de telles fermes texanes, car elles ne sont pas du tout romantiques. Leur topographie est principalement plate et il y a peu de monticules baignés par le soleil couchant du haut desquels on peut admirer sa maison et déclarer qu'un quelconque amour irlandais de la terre s'emparera bientôt de notre âme.

De fait, la terre elle-même est pauvre, et sa composition aurait très bien pu inspirer la recette du ciment. La fine brume matinale accroche une motte de boue aux bottes de travail des hommes à chacun de leurs pas. Un centimètre de pluie pousse le fermier le plus résolu à mettre son tracteur en première vitesse et à chercher la sécurité du bitume s'il ne veut pas passer la journée du lendemain à jurer pendant qu'il extirpe son John Deere de la boue dans laquelle il s'est enlisé.

Je ne veux pas dire par là que la ferme de mon grand-père située à Corsicana, à environ 120 kilomètres au sud-est de Fort Worth, n'était pas un joli coin de campagne. Mon frère John et moi y passions nos étés par choix, une option que nous considérions de loin comme préférable à trois mois passés à traquer notre père au Tailless Monkey Lounge. Neuf mois par année de cette corvée nous suffisaient amplement.

Donc, tous les mois de juin, chaque fois que maman nous conduisait à la demeure familiale, nous bondissions hors de sa Pontiac et courions vers la maison de ferme couverte de bardeaux d'asphalte verts de nos grands-parents avec au cœur la joie de soldats en permission. Érigée dans les années 1920, la maison ressemblait à une boîte. Je ne me rappelle pas quand mes grands-parents ont fait installer l'eau courante, mais pendant toute mon enfance, une citerne squattait près de la porte arrière et recueillait l'eau de pluie qui ruisselait du toit. Ma grand-mère avait placé une cuvette en porcelaine blanche sur la véranda à l'arrière de la maison. Lorsque nous rentrions pour le souper, nous puisions un peu d'eau de la citerne et nous nous lavions les mains avec un pain de savon Lava, ce qui revenait pratiquement à se laver avec du papier de verre. Mais le savon Lava est le seul qui est capable de débarrasser de la saleté un homme qui a travaillé dans les champs d'une ferme au sol noir.

Grand-papa travaillait comme un mulet et c'était un vrai *redneck*. C'est parce qu'il portait des pantalons et une chemise à manches longues kaki et des bottes de travail six jours par semaine. Son corps était d'une blancheur de neige, exception faite de ses mains bronzées et parcheminées et, bien sûr, de son cou, qui était couvert d'est en ouest de profondes rides d'un rouge indien comme des sillons tracés sur une terre plus accueillante. C'était un homme bon et honnête, toujours prêt à tendre la main à toute personne qui avait besoin d'aide. C'était aussi l'homme le plus travailleur que j'ai jamais connu.

Lorsqu'il raconte l'histoire de mon grand-père, mon oncle Buddy parle d'un jeune homme pauvre qui était rentré au Texas après la Première Guerre mondiale. Après avoir donné une bonne raclée aux Allemands en France, grand-papa, alors dans la vingtaine, avait dû chercher un moyen de faire vivre sa femme, d'élever quatre enfants et d'acheter une petite ferme. Il avait demandé à un voisin, un vieux fermier appelé Barnes, comment il s'y était pris.

« Jack, regarde-moi faire, avait dit Mr Barnes. Tu travailles quand je travaille et tu vas en ville quand je vais en ville. »

Comme vous pouvez vous en douter, Mr Barnes n'allait jamais en ville. Et cela est rarement arrivé à mon grand-père. Il a tenu bon pendant la sécheresse et la grande crise de 1929.

Il était si maigre qu'il devait mettre des cailloux dans ses poches pour ne pas être emporté par le vent. À une époque où les banques n'avaient pas d'argent et où un homme ne pouvait pas emprunter un *nickel* même s'il s'appelait Rockefeller, il s'en est sorti en cueillant du coton à longueur de journée et en le transportant dans une charrette tirée par un mulet jusqu'à l'égreneuse le soir venu. Il dormait sur son chargement de coton en attendant son tour, et puis il retournait aux champs à l'aube et cette valse du coton se poursuivait jusqu'à la fin de la saison des récoltes.

L'été, John et moi passions la plupart de nos journées aux champs avec grand-papa à cueillir du coton, ou bien à ses côtés sur le tracteur. Lorsque nous n'étions pas avec lui, nous nous attirions des ennuis. Grand-maman avait un grand verger de pêchers près de la route qui longeait la ferme. J'adorais l'odeur des arbres débordants de fruits mûrs et sucrés. Les pêches mûres faisaient aussi d'excellentes grenades. Un jour, John et moi avons fait un concours pour déterminer qui de nous deux en lancerait une assez loin et assez fort pour heurter une voiture qui passait sur la route.

«Je parie que j'y arriverai le premier!», avait crié John de son poste de combat, établi au sommet d'un arbre chargé de fruits mûrs.

Juché sur un autre arbre, j'alignais des munitions bien juteuses dans une fourche entre deux branches. «Je parie le contraire!»

Il nous a fallu plusieurs tentatives, mais l'un de nous, nous n'avons jamais su lequel, a finalement touché le pare-brise d'une Ford Fairlane 1954. La conductrice, car c'était une femme, s'est rangée sur le bas-côté de la route et s'est dirigée vers la maison pour déposer une plainte auprès de ma grand-mère. À l'entendre, on aurait pu croire qu'on l'avait bombardée avec une artillerie de campagne. Lorsque grand-papa est rentré à la maison, il s'est fabriqué un bâton avec une branche de pêcher et nous a donné une fessée. Il nous a également roué le derrière de coups la fois où, sans permission, nous avions repeint tout le poulailler, ainsi que le toit de tôle, d'une affreuse teinte bleu clair.

Mais grand-papa adorait lui aussi jouer des tours. Lorsque j'y repense, je suppose que ses blagues n'en étaient pas vraiment, mais que c'était plutôt sa façon à lui de nous enseigner à devenir des hommes. Une fois, il nous a lancés, John et moi, dans la citerne afin de nous apprendre à nager pour se rappeler aussitôt qu'il ne le savait pas lui-même et, donc, qu'il ne pourrait pas nous secourir en cas de besoin. Nous avons tous les deux appris à nager très rapidement.

À une autre occasion, alors que nous passions Noël chez nos grands-parents, John et moi avons ouvert deux paquets enveloppés de papier brillant et y avons découvert une paire de gants de boxe. Grand-papa nous a immédiatement fait monter dans sa camionnette Chevy 1947 et nous amenés à Barry, à la station-service qui, à cette époque, était également l'endroit où les vieux se rassemblaient pour jouer aux dames, boire du café et parler du temps qu'il fait et du prix du bétail.

Grand-papa avait déjà appelé en secret le père de chaque enfant de la ville, de notre âge à trois ans près, et ce matin-là ils sont arrivés dans un nuage de poussière au poste d'essence et ont improvisé un ring de boxe dans la boîte d'une camionnette. John et moi avons dû affronter tous les enfants de la ville, et nous avions tous deux le nez en sang avant même le petit-déjeuner, ce que nous avons trouvé épatant. Grand-papa était plié en deux à force de rire. Ceci, et monter sur le dos de jeunes veaux le matin de Noël, leur souffle chaud dessinant des arabesques dans la fraîcheur de l'aube, sont mes plus beaux souvenirs de Noël.

À la ferme, grand-maman faisait sa part en trayant les vaches, prenant soin des enfants et du jardin, mettant en conserve des pêches, des haricots verts et des courges, et confectionnant chaque jour deux tartes au chocolat pour grand-papa. Il en mangeait une au dîner et une autre au souper, mais il est demeuré le même toute sa vie avec son 1,85 mètre et ses 63 kilos.

Les gens avaient l'habitude de dire que grand-papa ressemblait à Kildee, le cireur de chaussures noir qui travaillait au salon de coiffure pour hommes à Blooming Grove. Le vieux Kildee était lui-même une grande asperge et il n'avait pas une seule dent dans la bouche. Il avait coutume d'amuser la galerie en relevant le menton jusqu'à ce qu'il touche son nez. Grand-papa a déjà donné 50 cents à John pour qu'il embrasse Kildee, ce que John a fait avec joie, non seulement parce qu'il gagnait ainsi de quoi s'acheter des bonbons, mais aussi parce que tout le monde aimait Kildee.

Encore aujourd'hui, Kildee est le seul Noir à être enterré au Rose Hill Cemetery à Blooming Grove, au Texas, et il repose là aux côtés des ancêtres des plus illustres familles de Blancs du comté de Navarro.

Ailleurs au pays, peut-être que les morts ne se souciaient pas autant de la couleur de leurs voisins. Mais le mouvement pour les droits civils qui avait commencé à faire des vagues dans les années 1950 était passé à côté de Corsicana, au Texas, de la même manière qu'une bonne averse printanière saute par-dessus un pré desséché en dépit des plus ferventes prières du fermier.

———

Dans les années 1950, l'ordre social prévalant dans le Sud était aussi évident qu'un morceau de charbon dans un amas de neige. Mais du point de vue d'un jeune garçon à la peau claire, c'était un sujet de préoccupation aussi important que de penser à respirer. Les familles blanches de Corsicana vivaient principalement sur des fermes ou dans des maisons de ville bien alignées et fraîchement peintes. Les gens de couleur avaient leur propre quartier de l'autre côté de la voie ferrée, près de l'égreneuse de coton et du parc à bestiaux de la Commission Company. Je ne sais pas si cet endroit avait un nom bien à lui, mais j'en ai toujours entendu parler comme de « Nigger Town ».

À cette époque, cela ne semblait pas être une mauvaise chose parce que des gens sympathiques y habitaient, et beaucoup d'entre eux travaillaient pour mon grand-père. Pour autant que je sache, ils avaient tous comme prénom « Nigger », et leur nom de famille ressemblait à nos prénoms : Bill, Charlie, Jim, et ainsi de suite. Certains d'entre eux avaient même un nom biblique, comme Abraham, Moïse ou Isaac.

Il y avait donc « Nigger Bill » et « Nigger Moïse », mais aucun ne répondait à un vrai nom comme le mien, Ronnie Ray Hall, ou comme à celui de mon grand-père, Jack Brooks. Et puis, il ne semblait même pas nécessaire de connaître leur nom de famille, car aucun chèque n'était jamais libellé à leur nom, et ils n'avaient bien sûr jamais à remplir, par exemple, un formulaire d'assurance. Je ne me souciais guère de ce genre de détails à cette époque : les choses étaient ainsi, c'est tout.

Nigger Town était constituée, rangée après rangée, de cabanes de deux ou trois pièces faites de planches de bois grisâtre qui semblaient avoir été récupérées sur des navires échoués. Certaines personnes les appelaient des *shotgun houses* parce que, je l'ai appris plus tard, elles étaient si petites que si vous vous teniez sur le seuil de la porte d'entrée, vous pouviez pulvériser la porte d'en arrière d'un seul coup de feu. Les cabanes étaient alignées comme un lot de voitures usagées et tellement serrées les unes contre les autres qu'une personne obèse qui sortait par la porte d'en avant devait faire le tour du pâté de maisons pour se rendre dans la cour arrière.

Elles avaient peut-être été construites ailleurs, car il n'y avait pas assez de place entre elles pour jouer du marteau. C'est comme si on les avait soulevées avec une grue et déposées là sur des souches de bois d'arc, et ces pilotis faisaient en sorte qu'on pouvait voir dessous. Mais c'était une bonne chose, parce que ces sous-sols ouverts devenaient un endroit idéal pour les chiens bâtards et les poules qui voulaient s'abriter du cuisant soleil texan.

Grand-papa employait beaucoup de gens de couleur et quelques hommes blancs pour l'aider sur sa plantation de coton. Chaque matin, avant l'aube, nous allions en camion jusqu'à Nigger Town et mon grand-père klaxonnait. Hommes, femmes, enfants, tous ceux qui étaient capables de travailler aux champs et qui voulaient travailler ce jour-là sortaient en titubant de leurs cabanes tout en s'habillant et montaient à bord. Il n'y avait ni règles ni barres de sécurité pour les passagers : grand-papa veillait seulement à conduire assez lentement pour que personne ne tombe sur la chaussée.

Après une matinée passée à couper du coton, nous faisions remonter à bord tous les travailleurs et nous les conduisions à la station-service, qui faisait également office d'épicerie. Les travailleurs de couleur faisaient la queue devant la vitre du comptoir des viandes en porcelaine blanche et choisissaient une tranche de Bologne ou de viande marinée et un morceau de fromage cheddar.

Grand-papa, debout près de la caisse enregistreuse, payait le tout, ajoutant une boîte de biscuits salés et quelques oignons crus que tous se partageaient. Ils prenaient leur dîner enveloppé de papier de boucherie blanc et allaient s'asseoir sur le sol derrière le magasin. Il y avait là une citerne où ils pouvaient boire, avec un gobelet entouré de ruban adhésif noir de manière à ce qu'ils ne fassent pas l'erreur de boire dans celui qui était réservé aux Blancs.

Après nous être occupés des hommes de couleur, nous remontions dans le camion avec les Blancs qui travaillaient ce jour-là et nous retournions à la maison de ferme pour dîner.

Grand-maman préparait toujours un festin, des plats comme du poulet frit, des haricots à œil noir frais, des petits pains faits maison, chauds et beurrés, et toujours une tarte ou un pouding.

Même à ce jeune âge, cela me dérangeait que les travailleurs noirs mangent sur le sol derrière la station-service alors que les travailleurs blancs s'attablaient comme des membres de la famille autour d'un repas chaud préparé à la maison. Parfois, j'avais envie de faire quelque chose pour y remédier, mais je ne l'ai jamais fait.

À la fin de chaque journée de travail, grand-papa donnait à tous les travailleurs le même salaire, 3 ou 4 $ chacun, et il les ramenait en ville. Il était toujours honnête avec eux, consentant même des prêts sans intérêt à des familles de couleur pendant l'hiver lorsque le travail se faisait rare. Jack Brooks se contentait d'une poignée de main et ne tenait pas de registres, et grand-maman avait donc de la difficulté à savoir qui leur devait de l'argent. Mais les Noirs de Corsicana respectaient tant mon grand-père que, à sa mort en 1962, plusieurs sont venus spontanément lui rendre un dernier hommage et payer leur dette.

À partir de l'âge de 6 ou 7 ans, j'ai travaillé aux champs à couper du coton à leurs côtés.

Un jour, lorsque j'avais environ 14 ans, j'étais occupé avec certains d'entre eux à couper un long rang de coton, couvert de sueur et combattant des sauterelles de la taille de petites voitures étrangères. Sur une ferme au sol noir, les sauterelles sont des créatures nuisibles qui s'accrochent à vos vêtements et qui crachent un infect jus brunâtre lorsqu'on tente de leur faire lâcher prise. Ce jour-là, l'air bruissait et était écrasant de chaleur, comme si grand-papa avait planté son coton à la surface d'un quelconque soleil extraterrestre gouverné par les insectes.

Pour passer le temps, deux hommes qui travaillaient de chaque côté de moi ont commencé à discuter de leurs projets pour la soirée. Un homme que tous appelaient Nigger John –

d'aussi loin que je me souvienne, il avait toujours travaillé pour mon grand-père – a planté son sarcloir dans une touffe fraîche de sorgho d'alep et d'ortie. «Lorsque le soleil descendra à l'horizon, a-t-il dit à son ami Amos, je vais me tirer d'ici et aller *Chez Fanny* pour m'offrir une bière et une femme. J'aimerais pouvoir m'y rendre maintenant avant de fondre au soleil.

– J'y vais avec toi, a annoncé Amos. Sauf que j'arrive pas à me décider entre une femme et deux bières, ou une bière et deux femmes.»

John a lancé à Amos un sourire entendu. «Pourquoi tu t'offres pas deux femmes et tu en donnes pas une à notre Ronnie Ray?»

Je savais que *Chez Fanny* était ce que les gens de couleur appelaient un *juke joint*, soit un antre sombre et enfumé fréquenté par des personnages douteux. Mais à l'âge de 14 ans, il ne m'était jamais apparu qu'un homme pouvait simplement «s'offrir» une femme, encore moins deux. J'ai baissé la tête en tendant l'oreille, prétendant m'échiner sur une touffe de mauvaises herbes particulièrement récalcitrantes.

John n'a pas été dupe. «Pourquoi t'es aussi tranquille, Ronnie Ray? m'a-t-il taquiné. Tu veux me dire que t'as jamais eu une bière chaude et une femme froide?»

À ce moment de ma jeune vie, j'étais de toute évidence encore loin d'être un homme. Mais je n'étais pas stupide. Je me suis redressé, j'ai repoussé en arrière mon chapeau de paille et j'ai fixé John en souriant moi aussi. «N'as-tu pas tout à l'envers, John? Tu ne veux pas dire plutôt une bière *froide* et une femme *chaude*?»

Pendant la minute et demie qui a suivi, il a semblé que John et Amos pourraient bien avoir besoin d'une assistance médicale. Ils sont tombés l'un sur l'autre, hurlant de rire à en perdre le souffle, et leurs gloussements moqueurs flottaient comme une musique au-dessus des champs. Et puis, John s'est ressaisi suffisamment pour lever un peu le voile sur mon innocence.

«Non, Ronnie Ray, j'ai rien de travers! a-t-il dit. Les femmes chez *Fanny* sont si chaudes qu'il faut qu'elles s'assoient sur des blocs de glace pour se rafraîchir assez pour travailler. Miss Fanny gaspille pas sa glace pour de la bière.»

Eh bien, cela a fait céder le barrage. John savait que mes grands-parents ne buvaient jamais d'alcool et il a décidé qu'il était de son devoir solennel de veiller à ce que je ne voie pas un autre anniversaire sans avoir fait l'expérience des délices d'une bière chaude. Après plusieurs jours de taquineries, Amos et lui m'ont finalement lancé un défi.

«Tu viens *Chez Fanny* ce soir et nous allons t'organiser quelque chose», a promis John.

Donc, par une torride soirée d'août, j'ai engagé la Chevy 53 de mon grand-père sur la route qui descendait de la maison de ferme, moteur éteint, et puis j'ai appuyé sur l'embrayage et j'ai parcouru la quinzaine de kilomètres me séparant de Corsicana. Mes copains de coupe m'attendaient de l'autre côté de la voie ferrée.

Je n'étais jamais venu seul à Nigger Town, et j'étais donc très nerveux pendant que, tous les trois, nous déambulions le long de rues non pavées bordées de *shotgun houses* totalement dépourvues d'éclairage. Pour la plupart, les gens étaient assis sur leur véranda, le regard alerte dans une nuit noire brisée seulement par une lampe à l'huile, une allumette craquée ou la lueur orangée d'une cigarette. Il m'a semblé que nous avions parcouru la moitié du Texas avant qu'un air joué à la guitare ne flotte vers nous et que, comme dans un rêve, un bâtiment bas prenne forme dans l'obscurité.

À l'intérieur de *Chez Fanny*, l'air était enfumé, rouge et sombre. À l'extrémité d'une piste de danse en terre battue, une femme plantureuse chantait du blues, réchauffant l'endroit comme une pluie tropicale s'abattant sur du sable chaud. John et Amos m'ont présenté à leurs amis, qui m'ont accueilli comme une célébrité locale en me tendant une Pabst Blue Ribbon, chaude comme on me l'avait annoncé, et puis ils se sont éclipsés.

Pendant la majeure partie de l'heure qui a suivi, je suis resté assis seul à une table de coin, hypnotisé par les silhouettes d'hommes au torse nu, ruisselant de sueur, et de femmes dont la robe collait à la peau, étroitement enlacés dans une sorte de danse lente et sexuelle que je n'avais jamais vue auparavant. Toutefois, j'avais déjà entendu la musique, du vrai blues chanté en direct par des gens portant des noms tels que Lightning Hopkins et Big Fat Sarah, et présenté par Wolfman Jack sur les ondes pleines de parasites qui nous parvenaient depuis Laredo.

Je faisais semblant de boire de grandes lampées de PBR. Mais lorsque j'ai été certain que personne ne me regardait, je l'ai vidée sur le plancher de terre battue, car je venais de constater que l'odeur de la bière me donnait la nausée, faisant renaître le souvenir de toutes ces fois où j'étais allé chercher mon père au Tailless Monkey Lounge.

5

Il a pas fallu longtemps pour que la maison de Big Mama soit plus rien d'autre qu'un tas de charbon rouge et fumant. Quand le feu s'est éteint, je me suis assis à côté de la maison et j'ai pleuré parce que je comprenais pas pourquoi Dieu m'avait enlevé la personne que j'aimais le plus au monde.

Après un petit bout de temps, quelqu'un est venu et nous a emmenés, moi et Thurman, vivre à Grand Bayou avec BB, mon père. Je le connaissais pas beaucoup et je sais toujours pas ce qu'il faisait pour gagner sa vie, mais seulement qu'il travaillait à la ville, à Shreveport je pense, un peu plus au sud de là où vivait ma tante Pearlie May. Peut-être qu'il travaillait au chemin de fer pour mettre de côté de l'argent en papier parce qu'il était assez riche pour s'acheter une voiture, une grosse vieille bagnole à deux portes comme une Pontiac.

BB était un homme trapu. Il mesurait pas 2 mètres, mais on aurait dit que oui, et même si j'étais juste un petit garçon je voyais qu'il était populaire auprès des femmes. BB aussi aimait les femmes et il avait l'habitude de sortir avec 3 ou 4 en même temps. C'est pour ça que le dimanche matin il ne mettait pas les pieds à la New Mary Magdalene Baptist Church. Une ou deux de ses amies étaient déjà mariées et elles étaient membres de la congrégation, et leurs maris aussi.

Ça voulait pas dire que BB aimait pas Jésus, il fallait seulement qu'il trouve un autre moyen d'aller le voir le dimanche.

Donc, moi et lui et Thurman, on allait à l'église un peu comme si on allait à une séance de cinéma en plein air. L'église était pas très loin de la route. Elle était blanche et un pacanier très beau étendait son ombre sur la pelouse miteuse devant. Au lieu de se garer et d'entrer par les grandes portes doubles comme tout le monde, BB arrêtait sa Pontiac juste à côté de l'église. Le pasteur savait probablement qu'on venait d'arriver parce qu'il avait ouvert à l'instant une fenêtre vis-à-vis de la voiture pour qu'on écoute la parole de Dieu assis dans la Pontiac.

Je pouvais rien voir à l'intérieur de l'église, mais je pouvais entendre la chorale de la congrégation chanter des spirituals. Il y en avait que j'aimais plus que d'autres et je chantais moi aussi.

Il a les rivières et les montagnes dans Ses mains,
Il a les océans et les mers dans Ses mains,
Il vous a vous et il vous a moi dans Ses mains,
Il a le monde entier dans Ses mains.

J'espérais qu'Il avait Big Mama et Chook dans Ses mains. J'étais assez certain qu'Il les avait.

Après les chants, le pasteur faisait son sermon. Il avait un style juste à lui. Il commençait en parlant avec une voix douce et basse comme s'il chantait une berceuse. Mais avant longtemps, il s'offrait une bonne suée vertueuse. Je me rappelle quand il disait le mot «Dieu» – il étirait le mot et ça sonnait comme «Di-euu».

Et il *adorait* vraiment parler du péché.

«Vous *péchez* quand vous ratez les cibles que Di-euu veut vous voir atteindre», il disait. «La paresse est un *péché* parce que Di-euu veut que vous soyez *zélé*. La stupidité est un *péché* parce que Di-euu veut que vous soyez *sage*. Et la luxure est un *péché* parce que Di-euu veut que vous soyez *chaste*. Est-ce que je peux avoir un témoin?»

«Amen!», la foule beuglait. «Loué soit Jésus!»

Je pouvais voir personne le dire parce que j'étais trop loin sous le bord de la fenêtre. Mais je me rappelle que les gens à l'intérieur paraissaient pas mal excités. Après le sermon, la chorale chantait encore. Et puis quelqu'un passait le plateau à offrandes par la fenêtre et BB mettait un peu de monnaie dessus et lui redonnait le plateau.

Moi et Thurman on habitait avec BB que depuis quelques semaines quand il est parti un soir et est jamais revenu. Une histoire dit que sa voiture est tombée en panne sur la route 1. Une autre dit que c'était du sabotage. En tout cas, il s'était arrêté sur le bord de la route là-bas près du Grand Bayou Social Club et un homme était sorti des bois et l'avait poignardé à mort. Les gens disent que l'homme qui l'a tué était le mari de l'une des femmes qui sortaient avec BB. J'ai jamais su si cet homme était parmi ceux qui allaient à l'église le dimanche.

———

Le lendemain, Uncle James Stickman est venu et nous a fait monter, moi et Thurman, dans sa charrette tirée par des mulets. On est partis vivre sur une ferme où Uncle James et Aunt Etha faisaient un peu de métayage.

· Beaucoup de gens disaient que la récolte du coton était comme une nouvelle sorte d'esclavage. Beaucoup de cueilleurs (même les Blancs, les rares cueilleurs blancs qu'il y avait en Louisiane) avaient pas seulement un maître – ils en avaient deux. Le premier maître était l'Homme blanc qui était le propriétaire de la terre. Le deuxième maître était le propriétaire du magasin qui vendait ses marchandises à crédit. Parfois, ces deux maîtres étaient le même Homme blanc, parfois c'était des Hommes blancs différents.

L'Homme blanc qui était le propriétaire de la terre voulait qu'on plante toujours moins de légumes et toujours plus coton qu'il pourrait vendre pour avoir de l'argent en papier. À Red

River Parish, ça voulait dire planter du coton de la porte de la maison jusqu'au bord de la route. Cet Homme blanc finissait par devenir votre maître parce qu'il semblait que peu importe le nombre de balles de coton qu'on produisait, on avait toujours une dette.

La première année que moi et Thurman on a passée avec Uncle James et Aunt Etha, je pense qu'on a produit trois ou quatre balles de coton. L'année d'après, on a produit cinq balles, mais on avait encore une dette. On avait pas d'argent, rien d'autre que la permission de rester encore une saison pour rembourser ce qu'on devait. J'étais juste un petit garçon et j'arrivais pas à comprendre comment on pouvait travailler si dur chaque année et être aussi pauvres à la fin de chaque année.

J'ai toujours su que les Blancs avaient pas une bonne opinion des Noirs dans ce temps-là : ils pensaient qu'on était paresseux et pas très intelligents. Mais j'ai découvert des années plus tard qu'ils pensaient que les *cueilleurs* noirs avaient aussi le défaut de ressembler un peu à l'anthonome du cotonnier (cet insecte parasite nuisible qui ravageait les plantations de cotonniers) et qu'ils étaient *ruineux*. Quelqu'un m'a dit qu'il avait lu qu'un planteur avait dit qu'un cueilleur avait rien, voulait rien, attendait rien, essayait rien, mais gaspillait et détruisait tout.

Ce planteur connaissait pas Uncle James. Lui il travaillait dur à produire du coton pour l'Homme blanc et il s'attendait à être payé pour nous faire manger. C'était aussi le genre d'homme qui disait ce qu'il pensait. Personne l'embêtait, pas même l'Homme blanc. À peu près trois ans plus tard, Uncle James a été fatigué de tirer le diable par la queue et il a dit à l'Homme blanc qu'il en pouvait plus et qu'il allait déménager avec nous sur une plus grande plantation où, il avait entendu dire, les conditions étaient meilleures. Je pense que l'Homme blanc a pas beaucoup discuté ou s'est pas trop occupé de ce que Uncle James lui devait parce qu'il a jamais couru après nous.

La plantation où on a déménagé était large et profonde, avec des champs et des champs piqués de rangs de pacaniers. Et chaque champ était dédié au Roi Coton. L'année où on est arrivés là-bas, les fleurs de coton venaient d'éclore et je me rappelle avoir vu des rangs et des rangs, des acres et des acres de fleurs rouge et blanche qui se levaient pour toucher le ciel bleu dans toutes les directions.

L'Homme blanc de cette plantation avait engagé Uncle James et Aunt Etha pour cueillir du coton, et aussi pour faire d'autres petites cultures. La sœur de Big Mama, ma grand-tante vivait là aussi. Je me rappelle pas comment j'avais l'habitude de l'appeler, sauf Auntie. C'était peut-être parce que j'avais peur d'elle et des salamalecs qu'elle faisait avec des poudres qu'elle fabriquait en écrasant des feuilles et des racines. Surtout après la fois où elle a appelé la pluie.

Uncle James labourait avec un mulet qui s'appelait Ginny. Dans ce temps-là, il y avait un grand débat au sujet du meilleur animal, le mulet ou le cheval. Moi aussi je choisissais le mulet. Les mulets vivent plus longtemps que les chevaux, ils sont malades moins souvent, et ils se plaignent pas des étés très chauds. Et on peut apprendre à un mulet à obéir. Il tourne à droite quand on dit «Gee» et à gauche quand on dit «Haw» et il vient quand on siffle. C'est pas le cas avec les chevaux qui font les difficiles quand on veut qu'ils fassent ce qu'on dit. Un mulet piétine pas non plus les plants de coton comme le cheval avec ses gros sabots. Et on perd pas de temps à nourrir un mulet. Ginny savait comment aller dans les bois et elle se débrouillait toute seule.

Quand Uncle James sortait dans les champs avec Ginny, Thurman et moi on suivait avec la charrue. Des fois, on chahutait et on se lançait des mottes de terre. Mais juste quand Uncle James ne regardait pas. Quand il *regardait*, on prenait un air concentré et on semait les graines de coton au printemps et on chassait les noctuelles l'été. Quand on était occupés et tranquilles, je pensais beaucoup à Big Mama et mon ventre faisait mal.

Aunt Etha travaillait aux champs avec nous elle aussi. C'était une femme à la peau assez claire, grande et gracieuse. Elle travaillait avec Uncle James, elle coupait le coton, sarclait les rangs et faisait aussi la cueillette. Mais quand le soleil était haut dans le ciel, elle relevait doucement sa jupe et retournait à la maison parce qu'elle s'occupait de nous faire à manger.

Vous pensez peut-être que, dans ce temps-là, il y avait juste les femmes qui faisaient la cuisine, mais c'est pas vrai. Les femmes faisaient leur cuisine à la maison, et les hommes faisaient leur cuisine dans les bois.

La prohibition était terminée, mais on pouvait pas encore acheter de whisky au magasin à Red River Parish. Je vous le dis, les alambics de liqueur de maïs poussaient dans les bois comme des champignons vénéneux.

Beaucoup de gens pensent que les contrebandiers d'alcool sont des bons à rien qui restent assis sur leur véranda et qui boivent du tord-boyaux à même des pots Mason en plein jour. Et c'était des fois la vérité. Uncle James m'a parlé un jour d'un cueilleur blanc bon à rien qu'il connaissait et qui passait presque toutes ses journées couché dans la cour à se rouler dans la boue avec les cochons et avec le même plaisir qu'eux. Uncle James avait pas une très bonne opinion de lui.

Mais il y avait aussi des contrebandiers d'alcool respec-tables. Je connaissais des hommes de couleur qui travaillaient sur d'autres fermes et plantations qui appartenaient à des hommes blancs – des banquiers et des gens instruits. Il y en avait pas un qui cuisait pas de l'alcool quelque part sur ses terres. L'Homme blanc avait une distillerie cachée dans les bois et il fabriquait son whisky en petite quantité. Quand j'ai été plus vieux, il m'a emmené une ou deux fois.

«Grimpe là et avertis-moi si tu vois quelqu'un venir», l'Homme blanc me disait, et je grimpais à un arbre et je surveillais au cas où le shérif arriverait.

Mais c'est Aunt Etha qui faisait la cuisine chez Uncle James. Avec tout ce qu'on tuait, elle faisait un repas – opossums, ratons laveurs, lapins, n'importe quoi. Les opossums c'était quelque chose parce qu'il faut savoir comment s'y prendre avec un opossum. Premièrement, il faut le lancer dans un feu dehors et brûler sa fourrure. Après il faut racler sa peau et on le met dans un chaudron et on le fait bouillir, ou bien on le met dans une casserole pas loin du feu et on le laisse rôtir avec la tête encore attachée à son corps. Y a pas d'autre façon de dégraisser un opossum.

Aunt Etha s'occupait aussi du jardin parce qu'on pouvait pas aller au Piggly Wiggly. Le seul magasin où on allait était le magasin de l'Homme blanc et c'était juste pour un peu de sel, de poivre et de farine parce qu'on avait jamais trouvé comment en fabriquer. Donc en général tout ce qu'on mangeait venait des bois ou du jardin.

Le jardin de Aunt Etha était plein de bonnes choses comme des petits pois, des haricots jaunes, des oignons, des patates douces et des pommes de terre. Je me rappelle l'odeur sucrée des pêches ou des poires sauvages qu'elle coupait et cuisait dans du sucre. C'était un bon matin quand elle faisait des biscuits et préparait les confitures au goût collant et sucré comme le paradis en été.

On faisait aussi pousser nos propres légumes à feuilles (choux, navets et moutarde) qu'on faisait mijoter tous ensemble dans du lard et un peu de sel, avec à côté une bonne grosse tranche de pain de maïs. Pour avoir de la semoule, on apportait le maïs du jardin au petit concasseur qui était dans le magasin de l'Homme blanc. Les Blancs qui travaillaient au magasin broyaient le maïs pour nous et nous donnaient la semoule, et l'Homme blanc ajoutait le prix du broyage à notre dette. J'ai jamais su combien ça coûtait exactement.

Mais il nous donnait le lait parce qu'on s'occupait de ses vaches. Sauf qu'il nous critiquait si une vache cessait de donner du lait.

À Noël, on faisait boucherie. Chaque année, l'Homme blanc nous donnait deux cochons qu'on élevait. On les abattait à Noël et on les suspendait dans le fumoir. C'est moi qui m'occupais du fumoir et il fallait que j'allume le feu et que je le laisse pas s'éteindre. C'était un bon travail parce que je pouvais voler un petit morceau de viande de temps en temps.

Aunt Etha aimait beaucoup faire de la couenne rôtie, ce qui est quelque chose qu'on voit plus beaucoup. Elle allumait un feu en dessous d'une grosse marmite de fonte et elle la remplissait de tranches de gras de porc. Elle les laissait cuire et la marmite devenait pleine de lard chaud qui faisait des bulles avec des petites frisures de gras durci qui flottaient. C'était ça la couenne rôtie et son odeur faisait que les gens laissaient tomber leur binette dans le champ et suivaient leur nez jusqu'à la marmite comme des fourmis qui fonçaient sur un pique-nique paroissial. On en mangeait comme si c'était des bonbons et on ajoutait les restes au pain de maïs.

Ces cochons nous nourrissaient presque toute l'année parce qu'on en gaspillait pas une seule partie. Les Blancs faisaient les difficiles quand ils choisissaient les parties du cochon qu'ils mangeaient. Pas nous. On mangeait le groin et la queue et tout ce qu'il y avait entre les deux, de l'entrée à la sortie !

On pouvait pas se permettre de gaspiller parce que c'était la seule viande qu'on avait pour l'année. Mais c'était pas assez et il fallait trouver d'autres sortes de viande. On mangeait à peu près n'importe quoi sauf de la mouffette. Une fois, j'ai rapporté une mouffette à la maison et quand Aunt Etha l'a vue, elle a commencé à crier : « Tu vas me sortir cette mouffette de ma maison, mon garçon ! »

Uncle James m'a fouetté le derrière, mais pas tout de suite parce que je puais trop. J'ai dû aller au ruisseau et me laver avec un savon à la soude pour enlever la puanteur et puis *retourner* à la maison pour avoir ma fessée.

J'ai eu ma part de raclées, d'habitude avec une baguette fabriquée avec une branche de pacanier. Des fois, je m'éloignais sur la route, pas mal plus loin que là où j'avais le droit d'aller, et j'allais parler à une petite fille parce que je pensais que cela valait le fouet qui m'attendait quand je revenais. J'ai été puni pour ça plus que pour n'importe quelle autre bêtise.

« La folie est ancrée au cœur du jeune homme », disait Uncle James en citant les Écritures. « Mais le bâton qui châtie l'en délivre. »

Mais des fois, quand j'avais fait une bêtise, il avait un petit sourire dans ses yeux. « Je te fouetterai pas cette fois-ci, il disait. Mais recommence et je te manquerai pas. » Une fois, j'ai comme ça réussi à éviter plusieurs fessées d'affilée. Uncle James était un bon chrétien.

Pendant qu'il prenait soin de notre folie, Aunt Etha prenait soin de notre corps et de notre âme. D'habitude, on était jamais très malades, mais quand on l'était, Aunt Etha avait toujours un remède : quelque chose qu'elle appelait du « thé Lip-bouse ».

Le thé Lip-bouse était brun et clair, un peu comme le thé Lipton que l'Homme blanc vendait à son magasin, mais beaucoup plus puissant. Le thé Lip-bouse était fait avec les champignons blancs qui poussent sur les bouses de vache. Mais il y a un secret pour le préparer : il faut utiliser les champignons *et* une partie de la bouse de vache aussi. C'est de là que vient son nom. « Lip » de « Lipton » et « bouse » de bouse de vache. En tout cas, c'est ça que Aunt Etha a toujours dit.

Pour faire du thé Lip-bouse, il faut prendre les champignons et un peu de bouse de vache séchée et les moudre dans un tamis. On peut pas utiliser de la bouse fraîche pour faire un bon thé parce qu'on peut pas la moudre. Donc, on prend la bouche séchée et après qu'elle est en poudre, on la met dans un linge et on le ferme avec un nœud. Après, on ajoute un peu de miel dans un chaudron d'eau bouillante et on laisse tremper le linge dans l'eau jusqu'à ce que des bulles sortent et que le liquide devienne bon et brun. Et on a du thé Lip-bouse.

Si j'étais malade, Aunt Etha m'en faisait toujours boire une grande tasse.

«Tous les bons remèdes ont mauvais goût», elle disait, et puis elle me mettait au lit avec une grosse pile de couvertures sur moi, l'été comme l'hiver. Au matin, le lit était tout mouillé et les draps étaient devenus jaunes, mais j'étais toujours guéri. J'étais presque adulte quand j'ai compris ce qu'elle me faisait boire.

6

J'ai passé chaque été chez mes grands-parents jusqu'en 1963, l'année où je me suis inscrit au East Texas State, le collège le moins cher du Texas. À cette époque, les filles, leur poursuite et leur capture éventuelle constituaient à peu près le centre de mon univers. Mais le petit collège où ma famille avait les moyens de m'envoyer était surtout peuplé de filles de la campagne. En revanche, mon copain Scoot Cheney et moi avions entendu dire que la Texas Christian University (TCU), à 145 kilomètres à l'ouest de Fort Worth, débordait de « filles riches ». Et même si j'avais grandi tout près, je n'avais jamais mis les pieds sur ce campus.

Dans nos fantasmes, les filles riches roulaient dans la ville à bord de voitures de l'année à la carrosserie impeccable, fréquentaient des clubs sportifs et vivaient dans des maisons qui n'avaient pas de roues. Nous étions également persuadés qu'elles étaient mille fois plus belles que les filles de la campagne.

Bien que je n'en aie encore jamais rencontré, j'avais quand même en tête une image de ces filles riches. À l'époque où nous étions respectivement âgés de 10 et 12 ans, mon frère John et moi avions un jeu favori qui ressemblait un peu au jeu du valet. Assis sur la véranda de grand-maman, nous tournions lentement les pages du catalogue Sears et nous tentions d'être le premier à abattre la main sur la plus belle fille de chaque page. Elle devenait alors la petite amie imaginaire de celui qui avait été le plus rapide. J'étais donc certain que les filles qui fréquentaient la TCU ressembleraient aux filles du catalogue Sears.

Finalement, je n'étais pas loin de la vérité. Mais ma première rencontre avec une créature aussi délicieuse a été gâchée par un désastre vestimentaire.

Ma chère maman, Tommye, avait toujours confectionné mes vêtements, et lorsque j'ai fait ma valise pour aller au collège, elle était pleine de chemises qu'elle avait soigneusement et amoureusement cousues en utilisant des sacs de farine. Mais lorsque je suis arrivé au East Texas State, j'ai remarqué que la plupart des garçons portaient des pantalons kaki et des chemises de madras, de celles qui sont faites avec cette teinture naturelle de l'Inde. Les sacs de farine, apparemment, n'étaient plus à la mode.

Préoccupé, j'ai appelé ma mère. « Personne ici n'est habillé comme moi. Les gars portent des chemises de madras.

– Qu'est-ce que le madras ? », m'a-t-elle demandé.

J'ai péniblement cherché une explication. « Eh bien, ça ressemble un peu à du tissu écossais, du tartan. »

Maman voulait bien faire, mais, pour elle, le tartan était du tartan. Elle s'est donc rendue en voiture jusqu'au magasin de tissus Hancock et en a acheté plusieurs mètres, et elle m'a confectionné un ensemble composé d'un short et d'une chemise assortis.

Entre-temps, Scoot et moi avions décroché notre premier rendez-vous arrangé avec des filles de la TCU, deux membres de la fraternité Tri Delta. Nous allions les emmener au Amon Carter Stadium afin d'encourager l'équipe de football de la TCU, les formidables Horned Frogs, qui allaient jouer devant une foule partisane. L'ami qui avait organisé ce rendez-vous m'avait dit que ma compagne, Karen McDaniel, ressemblait à Natalie Wood.

Eh bien, un tel rendez-vous exigeait une nouvelle tenue. Donc, en quittant le East Texas State, nous avons fait un détour jusque chez moi afin d'aller chercher celle que maman venait tout juste de terminer. Elle rayonnait de fierté lorsqu'elle me l'a tendue, un short long et une chemise à manches courtes et boutonnée, tous deux bleus avec des rayures noir et vert aussi larges que les lignes médianes d'une autoroute. Je savais que ce n'était pas du madras, mais je me suis dit que c'était mieux qu'un sac de farine. Et lorsque j'ai enfilé mes nouveaux vêtements, elle s'est émerveillée devant mon élégance.

Ensuite, Scoot et moi avons pris le chemin du dortoir des étudiantes de première année de la TCU.

« *Une star de cinéma* » est ce que j'ai pensé lorsque Karen McDaniel est sortie sur le palier : elle avait les cheveux bruns et crêpés, et de grands yeux bleus qui étincelaient comme une lampe stroboscopique. Je n'avais jamais vu quelqu'un qui lui ressemblait à Haltom City. Et Karen n'avait jamais vu quelqu'un qui me ressemblait. Jamais.

J'avais complété ma nouvelle tenue avec des demi-bas noirs et des souliers lacés, style chaussures de travail habillées. Pendant que je gravissais les marches encombrées du dortoir pour me présenter, une autre adorable brunette est sortie. Mais lorsqu'elle m'a vu, elle s'est arrêtée si brusquement qu'on aurait dit qu'elle venait de jeter une ancre de deux tonnes. « Eh bien, regardez-moi ça ! », a-t-elle claironné, faisant tourner toutes les têtes dans ma direction à 50 mètres à la ronde. « C'est Bobby Brooks avec ses couleurs bien agencées ! »

C'était Jill, la compagne du jour de Scoot, une Tri Delta féerique avec des yeux de Bambi. Ayant prononcé son jugement sur l'œuvre de ma mère, elle a ensuite baissé les yeux sur mes chaussures et a plissé son petit nez parfaitement retroussé, comme si elle contemplait un cadavre d'animal sur la route. « Quelle sorte de chaussures portes-tu là ? »

J'ai haussé les épaules, la sueur perlant sur mon visage rougissant. « Je ne sais pas… des souliers, je suppose.

— Eh bien, les gars à la TCU portent des *Weejuns* », a dit Jill.

Scoot a pensé que cela sonnait plutôt exotique. « Qu'est-ce que des "Weejuns" ? m'a-t-il demandé en se penchant vers moi.

— Je ne sais pas, ai-je répondu d'un ton hésitant.

— Probablement des trucs à bouts pointus que portent les pédés.

— Mais non ! », ont protesté les filles à l'unisson, scandalisées. « Ce sont des mocassins ! »

Nous avons parcouru à pied les deux pâtés de maisons qui nous séparaient du stade, et alors que la plupart des couples marchaient la main dans la main, Karen a gardé ses distances, gênée. À l'intérieur du stade, il m'a semblé que le corps étudiant tout entier me regardait avec insistance, comme si je faisais l'objet d'une énorme farce. Je ne me rappelle pas qui a gagné ou perdu ce match de football, ni même le nom de l'équipe adverse. Je me rappelle seulement m'être senti comme si Bozo le Clown était décédé et m'avait légué son costume.

7

J'ai eu mon premier sac à coton quand j'avais à peu près 7 ou 8 ans. C'était un grand sac à farine blanc. Vous connaissez probablement pas grand-chose à la cueillette du coton et je vais donc vous dire comment c'était : il faisait chaud. Mon Dieu qu'il faisait chaud. Assez chaud pour le diable et ses anges. Et puis il y avait les insectes et les moustiques. Sortis tout droit du bayou, ils paraissaient aussi gros que des oies et ils étaient deux fois plus méchants.

Chaque jour, on partait à peu près quand le ciel à la lisière des champs prenait la couleur rose qui vient avec le matin, mais on pouvait encore voir des étoiles. Je cueillais toute la journée, tirant quatre ou cinq boules de coton de chaque capsule que je pouvais trouver. Lorsque les capsules éclataient, elles étaient dures et assez rugueuses. Après un bout de temps, j'avais les mains à vif. Le coton, lui, était doux comme du duvet, mais il devenait vite très lourd. Chaque jour, l'Homme blanc disait que j'en avais à peu près 9 kilos dans mon sac. Même si je cueillais très longtemps et que mon sac devenait très, très lourd, l'Homme blanc disait toujours que j'en avais 9 kilos.

De temps en temps, il me donnait un jeton à dépenser dans son magasin. J'entrais et j'achetais des bonbons ou un morceau de fromage.

C'est comme ça que j'ai rencontré Bobby. Le magasin de l'Homme blanc était dans la moitié avant de la plantation, et je devais passer devant sa maison pour retourner chez Uncle James. C'était une grosse maison blanche avec un toit noir et il y avait une grande véranda ombragée qui faisait le tour. Un jour, je marchais sur le chemin de terre rouge devant la maison quand ce garçon blanc qui avait à peu près mon âge et qui portait une salopette comme moi est sorti et a commencé à marcher à côté de moi.

« Salut, il m'a dit en traînant les pieds.

– Salut, j'ai dit.

– Où vas-tu ?

– Chez moi.

– Où c'est, chez toi ?

– Là-bas, j'ai dit en avançant le menton.

– Tu veux aller faire du vélo ? »

Eh ben, ça m'a fait freiner tout sec. Je me suis tourné et j'ai zieuté fixement ce garçon. Il avait l'air assez ordinaire, à peu près grand comme moi avec des taches de rousseur sur le nez et des cheveux bruns, tout frisés et ébouriffés, avec des mèches rousses comme si quelqu'un avait saupoudré de la cannelle sur sa tête. Pendant que je le regardais, je l'étudiais, j'essayais de deviner ce qu'il voulait, et pourquoi il voulait être avec quelqu'un comme moi.

J'ai finalement répondu. « Je vais pas faire de vélo », j'ai dit et j'ai continué à marcher.

« Tu veux aller tirer à la carabine à air comprimé ? Tu peux utiliser la mienne. »

C'était une invitation tentante. J'avais pas de carabine à air comprimé, mais j'aurais beaucoup aimé en avoir une pour aller dans les bois et tuer des merles ou peut-être un opossum.

« Ouais, je vais aller tirer à la carabine avec toi. T'es sûr que ça dérangera pas ta mère ?

– Mais non, ça lui est égal tant que je rentre avant qu'il fasse noir. Reste ici ; je vais vite aller chercher ma carabine. »

À partir de ce jour-là, moi et Bobby on a été des complices dans le crime. J'ai découvert qu'il était le neveu de l'Homme blanc et qu'il était en visite. Il savait pas qu'il était pas censé être mon ami.

Quand je travaillais pas, j'allais jusqu'à la maison de l'Homme blanc et je sifflais. Bobby se faufilait dehors par la porte arrière et il me rejoignait. On était très amis. S'il avait quelque chose à manger, il partageait avec moi. Parfois au souper, il mangeait une partie de son repas et mettait le reste dans sa poche et puis il sortait. On marchait alors le long de la route jusqu'à un endroit où l'Homme blanc pouvait pas nous voir, et je mangeais une cuisse de poulet ou un sandwich ou autre chose qu'il avait apporté pour moi.

Les membres de sa famille ont vite découvert qu'on était amis, mais personne a vraiment essayé d'empêcher notre association, surtout parce que j'étais le seul garçon aux alentours qui avait à peu près son âge et il avait besoin de quelqu'un pour jouer avec lui, et se tenir loin des ennuis. Quand ils ont compris qu'il me donnait de la nourriture, ils ont placé pour moi une petite table en bois à côté de la porte de derrière. Après, quand Bobby avait reçu son repas, il sortait et moi et lui on s'assoyait à cette petite table et on mangeait ensemble.

Quand je travaillais pas, moi et Bobby on était en affaires, on roulait à bicyclette, on nageait ou on fabriquait des lance-pierres avec des petites branches et des chambres à air. De temps en temps, Thurman venait avec nous, mais la plupart du temps c'était juste moi et Bobby.

On allait chasser et tuer des oiseaux avec sa carabine à air comprimé Daisy Rider. J'étais assez bon tireur et je pouvais les faire tomber directement du ciel. J'avais une ceinture de corde que je portais par-dessus ma salopette, et chaque fois que je tuais un merle, je l'attachais à cette corde et je le laissais pendre la tête en bas. Quand on avait plusieurs oiseaux, je les apportais à la maison et Aunt Etha faisait un pâté.

L'année suivante, quand Bobby est revenu à la plantation, j'ai trouvé le courage de demander à l'Homme blanc si je pouvais cueillir les résidus de coton pour me payer une bicyclette. Jusque-là, j'avais juste roulé sur des tas de ferraille que moi et Bobby on avait construits avec des rebuts. Ces vélos avaient même pas de pneus, on roulait directement sur les jantes. J'avais besoin d'une *vraie* bicyclette pour que Bobby et moi on fasse des randonnées sérieuses.

Les résidus de coton sont les petits morceaux qui tombent du plant et aussi ce qui reste à l'intérieur des capsules laissées par terre après la cueillette. Étant donné que Uncle James et Aunt Etha gagnaient pas d'argent, il fallait que je ramasse ces résidus pour pouvoir acheter une bicyclette.

J'étais prêt à faire ça juste le temps qu'il faudrait, mais Bobby avait un plan. Il venait faire la cueillette avec moi, il détachait les dernières fibres des capsules déjà récoltées, il faisait comme s'il voulait garder les résidus pour lui. Mais tout le coton qu'il cueillait, il le mettait dans mon sac. Et quand l'Homme blanc regardait pas, il allait dans le hangar à coton et remplissait son sac avec du coton déjà *cueilli*, le bon coton, et puis il le vidait dans mon sac. On cachait le bon coton dans le fond du sac, en dessous des résidus.

Chaque été, moi et Bobby on avait un nouveau projet, mais la cueillette des résidus a duré *longtemps*. Chaque année, on nettoyait les champs et l'Homme blanc pesait notre récolte – avec le coton que Bobby avait volé! – et chaque année, l'Homme blanc disait que j'avais pas assez pour acheter une bicyclette. Ça a duré trois ans, jusqu'à ce que finalement, vers Noël, l'Homme blanc vienne chez Uncle James et me dise d'aller à sa maison, mais il a jamais dit pourquoi.

«Viens et tu verras», il a dit.

On est vite montés chez lui, et quand on est arrivés tout près, j'ai pu la voir sur la grande véranda qui faisait le tour de la maison, brillante comme dans un rêve : une Schwinn toute neuve, rouge et blanc avec un klaxon trompette en caoutchouc.

Je me suis tourné et j'ai regardé l'Homme blanc. Il souriait juste un peu.

« C'est *à moi* ? », j'ai demandé. J'arrivais pas à le croire.

« Elle est toute à toi, Li'l Buddy, il a dit. Va la chercher et rentre chez toi.

– Merci, m'sieur ! Merci, m'sieur ! » J'ai couru comme un fou, j'ai sauté sur la superbe machine et je suis vite parti sur le chemin pour aller la montrer à Uncle James et Aunt Etha. Cette Schwinn était la première chose neuve que j'avais jamais eue. J'avais 11 ans.

8

L e 22 novembre 1963, j'ai revêtu une chemise de madras
achetée au magasin, des pantalons kaki, eh oui, des Weejuns.
Scoot et moi, ainsi que deux copains, nous sommes entassés
dans ma Chevy Biscayne 1961 bleu pâle à quatre portes et
sommes partis pour vivre une deuxième aventure avec les filles
de l'association étudiante. L'occasion était la fête annuelle de la
TCU, et nous avons écouté Elvis chanter à tue-tête à la radio
pendant tout le trajet jusqu'à la ville.

C'était l'époque où il n'y avait pas encore d'autoroutes
inter-États, et notre itinéraire à partir de Commerce, au Texas,
nous a fait traverser le centre-ville de Dallas. Pendant que je
conduisais la Biscayne sur Elm Street, la circulation a soudain
ralenti. Nous nous sommes arrêtés en face du Poste de retour
des livres scolaires à l'intersection des rues Elm et Houston,
juste derrière une berline blanche – la dernière voiture qui
m'empêchait de filer là où la voie était libre et de m'engager
directement sur l'autoroute Stemmons.

La berline blanche a avancé, mais juste au moment où
nous nous apprêtions à traverser l'intersection, un policier s'est
placé devant nous, sifflet hurlant, le bras levé comme un centre-
arrière.

« Bon sang ! », a dit Scoot en regardant sa montre. « Maintenant, on va être en retard ! »

Nous avons pensé que l'attente serait longue. J'ai donc coupé le moteur, nous sommes descendus de voiture et nous sommes assis sur le capot. D'abord, nous avons entendu des sirènes et puis des motocyclettes qui approchaient à notre gauche et nous nous sommes tournés pour voir ce qui venait. Nous avons entendu des acclamations, se répandant dans la foule comme une vague océanique. Et puis nous l'avons vue : une limousine Lincoln décapotable avec des agents du FBI perchés sur les marchepieds et les pare-chocs.

Bien que tout ait été fini en l'espace de moins de 10 secondes, tout nous a d'abord paru se dérouler au ralenti : le gouverneur du Texas, John Connelly, assis à l'avant. Le président John F. Kennedy à l'arrière, saluant de la main, de notre côté. Et Jackie, éblouissante, assise à côté de lui et portant une petite toque rose bonbon.

Et puis, tout est allé très vite. Soudain, la foule s'est éparpillée comme un banc de poissons paniqués. Nous ne savions pas pourquoi. Tout ce que nous avons vu, c'est notre chance de traverser l'intersection et de nous remettre en route vers la TCU. Nous avons tous quatre bondi du capot pour nous engouffrer dans la Biscayne.

Nous nous sommes engagés dans l'intersection dans un vrombissement de moteur et avons foncé vers la rampe d'accès, juste derrière la limousine du président. Pendant quelques instants, nous ne nous sommes pas doutés que nous étions en train de vivre une page de l'Histoire. Et puis l'annonceur à la radio a lancé : « La police rapporte qu'il y a eu des coups de feu à proximité du cortège présidentiel à Dallas. »

Et puis, un instant plus tard, une autre annonce : « On a tiré sur le président. »

« Mon Dieu ! ai-je crié. Il est juste devant nous ! » J'ai écrasé le champignon et nous avons pris la limo en chasse sur l'autoroute, dépassant Market Hall où des milliers de personnes attendaient que JFK prenne la parole, jusqu'à l'hôpital Parkland où j'ai immobilisé la Biscayne dans le parc de stationnement juste à côté de la limousine vidée de ses occupants.

J'ai coupé le moteur. Nous sommes restés assis, assommés. À la radio, l'annonceur décrivait les événements : les tirs semblaient être venus du Poste de dépôt de livres… Une chasse à l'homme intensive au centre-ville de Dallas… On ne sait toujours pas dans quel état se trouve le président. Nous étions là depuis peut-être 20 minutes quand un agent des services secrets, bien mis et intimidant, est sorti de la salle des urgences et s'est dirigé à grands pas vers nous.

Il a passé sa coupe en brosse par la vitre baissée de ma portière, et j'ai pu voir mon reflet dans ses lunettes de soleil miroir «Qu'est-ce que vous faites ici, les garçons ? », a-t-il dit, sérieux comme un pape.

Il a écouté nos explications et puis a dit : « Eh bien, à moins que vous ne vouliez que je vous prenne en photo et que je relève vos empreintes digitales, vous feriez mieux de quitter les lieux.

– Oui, monsieur », ai-je répondu.

À contrecœur, j'ai mis le moteur en marche et nous nous sommes éloignés lentement de l'hôpital. Cela ne faisait pas 10 minutes que nous roulions sur l'autoroute quand l'annonceur de la radio nous a appris la triste nouvelle : « Le président est mort. »

Il ne nous a pas fallu longtemps pour réaliser que nous étions parmi les derniers civils à l'avoir vu vivant.

9

Tous les dimanches, un ouvrier agricole qui conduisait une charrette tirée par un mulet sillonnait les chemins de terre de la plantation et faisait monter les gens pour les emmener prier le Seigneur. Il y avait à peu près 20 familles qui travaillaient sur les terres de l'Homme blanc. Les hommes aidaient les femmes à monter et ils leur passaient ensuite les bébés, et puis ils montaient en dernier. L'ouvrier les conduisait alors à la New Glory of Zion Baptist Church. Pour vous dire la vérité, je me rappelle pas exactement le vrai nom de l'église, mais toutes les églises étaient «New» et «Glory» quelque chose, et elles étaient presque toutes baptistes, c'est sûr.

Chaque plantation avait son église pour les gens de couleur et c'est surtout là qu'il y avait les échanges sociaux. Notre petite église en bardeaux était debout dans un grand champ et il y avait au-dessus de la porte une croix qui avait jamais connu le pinceau. Il semblait que Dieu utilisait le toit de tôle comme une pelote à épingles parce qu'il était plein de trous que la lumière du soleil traversait et ça faisait des petits points brillants sur les bancs de bois. De temps en temps, il pleuvait et le pasteur devait pousser l'eau dehors par la porte d'entrée.

Le pasteur, Brother Eustis Brown, était un ouvrier agricole lui aussi. Mais c'était le seul homme que je connaissais à part Uncle James qui était capable de lire la Bible. J'ai beaucoup appris sur les Écritures en écoutant Brother Brown. C'est parce qu'il faisait le même sermon chaque semaine pendant des mois.

Supposons qu'il prêchait sur cette plaie qui est la luxure. Brother Brown disait : « Écoutez, mes chers frères : dans sa première épître, saint Jean dit que la convoitise de la chair, la convoitise des yeux, et l'orgueil de la richesse – vient non pas de *Dieu*, mais de ce *monde*! Mais ce monde *passe*! Et ses convoitises *passent*! Mais celui qui fait la volonté de Dieu vivra *éternellement*! »

Chaque semaine, il répétait ces mêmes versets, il les martelait encore et encore, comme s'il clouait un fer sur le sabot d'un cheval têtu. Mais de temps en temps, les gens finissaient par se plaindre.

« Brother Brown, nous avons entendu ce message au moins des centaines de fois », une vieille femme disait avec le même gros bon sens que ma tante, la sœur de Big Mama. « Quand est-ce que vous allez changer votre sermon ? »

Brother Brown se contentait de lever les yeux vers le saint toit et de secouer la tête, un peu triste. « Je travaille dans les champs de coton avec vous tous, et chaque semaine, le Seigneur me montre ce qui se passe dans la congrégation, et je sais donc quoi prêcher le dimanche. Lorsque je commencerai à voir des changements », il disait en pointant un doigt vers la plantation, « je changerai ce que je prêche dans cette église. »

C'est comme ça que j'ai appris ce qu'il y a dans la Bible sans savoir lire.

Quand j'avais environ 12 ans, Aunt Etha m'a habillé en blanc et m'a conduit à la rivière pour me plonger dans l'eau. Il y avait 4 ou 5 autres garçons qui se faisaient baptiser ce jour-là, et toutes les familles de la plantation avaient apporté des seaux et des paniers de nourriture qui ont été étendus sur des couvertures et nous avons eu ce que nous appelons un « dîner sur le sol ». Les Blancs appellent ça un pique-nique.

Ma tante a tordu le cou d'un poulet et l'a fait frire avec une technique spéciale, et elle a apporté sa fameuse tarte aux mûres, et un pichet de thé froid qu'elle préparait avec des feuilles de menthe que ma grand-tante lui donnait. (En fait, je pense que c'était des feuilles de menthe. Avec ma tante, on savait jamais quelles sortes de poudres et de potions elle nous réservait.)

Mais on mangeait pas avant que Brother Brown ait fait un sermon sur le baptême de Jésus lui-même par Jean-Baptiste, et sur Dieu qui du haut des cieux a dit qu'Il était assez fier de ce que son Fils était devenu. Quand Brother Brown avait fini, il avançait dans la rivière fraîche et verte jusqu'à la taille, avec sa robe blanche qu'il portait seulement pour les baptêmes. Je l'ai suivi dans l'eau, pieds nus, sur les cailloux lisses et brillants, et puis dans la boue chaude et douce.

Moi et Bobby, on nageait souvent dans le bassin, mais la plupart du temps tout nus. Ça faisait bizarre d'entrer dans l'eau tout habillé avec mes vêtements qui flottaient autour de moi, blancs et doux comme un nuage. Mais j'ai marché jusqu'à l'endroit où Brother Brown m'attendait. La boue de la rivière glissait entre mes orteils pendant que je gardais l'œil ouvert au cas où un alligator viendrait.

J'étais debout de profil devant Brother Brown et il a mis sa main gauche derrière mon dos. Je pouvais entendre les oiseaux qui chantaient et l'eau qui coulait, et loin sur la rivière j'ai vu quelques Blancs dans un bateau qui pêchaient. « Li'l Buddy, le pasteur a dit, crois-tu que Jésus est mort sur la croix pour tes péchés, a été enseveli et est ressuscité le troisième jour ?

– Oui, m'sieur, je le crois », j'ai dit et puis j'ai senti quelque chose frôler ma jambe. J'espérais que c'était juste un poisson-chat.

« Je te baptise maintenant au nom du Père, du Fils et du Saint-Esprit ! », Brother Brown a dit, et aussi rapide qu'un éclair, comme si j'allais peut-être changer d'idée, il a pincé mon nez avec sa main droite et m'a renversé d'un coup sec dans l'eau sur le dos.

Le problème c'est que Brother Brown m'a échappé et que j'ai coulé jusqu'au fond. Je savais pas que j'étais censé me relever tout de suite et je suis donc parti avec le courant en faisant des bulles et en regardant passer les nuages à travers l'eau brouillée. Aunt Etha m'a dit plus tard que la congrégation avait paniqué et s'était lancée dans la rivière. Les gens pataugeaient encore et criaient mon nom quand j'ai émergé un peu plus loin comme un flotteur sur une ligne de pêche, un peu plus pâle et rempli du Saint-Esprit!

Ma tante était tellement contente de me voir que j'ai eu droit à deux parts de dessert aux mûres ce jour-là.

10

Les choses ont changé. Uncle James est tombé malade et il est mort, et Aunt Etha a déménagé. La dernière fois que je l'ai vue, elle pleurait. J'arrivais pas à comprendre pourquoi Dieu continuait à venir chercher tous les gens que j'aimais le plus au monde. Moi et Thurman on a été séparés et je suis allé vivre sur une autre plantation avec ma sœur, Hershalee.

Il paraît que Thurman est allé vivre avec quelqu'un de la famille de BB, mais je suis pas sûr. J'imagine que j'avais à peu près 13 ou 14 ans. Ces années sont un peu mélangées dans ma tête. On avait pas de calendrier. On avait pas même d'horloge. On en avait pas besoin : quand tout ce qu'on fait c'est cueillir le coton de l'Homme blanc, on a besoin d'être nulle part ailleurs que là où on est.

Je m'ennuyais de Bobby et j'aurais aimé avoir un autre ami comme lui. Le nouvel Homme blanc avait deux petites filles qui avaient à peu près mon âge, mais c'est sûr que je voulais pas être l'ami de *filles* blanches. Aussi, les enfants blancs, quand ils devenaient assez grands, ils allaient à l'école pendant la journée. Certains enfants de couleur aussi, mais pas moi. Et souvent, l'Homme blanc allait les chercher à l'école pour les envoyer travailler dans les champs.

Et c'est pas seulement les adultes qui mettaient un mur entre les Blancs et les Noirs. Des années plus tard, j'ai entendu dire qu'une fois, en Caroline du Sud, 5 ou 6 garçons blancs avaient l'habitude de se rendre ensemble à l'école, à pied. Chaque jour, il fallait qu'ils traversent un ruisseau dans un petit bois plein d'ombre. Mais c'était aussi sur le chemin qui menait à l'école des enfants de couleur, et un jour les garçons blancs ont décidé qu'il était pas correct que les nègres traversent sur les mêmes rondins qu'eux. Donc ils ont fait une embuscade. Ils ont ramassé des bâtons et des morceaux de bois, et ils ont attendu sur les rondins que les enfants de couleur arrivent.

« Ces rondins appartiennent aux Blancs », une petite brute a beuglé quand les enfants noirs sont arrivés au ruisseau. « Si vous les nègres voulez traverser, vous allez devoir marcher dans l'eau ! »

Eh ben, les enfants de couleur avaient pas envie de marcher dans l'eau et une guerre a commencé et les morceaux de bois et les pierres ont volé dans les airs. Mais le malheur c'est que les garçons blancs ont gagné. Ils ont lancé assez de pierres pour devenir les maîtres des rondins et les enfants de couleur ont été obligés de traverser le ruisseau les pieds dans l'eau pour aller à l'école.

J'étais grand quand j'ai entendu cette histoire et je me sens encore triste pour ces enfants. Pas tellement parce qu'ils ont été obligés d'aller à l'école avec des culottes mouillées, mais parce que je sais c'est quoi se faire battre parce qu'on est né avec une peau de couleur différente. Et je sais c'est quoi marcher les yeux baissés pour que ça recommence pas.

C'est ce que j'ai fait après que des garçons blancs m'ont traîné sur le chemin avec leurs chevaux.

J'avais peut-être 15 ou 16 ans et je marchais sur le chemin qui passait devant la plantation en revenant de la maison de ma tante. C'est là que j'ai vu cette femme blanche à côté de sa Ford bleue. Elle était un peu penchée et regardait sous sa voiture, à l'arrière, mais comme une dame, en essayant de pas laisser sa jupe blanche toucher la poussière. Son chapeau aussi était blanc, un petit chapeau juste assez grand pour couvrir le dessus de sa tête avec un ruban brun tout autour, comme du chocolat. Comme j'ai déjà dit, elle était habillée comme si elle revenait de la ville.

J'ai demandé à la femme si elle avait besoin d'aide et elle a dit oui. J'ai pris le cric dans le coffre et je l'ai installé sous la voiture, à l'endroit le plus solide que j'ai pu trouver. Avec le cric j'ai fait monter la voiture juste assez pour pouvoir enlever le pneu.

Je remettais les boulons quand les trois garçons sont sortis des bois et ont demandé à la femme si elle avait besoin d'aide. C'est le roux aux grandes dents qui a été le premier à me voir et à me traiter de nègre. Et puis c'est arrivé très vite : j'avais une corde autour du cou et une peur noire a commencé à bouger dans mon ventre comme un mocassin d'eau.

« Nous allons t'apprendre à ne pas embêter les femmes blanches », celui qui tenait la corde a dit.

Sauf que je l'avais pas embêtée, j'avais seulement réparé la crevaison. Mais elle a rien dit et j'ai rien dit parce qu'ils me croiraient pas, c'est sûr. J'ai pensé que si je parlais, j'aurais encore plus de problèmes.

J'ai gardé un œil sur le garçon qui avait la corde et quand il l'a attachée à sa selle, j'ai compris ce qui allait arriver et j'ai commencé à avoir très peur. Avec mes deux mains, j'ai essayé de desserrer la corde. C'est là qu'ils ont fait claquer leurs rênes et sont partis en riant.

Au début, les chevaux avançaient au trot, assez lentement pour que je sois capable de les suivre en courant. Je trébuchais derrière eux et mes mains tenaient le nœud coulant, et j'essayais de rester sur mes pieds. Les chevaux étaient à peut-être seulement trois mètres en avant de moi et je pouvais entendre le bruit de leurs sabots. La poussière me piquait les yeux. J'avais même son goût dans ma bouche.

Et puis j'ai entendu un cri. J'ai perdu l'équilibre et je suis tombé dans la poussière, et j'ai dérapé sur mes genoux et sur mes coudes. Les chevaux galopaient en faisant beaucoup de bruit et je me tenais au nœud coulant comme à un volant, et j'essayais de garder mes doigts entre la corde et mon cou pour l'empêcher de me serrer encore plus fort. La poussière m'aveuglait et m'étouffait. Les manches de ma chemise et les genoux de mon pantalon se sont déchirés et puis ma peau a été écorchée comme un lapin prêt à se faire embrocher. J'entendais plus de rires, seulement le gros tonnerre que les chevaux faisaient en me tirant vers la mort.

J'imagine que je serais mort si Bobby et sa tante, la femme de l'Homme blanc de l'autre plantation, étaient pas passés sur le chemin à ce moment-là. J'étais presque sans connaissance et je me rappelle pas très bien ce qui s'est passé après. Je sais seulement que les chevaux se sont arrêtés tout d'un coup. J'ai regardé à travers mes paupières que je pouvais maintenant presque plus ouvrir et j'ai vu la tante de Bobby debout sur le chemin qui pointait un fusil sur les garçons à cheval.

« Détachez-le ! », elle a crié. J'ai senti le nœud coulant devenir moins serré et j'ai vu le bout effiloché de la corde tomber par terre comme un serpent qui est plus dangereux. Et puis j'ai entendu les garçons partir en riant sur leurs chevaux.

Bobby et sa tante m'ont poussé dans leur voiture et ils m'ont conduit à la maison de ma tante. Elle a pris soin de moi avec ses racines et ses potions, et elle a mis une pâte sur mes yeux enflés. Je suis resté dans son lit pendant une semaine jusqu'à ce que mes yeux guérissent et que je sois capable de bien voir. Ça a pris à peu près le même temps à ma peau pour cicatriser et pour que je sois capable de mettre mon pantalon et ma chemise.

Je connaissais ceux qui m'avaient fait ça. Et j'imaginais que leurs pères étaient dans le Ku Klux Klan. Mais à Red River Parish, les hommes de couleur avaient appris qu'il valait mieux se taire et pas dire ce qu'ils savaient, à moins de vouloir que des choses encore pires arrivent à leur famille, comme peut-être se réveiller au milieu de la nuit dans une maison qui brûle.

Quand je repense à tout ça, je m'aperçois que ce que ces garçons ont fait m'a un peu perturbé dans la vie. Et aussi c'était sûr que j'allais plus jamais offrir mon aide à des femmes blanches.

11

La première fois que j'ai vu Deborah, j'ai commencé à planifier sa capture. Non pas pour moi au début, mais pour la Sigma Chi, la fraternité étudiante dont j'étais devenu membre après avoir quitté l'East Texas State pour m'inscrire en deuxième année à la TCU. C'était le printemps de 1965 et j'étais en période de probation. Deborah, elle, était étudiante de deuxième année et bénéficiait d'une bourse d'études.

Lorsque j'ai fait sa connaissance, elle était membre de la Tri Delta et une «petite amie» de la Delta Tau Delta, la fraternité rivale de la mienne. Je voulais en faire une petite amie de la Sigma Chi et, ainsi, réussir un beau coup inter-fraternités qui aurait également l'avantage original d'asseoir une intellectuelle à la table de notre association étudiante.

Deborah avait grandi à Snyder, une ville de l'ouest du Texas balayée par les virevoltants, un endroit si plat que l'on peut voir le Nouveau-Mexique en se perchant sur une bouse de vache séchée. C'est une ville où tout le monde sait tout de tout le monde, et où tous les écoliers rêvent de visiter des lieux aussi exotiques que Lubbock ou Abilene. Rien de vert ne pousse là-bas, sauf dans la section des fruits et légumes du Piggly Wiggly. Snyder est aussi le dernier endroit recensé où l'œil humain a pu se poser sur un bison blanc, et aujourd'hui une réplique géante en plâtre de l'animal veille sur le palais de justice sur la grand-place de la ville.

Deborah avait deux sœurs : Gretchen, une ex-finaliste au concours de beauté de Miss Snyder ; et Daphene, sa jumelle, mais uniquement en vertu du fait qu'elles étaient nées le même jour. Grande et sensuelle, la jeune Daphene avait toujours aimé faire la fête et n'avait jamais rencontré un garçon qui ne lui plaisait pas ni un livre qu'elle aimait. Deborah était son contraire : un vrai rat de bibliothèque et aussi soignée qu'une femme de pasteur le dimanche.

Adolescente, Deborah était mince comme une liane. Très timide, elle se remplissait la bouche de maïs soufflé au cinéma pour empêcher les garçons de l'embrasser. Mais avec ses cheveux sombres et ses yeux bridés, elle était très jolie et sa voix avait de douces inflexions texanes, parfaitement posées, comme celles d'une aristocrate du Sud.

C'est avec cette arme qu'elle m'a d'abord pris au piège. Par une chaude soirée d'automne de 1966, Sigma Chi se préparait à un « nocturnal », un événement informel au cours duquel les membres de la fraternité se rendaient en bande dans les bois, équipés de glacières remplies de bière glacée, et s'envoyaient en l'air avec leurs petites amies.

Sauf que je n'avais pas de petite amie, un fait dont je venais de parler avec mon ami Glenn Whittington lorsque Deborah est entrée dans le local de l'association étudiante.

Glenn était le genre de gars que tout le monde adorait – drôle, affable, l'éternel entremetteur. Apercevant Deborah, il lui a fait signe de s'approcher de notre table. Après avoir bavardé de tout et de rien, il a plongé dans le vif du sujet : « Deborah, connais-tu mon ami Ron ? Il a besoin d'une copine pour l'accompagner au nocturnal ce soir. »

Deborah a dardé son regard sur lui. « Si ton ami veut sortir avec moi », a-t-elle annoncé du ton intransigeant de ces fières dames du Sud, « il peut m'appeler. » Elle a ensuite pivoté sur la semelle de ses mocassins et s'est éloignée. Elle ne m'avait même pas regardé.

Jusque-là, j'avais toujours été attiré par des fêtardes blondes et riches, dotées des atouts nécessaires pour la circonstance. Je n'étais jamais sorti avec quelqu'un qui bénéficiait d'une bourse d'études, quelqu'un qui avait vraiment étudié pour réussir un examen. Cela m'intriguait. De plus, elle était très, très jolie. Je lui ai téléphoné le lendemain.

Elle a accepté de m'accompagner au nocturnal, mais il ne s'est rien passé entre nous. J'ai appris qu'elle venait de rompre avec son petit ami, un beau mec de la Delta Tau Delta appelé Frank. Mais le lundi suivant, elle s'était réconciliée avec lui. Je n'ai pas été piqué au vif, mais nous avons conclu une entente : la prochaine fois qu'elle romprait avec lui, elle m'appellerait. Elle l'a fait deux semaines plus tard.

Nous sommes de nouveau sortis ensemble un vendredi soir. Mais le lundi suivant, elle était de nouveau avec Frank. Cela a duré des semaines – elle rompait avec lui et m'appelait pour une sortie de fin de semaine. Et puis, le lundi, ils se réconciliaient. Vous pensez peut-être que ces capitulations froissaient mon ego, mais non : Deborah et moi étions des amis avant tout. Nous trouvions que notre arrangement était à se tordre de rire.

Toutefois, nos sorties épisodiques ont pris fin au printemps de ma dernière année d'études lorsque j'ai ouvert une enveloppe à l'allure officielle pour y trouver une invitation à participer à la guerre du Viêt Nam. Cela m'a emmené au camp d'entraînement de Fort Polk, en Louisiane ; et puis à Albuquerque, où j'ai une fois fumé de la marijuana pour me réveiller aux côtés d'une grosse fille ; et puis, finalement, en poste permanent à Fort Carson, au Colorado.

Juste après mon départ de Fort Polk, je suis passé à un cheveu de me voir confier une mission de fusilier au sein d'une unité terrestre qui allait être dépêchée dans la zone démilitarisée. Je venais de terminer mon entraînement de base et avancé dans l'infanterie, et je me suis retrouvé à bivouaquer avec 25 000 nouvelles recrues sur un terrain d'aviation à Colorado Springs.

«Hall! Ronald R.!», a aboyé un sous-lieutenant d'une voix tranchante. «Ramassez votre barda et montez à bord.» Il a pointé du doigt une longue rangée d'avions de transport militaire qui, je le savais, nous débarqueraient en pleine guerre chaude.

Mais pour une raison que j'ignore, il m'a posé quelques questions, et lorsqu'il a découvert que j'avais trois ans et demi d'études universitaires à mon actif, il a changé mon affectation.

«J'ai une bonne nouvelle et une mauvaise, a-t-il dit. La bonne nouvelle, c'est qu'il y a une ouverture dans l'unité de soutien des armes nucléaires à Albuquerque. La mauvaise nouvelle, c'est qu'il faut vous qualifier pour le certificat de sécurité. Si vous n'y arrivez pas, je devrai mettre votre cul dans un avion pareil à celui-là.»

J'ai juré au lieutenant que mon dossier était vierge. Il m'a envoyé à Albuquerque, où j'ai obtenu le certificat de sécurité. Bien entendu, cela n'aurait probablement pas été le cas si l'armée avait su que j'avais fumé de la marijuana avec une grosse fille.

———

Pendant les deux années que j'ai passées dans l'armée, Deborah et moi avons échangé quelques lettres. Oh, il n'y avait rien de torride dans cette correspondance; ce n'était qu'une façon qu'avaient alors les gens de garder le contact avant l'avènement du courrier électronique et des appels interurbains gratuits. En décembre 1968, mon service militaire terminé, je suis revenu au Texas pour achever mes études à l'école du soir.

Pour gagner de l'argent, je suis devenu représentant de soupes Campbell auprès de gérants d'épicerie. Je détestais entrer au Piggly Wiggly, vêtu d'un costume trois-pièces, avec un plumeau à la main. En plus de faire pression sur les épiciers pour augmenter l'espace d'étalage de produits non standards tels que la sauce aux abattis de volaille, mon travail consistait à épousseter les produits à circulation lente tels que la soupe aux petits pois.

J'ai appelé Deborah uniquement pour la saluer. Elle m'a mis au courant de deux années de vie à la TCU – qui avait décroché, qui avait obtenu son diplôme et, bien sûr, qui s'était marié. À cette époque, les filles jetaient leur dévolu sur un gars pendant leur dernière année d'études et, si tout allait bien, elles l'épousaient avant le printemps suivant. J'avais toujours cru que mes sœurs de la Tri Delta étaient les plus belles filles du campus. Pour plaisanter, j'ai demandé Deborah : « Y a-t-il des membres de la Tri Delta qui ne sont pas encore mariées ?

– Seulement moi, a-t-elle dit. Et je suis devenue si *séduisante*. Tu vas m'adorer, c'est sûr. »

Elle avait raison. Elle n'était plus la fille boursière à l'esprit légèrement caustique que j'avais emmenée au nocturnal. C'était maintenant une femme superbe, instruite, confiante et pleine d'entrain. Nous avons commencé à sortir ensemble et, en l'espace de quelques mois, notre relation est devenue exclusive.

Au printemps de 1969, Deborah est revenue du mariage d'une compagne d'études à San Antonio et m'a dit : « Tout le monde là-bas croit que toi et moi devrions nous marier. »

J'ai souri. « Qu'est-ce que tu en penses ?

– Moi aussi, je crois que nous devrions nous marier.

– Eh bien, pourquoi ne le faisons-nous pas ?

– Il faut d'abord que tu me le demandes. »

Je l'ai embrassée et lui ai dit que j'y travaillerais.

En juillet, mon père m'a prêté l'argent nécessaire à l'achat d'une bague. Mais je ne savais pas comment faire ma demande et je m'en suis ouvert en râlant à mon camarade de chambre, Kelly Adams.

«Tu veux que je le lui demande à ta place?», a-t-il dit.

Si cela a fonctionné pour Cyrano de Bergerac, ai-je raisonné, je pouvais bien tenter le coup. J'ai donné la bague à Kelly et nous avons pris la direction de l'appartement de Deborah. Nous nous sommes assis tous les trois dans la salle de séjour, mal à l'aise.

«Ronnie veut que je te demande quelque chose», a dit Kelly à Deborah en lui tendant la bague. «Il veut savoir si tu acceptes de l'épouser.»

Deborah a roulé des yeux. «Peut-être qu'*il* pourrait me le demander?»

J'ai souri. «Eh bien, est-ce que tu acceptes?»

Elle aurait dû me dire de sortir et de revenir. Au lieu de quoi, elle a dit oui. «Soit dit en passant, a-t-elle ajouté, c'est la pire demande en mariage que j'ai *jamais* entendue.»

Nous nous sommes mariés en octobre 1969, et Deborah a commencé à travailler comme institutrice à l'école primaire, alors que j'entrais dans l'univers des services bancaires d'investissement. J'ai terminé mes études en étudiant le soir, et puis j'ai obtenu un MBA. En 1971, j'ai commencé à acheter et à vendre des tableaux pour arrondir nos fins de mois. Deux ans plus tard, notre fille Regan est née.

En 1975, l'année précédant celle de la naissance de notre fils, Carson, je gagnais deux fois plus d'argent à vendre des œuvres d'art qu'à titre de banquier. J'ai donc commencé à chercher une raison de me lancer à mon compte. Peu de temps après, cette raison s'est présentée sous la forme d'un tableau intitulé *The Signal*, une œuvre de Charles Russell, un peintre réputé dans le monde de l'art occidental.

En 1910, Russell avait offert ce tableau en guise de cadeau de mariage aux Crowfoot, une célèbre famille du Montana dont les descendants se sont plus tard établis à Puerto Rico. Grâce à l'une de mes relations à Santa Fe, au Nouveau-

Mexique, j'avais appris que l'un des héritiers Crowfoot avait l'intention de vendre cette toile.

De mon bureau à la banque, j'ai téléphoné à Mr Crowfoot à San Juan et je lui ai dit que je souhaitais acheter son tableau, mais aussi que j'étais beaucoup trop occupé pour me rendre à Puerto Rico. Je l'ai convaincu de venir au Texas et d'apporter son tableau. La vérité, c'était que bien que je gagnais mieux ma vie que bon nombre d'hommes de mon âge, je ne pouvais me permettre d'acheter un billet d'avion à destination de San Juan ni m'absenter de mon travail.

Donc, Mr Crowfoot a pris l'avion jusqu'à Fort Worth où je l'ai reçu avec toute l'hospitalité texane, ce qui veut dire avec de gros steaks et beaucoup d'alcool. Au dessert, il a accepté de me vendre le Russell pour la somme de 28 000 $. Mais ce n'est pas tout. Il a dit qu'il me confiait le tableau et qu'il m'accordait un délai de paiement de 90 jours. C'était une occasion incroyable, la première chance qui m'était offerte de réaliser un profit de 5 chiffres. J'ai donc fixé le prix de vente du *Signal* à 40 000 $ et je me suis mis en quête d'un acheteur.

Mais 3 mois passent rapidement lorsqu'on a 90 jours pour rembourser une dette. Après 45 jours qui ont filé à la vitesse de l'éclair, j'ai commencé à avoir des sueurs. Et puis, j'ai eu une idée : au jour 46, n'ayant aucun acheteur éventuel en vue, je me suis rendu à l'aéroport et j'ai acheté un billet à destination de Los Angeles. À la porte d'embarquement, j'ai téléphoné à la banque pour dire que j'étais malade, et mon patron a pris l'appel juste au moment où mon vol était annoncé sur les haut-parleurs de l'aéroport.

Après l'atterrissage à LAX, j'ai déboursé 5 dollars pour une voiture de location et j'ai demandé à la préposée au comptoir de m'indiquer la direction de Beverly Hills. Une courte balade sur la I-5 m'a conduit jusqu'au Sunset Boulevard, où j'ai quitté l'autoroute pour m'engager dans un quartier élitiste où les palmiers côtoyaient de hauts murs et de grands manoirs. Après avoir serpenté le long des célèbres courbes ombragées de l'avenue, j'ai débouché sur Rodeo Drive, la Mecque des galeries d'art. Le *Signal* de Russell sous le bras, je suis entré dans la première galerie que j'ai vue et j'ai dit que le tableau était à vendre.

«Nous ne sommes pas intéressés», m'a-t-on répondu. Mais ils avaient un client qui pourrait l'être, et ils ont téléphoné à un certain Mr Barney Goldberg pour lui annoncer que j'étais en route avec quelque chose qui lui plairait. Mr Goldberg vivait non loin de là et, contre toute attente, il n'habitait pas dans un manoir. Mais sa grande maison de style hacienda respirait tout de même l'argent. J'avais à peine posé le pied sur la véranda que la porte s'ouvrait.

«Poopsie!», s'est exclamé un homme chauve mesurant 1,80 mètre et qui ressemblait à s'y méprendre à un croisement entre Gene Autry, Liberace et Moshe Dayan. L'homme m'a promptement tendu une main chargée de diamants et m'a donné un énorme câlin comme si j'étais un membre de la famille perdu de vue depuis longtemps.

«Non, monsieur, ai-je dit. Je ne suis pas Poopsie. Je suis Ron Hall.

– Non, vous ne l'êtes *pas*», a-t-il rétorqué sur le ton de la réprimande, comme une tante sénile qui insiste pour qu'un enfant repu accepte une deuxième part de gâteau. «Vous êtes *Poopsie*! Et *moi*, vous pouvez m'appeler Snookems!»

Pendant qu'il parlait, je l'ai admiré dans toute sa splendeur : derrière des lunettes d'aviateur en or, Mr Goldberg portait un cache-œil noir du côté gauche, et plus bas, une chemise de cow-boy aux boutons de perle, des jeans, des bottes en peau de python blanc aux bouts pointus anticafards en or et aux talons ouvragés. Il avait aussi une grosse boucle de ceinture en or à l'effigie d'un bison avec des rubis à la place des yeux et des diamants partout ailleurs. De plus, un diamant d'au moins trois carats ornait chacun de ses doigts, sauf les annulaires – ces derniers avaient droit à 10 carats chacun.

Mr Goldberg – Snookems – m'a fait entrer dans son antre viril aux allures de chalet, où une collection d'armes à feu anciennes, des objets relatifs à l'époque des cow-boys et des couvertures Navajo occupaient chaque espace. Mais ce sont ses murs qui m'ont le plus intéressé. Chacun d'eux était couvert du sol jusqu'au plafond d'œuvres d'art occidentales haut de gamme : des Remington, des Borein et des… Russell.

Je suis sauvé, me suis-je dit en faisant mentalement un chèque à Mr Crowfoot. J'étais sûr que Snookems était l'acheteur qu'il me fallait pour le *Signal*. Après m'avoir fait faire une visite impromptue de sa résidence, il m'a invité à partager un verre de vin avant le dîner – *bien avant* le dîner. J'étais pratiquement assis sur le bout de ma chaise, attendant qu'il me fasse une offre pour le Russell.

Il a pris une gorgée de vin et, indiquant d'un geste ses murs couverts de tableaux, il a dit : « Comme vous pouvez le voir, je n'ai pas besoin de la petite chose que vous avez apportée. »

J'ai senti mon estomac se contracter.

« Mais vous êtes *tellement* chou…, a-t-il poursuivi, que je vais vendre votre Russell à l'un de mes copains et vous envoyer l'argent. »

Snookems rayonnait, excité, comme s'il venait de m'offrir Tahiti pour un dollar. Mais comme je n'avais pas d'autre acheteur en vue, j'ai accepté son offre. Nous n'avons jamais dîné, mais nous avons bu encore du vin en discutant vaguement des termes d'une entente. J'ai insisté sur le fait qu'il me *fallait* l'argent dans 44 jours, ou bien Mr Crowfoot se mettrait en chasse et me scalperait.

« Oui, oui, je comprends », a-t-il marmonné, souriant et vacillant quelque peu en m'escortant jusqu'à la porte. « Faites-moi *confiance*. »

Arrivé à LAX, j'ai téléphoné à Deborah. « Bonne nouvelle ! J'ai fait la connaissance d'un collectionneur et il va vendre le Russell et nous envoyer l'argent. »

Deborah a accueilli la nouvelle avec réserve. « Comment est-il ? »

J'ai hésité, pas très sûr qu'une description précise soit bien utile. « Eh bien… il s'appelle Barney Goldberg…

— As-tu demandé un reçu ou signé un contrat ?

— Non…

— La toile est assurée, n'est-ce pas ?

— Non…

— Es-tu fou ? », a-t-elle rugi dans le récepteur. « Ça ressemble à une arnaque ! Retourne dans cette maison et reprends la toile !

— C'est trop tard », ai-je dit, soudainement épuisé. « Je n'ai plus d'argent et mon avion décolle dans quelques minutes. »

J'ai raccroché et je suis rentré à Fort Worth, les entrailles nouées par l'angoisse. Le lendemain, j'ai tenté de joindre Goldberg pour obtenir au moins un reçu. Mais chaque fois que je composais son numéro, de longues sonneries me parvenaient du bout du fil, se moquant de moi tout au long des kilomètres qui nous séparaient.

J'ai téléphoné chaque jour pendant 43 jours, mais sans jamais réussir à lui parler. Alors que mon échéance de 90 jours arrivait à son terme, Mr Crowfoot a commencé à m'appeler presque quotidiennement pour me rappeler où je devais lui envoyer son chèque. Mes nerfs m'ont enlevé près de 10 kilos sur les os.

Le 44e et dernier jour, j'ai encore une fois téléphoné chez Snookems, cette fois à partir de la banque, et il a finalement répondu.

«Où étiez-vous, et pourquoi n'avez-vous pas répondu au téléphone! ai-je hurlé.

– *Poopsie…*», a-t-il dit d'un ton de doux reproche. «J'étais à *Hawaï*.» Il a prononcé "Ha-wah-ya".

– Épargnez-moi ces Poopsie! Où est mon argent?

– Vérifiez votre compte, a-t-il dit calmement. Je vous ai fait un virement il y a deux jours.»

Je l'ai mis en attente et j'ai appelé Jean à la comptabilité, qui m'a informé que 40 000 $ se trouvaient dans mon compte, y ayant été déposés par un certain Mr Barney Goldberg.

Incroyablement soulagé, je suis revenu à Snookems et je l'ai remercié. J'ai raccroché, en nage, comme quelqu'un qui vient tout juste d'éviter un accident de voiture. Et tout ça… pour un seul tableau. Je venais de réaliser un profit à peu près égal à mon salaire annuel à la banque. Quelques jours plus tard, je planifiais une nouvelle transaction avec Snookems. Quelques semaines plus tard, je donnais ma démission à la banque. Et quelques mois plus tard, l'argent a commencé à couler à flots.

12

En tant que nouveaux mariés, Deborah et moi n'étions que des méthodistes du dimanche. Nous nous installions sur un banc d'église presque chaque semaine, et bien entendu toujours à Pâques et à Noël étant donné que, à cette époque, on croyait encore communément que seuls les païens voués à l'enfer – et peut-être les avocats – séchaient les services religieux de Pâques et de Noël. Nous avons gardé cette habitude jusqu'en 1973. Et puis, quelques amis qui étaient membres d'une église biblique nous ont invités chez eux pour participer à une «discussion de groupe» s'étalant sur 6 semaines.

Il s'est avéré que nous avions été catalogués comme «perdus», «non croyants» et «non sauvés», probablement parce que nous n'avions pas d'autocollant en forme de poisson sur notre voiture. (Ce qui me rappelle une amie qui, bien que «nouvellement convertie», avait gardé la mauvaise habitude de faire un doigt d'honneur aux autres automobilistes pendant qu'elle fonçait à toute allure dans sa Suburban. Malgré la religion qu'elle venait de découvrir, elle n'arrivait pas à contrôler son majeur, mais selon son mari, le Saint-Esprit l'avait finalement incitée à retirer le poisson de son pare-chocs jusqu'à ce que son doigt soit sauvé.)

Sans méfiance, ma femme et moi nous sommes joints au groupe de discussion à la résidence de style colonial de Dan et Patt McCoy. Dan était un ancien joueur de football de la TCU qui mesurait 2 mètres et pesait 125 kilos, et quand il nous a invités chez lui, j'ai eu peur de ne pas dire oui. Ce premier dimanche soir, nous avons été étonnés d'y trouver exactement 40 personnes – 20 couples avons-nous découvert plus tard, également répartis en « sauvés » et « non sauvés ». Patt avait prévu un joli buffet – brownies, carrés au citron, café et thé glacé – mais étrangement, personne ne se servait. J'ai depuis déduit que c'est toujours un piège lorsqu'on n'a pas le droit de manger avant la fin du discours.

Nous nous sommes présentés à la ronde et avons écouté pendant une heure un homme propret aux cheveux ras répondant au nom de Kirby Coleman. Il a parlé de ce sujet brûlant qu'est l'existence. Pourquoi sommes-nous ici ? Quelle est notre raison d'être ? Qu'arrive-t-il après la mort ? Franchement, j'ai pensé que Kirby paraissait trop jeune pour connaître l'une ou l'autre des réponses à ces questions.

Après son allocution, il nous a localisés à la table du buffet. « Êtes-vous chrétienne ? », a-t-il demandé à Deborah.

Il aurait tout aussi bien pu lui demander si elle était un être humain. « Je suis *née* chrétienne », a-t-elle répondu, incroyablement insultée.

« Mais vous êtes *sauvée* ? », a-t-il insisté. « Êtes-vous certaine que vous irez au ciel ? »

Deborah a posé une main sur sa hanche et a dirigé l'autre vers le visage de Kirby. « Eh bien ! », a-t-elle dit. « Mon *père* a pavé le terrain de stationnement de l'Église méthodiste de Snyder, et c'est une raison suffisante pour moi ! »

Deborah Hall avait eu sa dose de Mr Kirby Coleman – à tel point que nous sommes retournés nous disputer avec lui la semaine suivante. Et la suivante. Et la suivante. De dimanche soir en dimanche soir, la discussion devenait de plus en plus pointue, passant de la philosophie générale à propos de la vie à l'évangélisation pure et simple. Après cinq semaines, j'avais tout compris : si l'on n'avait pas encore accepté Jésus le sixième dimanche, on allait probablement en enfer le lundi. Donc, à notre retour à la maison le dernier soir, j'ai dit à Deborah que j'allais réciter la prière du pécheur dont Kirby nous avait parlé.

« L'intérêt de la chose m'échappe, a-t-elle dit. Comment ai-je pu vivre si longtemps, être allée à l'église toute ma vie, et avoir encore à faire ça ? C'est insensé. De plus, ça m'apparaît tout simplement trop facile. »

J'ai donc prié sans elle, demandant à Dieu de me pardonner mes péchés au nom de Son Fils, Jésus. Deborah, toutefois, a soumis l'Évangile à un examen serré telle une procureure dans un cas fédéral. Et ce sont finalement les arguments juridiques présentés dans des ouvrages de C.S. Lewis et Josh McDowell qui l'ont convaincue que la chrétienté pouvait résister à sa rigueur intellectuelle. Et elle a finalement récité la prière elle aussi.

C'est ainsi que la vague de ferveur religieuse qui avait balayé les campus universitaires dans les années 1960 nous a rattrapés dans les banlieues avant de se perdre dans l'océan. Je suppose que nous étions plutôt bons avec cette histoire de religion – ou peut-être étions-nous mauvais – parce que nous avons réussi à nous aliéner un grand nombre de nos amis de faculté. Avec notre nouvelle vision spirituelle, nous pouvions voir qu'ils n'avaient pas non plus d'autocollants de poisson sur leurs pare-chocs, et nous nous sommes attelés à les sauver de la damnation éternelle avec toute la subtilité d'un joueur de défense novice.

Quand j'y repense aujourd'hui, je déplore les blessures que nous nous sommes mutuellement infligées lors de ces joutes verbales avec les « non sauvés ». En fait, j'ai choisi de bannir cette appellation de mon vocabulaire, car j'ai appris que même avec mes lunettes à double foyer de 500 $ signées par un designer européen, je suis incapable de voir dans le cœur d'une personne pour en évaluer la condition spirituelle. Tout ce que je peux faire, c'est raconter l'histoire un peu mouvementée de mon propre cheminement et déclarer que ma vie a été meilleure après que j'ai décidé de suivre le Christ.

13

Sur la terre où Hershalee vivait, il y avait trois ou quatre plantations tout alignées les unes contre les autres comme les carrés d'une courtepointe. Ça veut dire qu'il y avait trois ou quatre hommes blancs qui dirigeaient les ouvriers noirs, un sur chaque parcelle de champs de coton. Mais pour nous, ils étaient tous « l'Homme blanc ». Quand j'avais 18 ou 19 ans, il y en a un qui m'a donné une maison juste à moi, plus bas sur le chemin qui allait chez Hershalee.

J'étais assez fier de ça, je me sentais un homme, même si ma maison était seulement une cabane de deux pièces. Je connaissais pas mieux. J'ai pensé que j'avais une sorte d'avancement. Ma maison était bâtie pas loin d'un platane et donc j'avais un peu d'ombre l'été. J'avais un lit, une table, deux chaises et un poêle à moi tout seul. J'avais aussi mes toilettes extérieures à moi. J'ai pensé que je menais la grande vie.

À Red River Parish, on a toujours cru qu'il y avait rien de plus bas qu'un métayer. Mais c'était vrai et j'en étais un. Il y avait une grande crevasse et j'étais tombé dedans, et d'autres avec moi, sauf que je le savais pas dans ce temps-là. Vous voyez, il y avait les cueilleurs et il y avait les enfants des cueilleurs. Eux aussi étaient presque tous des cueilleurs.

Mais ceux qui avaient jamais appris à lire ou à compter restaient sur la terre et travaillaient pour rien sauf une maison pour dormir et de quoi manger, comme des esclaves, pareil. Oh, il y avait bien une convention – et c'est qu'on devait toujours de l'argent à l'Homme blanc. Je savais qu'il tenait toujours les comptes à son magasin et qu'il écrivait dans son livre tout ce qui sortait par la porte avec moi. Mais c'était absolument impossible de le rembourser parce que l'Homme blanc pesait plus le coton. Je savais que je lui devais de l'argent et il savait aussi, et les choses restaient comme ça.

Mais voici le plus terrible : avant que Abe Lincoln libère les esclaves, les hommes blancs voulaient que leurs plantations soient autosuffisantes et donc ils s'organisaient pour que leurs esclaves soient capables de faire plusieurs sortes de tâches. C'est pour ça qu'il y avait des forgerons et des charpentiers, des cordonniers et des barbiers, et des esclaves qui pouvaient tisser et coudre et construire des charrettes et peindre des enseignes et tout. Mais quand je suis né, c'était plus vrai. Tout ce travail était réservé aux Blancs dans le Sud, et le seul travail pour les gens de couleur se trouvait dans les champs.

Mais après un bout de temps, même ça s'est mis à changer. Quand j'avais 3 ou 4 ans, les planteurs blancs ont commencé à acheter des tracteurs, ce qui voulait dire qu'ils n'avaient plus besoin d'autant de mains noires pour faire leurs récoltes. C'est là qu'ils ont commencé à les chasser de leurs terres. Des familles entières avec des petits enfants. Des pères et des mères qui connaissaient pas d'autre vie, qui savaient rien faire d'autre que cueillir du coton pour quelqu'un d'autre, ont été renvoyés, des fois sous la menace d'un fusil de chasse. Pas d'argent. Pas de maison. Pas de travail. Pas moyen d'en trouver.

Comme j'ai déjà dit, il y avait à peu près 20 familles de couleur, environ une centaine d'âmes, qui vivaient sur la plantation de l'Homme blanc, et chaque famille cultivait un bout de terre pour lui. Mais lentement, avec les années, l'Homme blanc les a obligées à partir, jusqu'à ce qu'il reste peut-être juste 3 ou 4 familles.

Je connaissais que la vie que j'avais toujours eue : pendant presque 30 ans j'avais sué sous le soleil de la Louisiane, lutté contre les serpents, travaillé la terre jusqu'au temps des récoltes, et ensuite cueilli ce coton une boule à la fois à m'en abîmer les mains, fait pousser ma propre nourriture, coupé du bois tout l'hiver pour pas mourir de froid, et recommencé encore une fois au printemps. C'est pas une mauvaise vie si on travaille sur une terre à soi, mais c'était pas la mienne.

Et je pense pas que ce genre de vie serait mauvais si on travaillait sur la terre de quelqu'un d'autre et qu'on soit payé pour ça. Mais je l'étais pas. La plupart des gens aujourd'hui ont aucune idée de ce que c'est d'être aussi pauvres. Moi et les autres ouvriers de la plantation, on était si bas qu'on possédait rien, à part le gobelet de métal accroché à notre pantalon pour pouvoir boire. Même les vêtements qu'on portait étaient pas à nous, parce qu'on les avait pris au magasin de l'Homme blanc et que, il disait, on les avait pas vraiment payés.

Après la mort de Uncle James et le déménagement de Aunt Etha, j'avais plus de famille proche à part ma sœur, Hershalee. Et après la mort de son mari, elle a pas eu d'entente de cueillette avec son Homme blanc, et j'en avais pas avec mon Homme blanc. Il m'a mis dans cette petite cabane, m'a donné un cochon par année – pas deux, c'était fini – et j'ai cultivé un champ de 300 acres pour lui. Il a jamais pesé le coton. J'ai jamais eu de chèque de paye. Une fois de temps en temps, l'Homme blanc me donnait quelques dollars. C'est arrivé peut-être 5 ou 6 fois pendant toutes ces années.

C'était les années 1960. J'ai travaillé pendant toutes ces années sur ses plantations et l'Homme blanc a jamais dit qu'il y avait des écoles pour les enfants de couleur ni que je pouvais apprendre un métier. Il a pas dit que je pouvais entrer dans l'armée et faire mon chemin dans la vie, gagner de l'argent juste à moi et un peu de respect. Je savais rien de la Deuxième Guerre mondiale, de la guerre de Corée, de la guerre du Viêt

Nam. Et je savais pas que les gens de couleur se groupaient depuis des années partout en Louisiane pour demander un meilleur traitement.

Je savais pas que j'étais différent.

Pour vous, c'est peut-être difficile à croire. Mais allez en Louisiane tout de suite et faites un tour sur les routes de campagne de Red River Parish, et vous comprendrez peut-être comment un homme de couleur qui sait pas lire, qui a pas de radio, pas de voiture, pas de téléphone et pas même l'électricité peut tomber et rester coincé dans une grande crevasse qui est comme une horloge qui a ralenti et qui s'est arrêtée.

Quand j'étais petit, j'avais vu des ampoules électriques allumées dans la maison de l'Homme blanc, mais je vivais encore dans une cabane qui avait pas l'eau courante et je m'éclairais avec une lampe au kérosène. Ce qui m'est arrivé, c'est que j'ai été pris d'un grand découragement. Je sentais que j'étais bon pour personne et que je deviendrais jamais meilleur.

Je savais qu'il y avait d'autres endroits. J'avais entendu dire que mon frère Thurman était en Californie et qu'il gagnait de l'argent en papier. Alors un jour j'ai décidé de partir là-bas. J'ai pas beaucoup pensé, j'ai juste marché jusqu'aux rails du chemin de fer et j'ai attendu qu'un train passe. Il y avait un autre gars qui attendait là, un clodo qui se déplaçait par train depuis des années. Il a dit qu'il me montrerait le train qui allait en Californie. Quand ce train a ralenti pour traverser la ville, on a tous les deux sauté dessus.

Je pense que j'avais peut-être 27 ans ou 28 ans. J'avais dit à personne que je m'en allais et j'imagine que je dois encore à l'Homme blanc la salopette que j'avais achetée à crédit dans son magasin.

14

J'avais 32 ans lorsque j'ai déboursé 275 000 $ pour une maison de style colonial dans un quartier chic de Fort Worth. C'était beaucoup d'argent et toute une maison en 1977, surtout au Texas. Des murs de briques rouges avec des colonnes blanches supportant un élégant balcon et une Mercedes garée devant. Ma carrière de marchand d'œuvres d'art avait pris son envol et nous avions maintenant un train de vie mondain. Je faisais prospérer mes affaires, et Deborah, en bonne épouse, m'apportait son soutien.

De grands organismes de bienfaisance venaient frapper à ma porte et je leur offrais souvent des toiles d'une valeur de 5 000 $ ou de généreux certificats-cadeaux afin qu'ils recueillent des fonds lors d'encans silencieux, aux enchères par écrit, espérant ainsi attirer de riches enchérisseurs dans ma galerie. Nous avons assisté à des bals de bienfaisance à 1 000 $ le couvert où la cravate noire était de mise, et Deborah et moi admirions ensuite notre photo dans le journal, levant notre verre de champagne sous le feu des projecteurs.

Mais Deborah avait de la difficulté avec la logique de ce genre de philanthropie.

« Nous payons 2 000 $ pour entrer et la moitié de cette somme sert à payer le décorateur, disait-elle. Et la robe que je porte coûte 2 000 $. Pourquoi est-ce qu'on n'envoie pas tout simplement un chèque de 4 000 $ et ne restons-nous pas à la maison ? De cette façon, l'organisme recueillerait plus d'argent.

— C'est bon pour les affaires, disais-je.

— Vraiment ? Combien as-tu gagné ?

— Eh bien… rien encore. »

À cette époque, je passais une semaine par mois à New York, où j'ai fini par développer un solide partenariat avec un marchand d'art appelé Michael Altman, qui est encore aujourd'hui mon associé. Environ quatre fois par année, je me rendais à Paris, et je trouvais le temps entre ces voyages de faire un saut, première classe et cinq étoiles, à Tokyo, Hong Kong et Florence.

J'achetais et je vendais des tableaux très chers, j'allais voir des clients privés, je soignais mes relations avec les propriétaires de galeries et les conservateurs de musées, et je m'arrangeais pour me faire inviter dans des stations de ski, à des dégustations de vins et dans des châteaux pour le week-end.

Nous avons habité à Fort Worth jusqu'en 1986, année où j'ai estimé en avoir exploité tout le potentiel. Nous sommes allés nous installer à Dallas, une ville où j'espérais gagner encore davantage d'argent dans les milieux de l'art. Nous avons emménagé dans une superbe maison d'un million de dollars dans le quartier Park Cities, nous l'avons rénovée de fond en comble et repeinte d'une couleur qui s'harmonisait parfaitement avec la Jaguar rouge décapotable que j'avais garée dans l'allée.

Park Cities était un quartier chic où le journal local, *Park Cities People*, publiait périodiquement une liste des femmes les mieux habillées qui, pour la plupart, dépensaient au moins 200 000 $ par année en vêtements. Cela ne me dérangeait pas et j'aurais probablement été fier de figurer sur une telle liste. Deborah était, bien entendu, consternée par tout ça.

Nous avons inscrit les enfants à l'école publique. Regan a passé ses premières années dans une sorte de ferveur religieuse, s'engageant à ne jamais écouter de musique rock. À cette époque, elle s'habillait très classe, comme sa mère, mais à l'adolescence, elle s'est mise à éviter tout ce qui pouvait l'associer à la richesse. À 16 ans, elle préférait les vêtements revendus à l'Armée du Salut à tout ce qui provenait d'un centre commercial et aspirait à devenir une combattante de la liberté en Afrique du Sud.

Carson était un enfant au grand cœur, toujours prêt à plaire à Dieu. Nous adorions ses mots d'enfants, par exemple l'expression qu'il utilisait pour dire qu'il était très fatigué. «Maman, disait-il, je suis hors de force.» À l'école secondaire, alors qu'il ne pesait que 47 kilos, il représentait l'État dans l'équipe de lutte nationale.

En fait, c'était un enfant modèle, si l'on fait exception du jour où, après avoir goûté à l'alcool pendant sa dernière année d'études, il a pratiquement détruit sa chambre avec la pagaie du «meilleur campeur» qu'il avait remportée au Kanakuk Kamp, là où vont tous les bons petits chrétiens.

À Dallas, je me suis jeté littéralement dans le travail, j'ai voyagé encore davantage, m'efforçant de m'approprier une plus grande part du marché international. Je changeais de voiture comme je changeais de costume Armani et je me lassais de chaque nouveau jouet aussi rapidement qu'un bambin le matin de Noël.

De son côté, Deborah s'était mise à l'écoute de Dieu. Alors que je poursuivais des idéaux d'ordre matériel, elle s'est plongée dans la spiritualité. Alors que je vouais ma vie à gagner de l'argent et ne passais que peu de temps sur les bancs d'église le dimanche, elle passait des heures à la Brian's House, un organisme de charité qui venait en aide aux bébés sidatiques abandonnés. Alors que j'écumais l'Europe en impressionnant des milliardaires avec ma grande connaissance de l'art, elle prenait le ciel d'assaut, priant pour les nécessiteux. Ma passion était la reconnaissance et le succès. Sa passion était la connaissance de Dieu.

Et ainsi, nous nous consacrions chacun de notre côté à nos amours respectives. Il n'a pas fallu longtemps que celles-ci nous excluent l'un l'autre.

———

Billy Graham a réussi à demeurer intègre pendant des décennies en respectant une série de règles strictes et inflexibles conçues pour empêcher les hommes mariés de commettre un geste stupide. L'une des règles de Billy est la suivante : un homme ne doit jamais rester seul avec une femme qui n'est pas son épouse.

J'aurais dû écouter Billy.

En 1988, alors que j'étais en voyage d'affaires, je me suis retrouvé au Hard Rock Cafe de Beverly Hills, assis en face d'une de ces femmes qui semblent ne voir le jour qu'en Californie, à côté des palmiers : une blonde élancée aux yeux bleus, artiste peintre, et beaucoup plus jeune que moi.

Si le sujet avait été abordé pendant le dîner, j'aurais probablement mis ma présence à cet endroit sur le dos d'un mariage sans amour. Deborah et moi avions plutôt bien réussi à faire semblant au cours des cinq dernières années en jouant le jeu du couple chrétien bien nanti qui est toujours amoureux. Deborah, je l'ai appris plus tard, était persuadée que j'aimais l'art et l'argent, mais n'était pas sûre que je l'aimais encore, elle. J'étais persuadé qu'elle aimait Dieu et nos enfants, et pas mal sûr qu'elle pouvait à peine supporter ma vue.

Mais le sujet de Deborah ou des enfants ou du fait que je n'étais marié que sur papier n'est jamais venu sur le tapis pendant ce dîner à Beverly Hills. Au lieu de quoi, il y a eu du vin bien frais – blanc, et en trop grande quantité... une pause significative... et dans nos yeux, l'étincelle d'une invitation. Une danse au bord de la falaise pendant qu'on évalue la distance jusqu'en bas.

J'aurais aimé croire que j'avais attiré cette femme dans une chambre d'hôtel avec mon intelligence et mes beaux yeux. Mais la vérité, c'est qu'elle était davantage intéressée par ce que je pouvais lui apporter sur le plan professionnel. C'est un triste volet de mon histoire, et si ce n'avait pas été elle, cela aurait été quelqu'un d'autre à Paris ou à Milan ou à New York, n'importe quelle femme qui m'aurait jeté un second regard, parce que je cherchais en fait une porte de sortie.

Je me rappelle avoir espéré pendant trois ou quatre ans que Deborah demande le divorce, car je n'avais pas le courage de le faire et je ne voulais pas détruire l'image de « Monsieur Formidable » que tant d'amis m'avaient collée sur le dos comme un décalque décoratif sur une fenêtre.

En fin de compte, je n'ai vu cette artiste qu'à deux reprises, une fois en Californie et une fois à New York, et puis j'ai tout avoué à Deborah, avec un peu d'aide de mon entourage. J'avais parlé de mon aventure à un ami, qui en a parlé à sa femme, qui m'a « encouragé » à le dire à Deborah. Si je ne le faisais pas, m'avait-elle dit, elle s'en chargerait.

Calculant qu'il était préférable de me dénoncer moi-même que de passer pour un hypocrite, j'ai un jour appelé l'artiste à partir de mon bureau et je lui ai dit que je ne pouvais plus la voir. Et puis, je suis rentré à la maison et j'ai tout dit à Deborah. Mon explication : le manque d'intérêt qu'elle me manifestait m'avait poussé dans les bras d'une autre femme, une femme qui me voulait tel que j'étais, avec mon argent et tout.

« Quoi ! », a-t-elle hurlé, entrant dans une rage folle. « Dix-neuf ans ! Dix-neuf ans ! À quoi as-tu pensé ? Comment as-tu pu ? »

Des chaussures, des vases et des bibelots ont volé dans les airs, certains touchant la cible. Lorsque plus rien n'a pu lui servir de projectile, Deborah m'a frappé à coups de poing jusqu'à que la fatigue lui fasse baisser les bras, qu'elle a alors laissé pendre le long de son corps.

Nous avons passé une nuit blanche, malmenés par les tourbillons de la colère. Le lendemain matin, nous avons téléphoné à notre pasteur, et puis nous nous sommes rendus à son bureau où nous avons passé la majeure partie de la journée à laver notre linge sale. Finalement, nous avons découvert que nous n'étions ni l'un ni l'autre prêts à tout abandonner. Nous nous aimions encore, bien qu'à la manière usée des couples qui se sont brisés l'un l'autre. Nous avons convenu de tenter de recoller les morceaux.

De retour à la maison ce soir-là, retirés dans notre chambre à coucher, nous discutions lorsque Deborah m'a demandé quelque chose qui m'a pratiquement fait défaillir. «Je veux lui parler. Peux-tu me donner son numéro de téléphone?»

Deborah m'a semblé aussi déterminée que l'élève parachutiste qui, une fois dans les airs, se dirige droit vers la porte ouverte de l'avion et saute sans tenir compte de son trac. Elle a soulevé le combiné du téléphone de la chambre et a composé le numéro que je lui ai donné.

«Ici Deborah Hall, la femme de Ron», a-t-elle dit calmement.

J'ai essayé d'imaginer l'étonnement sur le visage de son interlocutrice à l'autre bout du fil.

«Je tiens à ce que vous sachiez que je ne vous en veux pas d'avoir eu une aventure avec mon mari, a poursuivi Deborah. Je sais que je n'ai pas été le genre d'épouse dont Ron avait besoin et j'en assume l'entière responsabilité.»

Elle a fait une pause, écoutant.

Et puis: «Je veux que vous sachiez que je vous pardonne, a dit Deborah. J'espère que vous trouverez quelqu'un qui non seulement vous aimera, mais qui vous respectera également.»

J'ai été sidéré par son tact. Mais pas autant que par ce qu'elle a ajouté : « J'ai bien l'intention de devenir la meilleure épouse que Ron puisse jamais vouloir, et si je fais bien les choses, vous n'entendrez plus jamais parler de mon mari. »

Deborah a doucement reposé le combiné sur son support, a soupiré de soulagement et a soudé son regard sur le mien. « Toi et moi allons maintenant réécrire l'avenir de notre mariage. »

Elle voulait consulter un conseiller matrimonial pendant quelques mois, a-t-elle dit, afin que nous puissions mettre le doigt sur ce qui s'était brisé entre nous et trouver le moyen de tout réparer. « Si tu acceptes, a-t-elle ajouté, je te pardonnerai. Et je te promets que je ne t'en reparlerai plus, plus jamais. »

C'était une offre généreuse, surtout si l'on considère que c'était moi, et non elle, qui avait trahi la confiance de l'autre. Et plus vite qu'on peut dire « tribunal de divorce », j'ai dit oui.

15

Quand le train s'est arrêté la première fois, on était à Dallas. J'étais encore jamais sorti de Red River Parish et voilà que j'étais maintenant dans un autre État. La ville était grande et comme ramassée sur elle-même. Intimidante. Et puis la police des chemins de fer a commencé à nous embêter, et moi et mon copain clodo on a sauté dans un autre wagon, et on a continué notre voyage. Il m'a raconté comment la vie était dans la ville.

Après un bout de temps, j'ai décidé de voir comment je m'en sortirais à Fort Worth. Je suis resté là plusieurs années et puis je suis parti pour Los Angeles, et je suis encore resté là plusieurs années. J'ai rencontré une femme et j'ai habité avec elle pendant un moment. Mais moi et la loi, on était pas très bons amis là-bas. J'avais toujours des embêtements pour une chose ou pour une autre et donc je suis retourné à Fort Worth.

J'ai essayé de trouver du travail à gauche et à droite, n'importe quoi, mais j'ai vite compris qu'il y avait pas grand-chose à faire en ville pour un cueilleur de coton. Si je m'en suis sorti à Fort Worth, c'est juste à cause de ce que les sans-abri qui squattaient les installations du chemin de fer appelaient le « paradis des clochards ». Ils disaient que tous ceux qui allaient là pouvaient avoir « trois repas chauds et un lit » parce qu'il y avait trois groupes différents qui essayaient de les aider. Et ils disaient qu'il y avait là aussi beaucoup de gens très gentils, des chrétiens qui étaient toujours prêts à donner quelque chose même quand on demandait rien, comme une tasse de café ou un dollar.

Mais si vous pensez que les sans-abri trouvent de l'argent juste en se tenant au coin d'une rue avec un air misérable, vous avez tort. Moi et mon partenaire, on a rencontré un gars qui nous a montré comment transformer rien en quelque chose. La première chose qu'il nous a enseignée, c'est le « truc du hamburger », un très bon truc pour avoir un peu d'argent dans nos poches.

Premièrement, il fallait qu'on trouve à peu près un dollar. C'est pas long si on va dans la partie du centre-ville où les gens intelligents travaillent, ceux qui portent une veste et une cravate. Certains de ces messieurs donnent un dollar tout rond si on arrive à avoir l'air assez affamé. Et certains le donnent vite pour qu'on dégage parce qu'ils veulent pas sentir notre odeur trop longtemps. Mais il y a des gens qui ont l'air de vraiment vouloir aider – ils vous regardent dans les yeux et sourient même peut-être un peu. Je me sentais mal de quêter un dollar à une personne comme ça juste pour pouvoir faire le truc du hamburger.

En tout cas, ça fonctionnait comme ça : quand j'avais trouvé mon dollar pour la journée, j'allais au McDonald's et j'achetais un hamburger. J'en prenais une ou deux bouchées et je le remballais. Et puis je choisissais un édifice à bureaux très haut avec une poubelle sur le trottoir juste en avant. Quand personne regardait, je mettais mon hamburger dans la poubelle et j'attendais.

Aussitôt que je voyais quelqu'un approcher, je faisais semblant de fouiller dans la poubelle. Et puis je sortais mon hamburger et je commençais à le manger. Il y avait toujours quelqu'un qui s'arrêtait et qui disait : « Hé, mange pas ça ! » – et cette personne me donnait un peu d'argent parce qu'elle pensait que je mangeais des ordures. Les gens se sentaient très désolés pour moi, mais ils savaient pas que c'était mes ordures à moi qui étaient dans la poubelle !

On peut pas faire le truc du hamburger avec les mêmes personnes tout le temps et donc il faut changer d'endroit. Et il faut faire attention à ceux qui se sont déjà fait avoir et les laisser passer avant de rouler quelqu'un d'autre.

À la fin de chaque journée, moi et mon partenaire, on mettait ensemble l'argent gagné avec le truc du hamburger et on se payait un repas potable dans un restaurant bon marché. Et si les affaires avaient été *vraiment* bonnes ce jour-là, il pouvait nous rester assez d'argent pour une demi-pinte de Jim Beam, qu'on appelait l'« antigel des sans-abri ».

La prochaine fois que vous vous promènerez dans Fort Worth et que vous rencontrerez des sans-abri, peut-être que vous verrez qu'il y en a qui sont très crottés et que d'autres le sont pas. C'est parce qu'il y a des sans-abri qui ont trouvé des moyens de rester propres. C'est pas parce qu'on vit dans la rue qu'il faut vivre comme un cochon.

Moi et mon partenaire on portait toujours les mêmes vêtements, on les portait jusqu'à ce qu'ils soient usés à la corde. Mais on avait trouvé une façon de pas puer. Le même gars qui nous a enseigné le truc du hamburger nous a aussi montré comment on pouvait prendre un bon bain : au Water Gardens de Fort Worth.

Le Water Gardens est un parc municipal avec une belle grosse fontaine qui ressemble à un petit stade avec des murs qui sont faits comme des marches ou des bancs. L'eau coule sur les murs de la fontaine et puis va dans un grand bassin en bas, presque une piscine, sauf que l'eau est pas bleue ni rien. Il y a beaucoup d'arbres autour et dans ce temps-là, les gens qui travaillaient venaient s'asseoir à l'ombre pour prendre leur dîner et écouter l'eau qui cascadait et chantait.

Il y avait aussi beaucoup de touristes parce que les gens d'ailleurs aimaient bien s'asseoir et regarder l'eau danser le long des murs. Moi et mon partenaire, on avait appris à faire comme les touristes. On attendait l'après-midi quand il y avait pas beaucoup de monde et on allait au Water Gardens, la chemise déboutonnée et avec un peu de savon et une serviette dans nos poches. Et puis quand la voie était libre, un de nous faisait semblant de pousser l'autre dans l'eau. Et puis celui qui était dans l'eau tirait l'autre. On riait et on faisait des blagues comme si on était juste deux amis en vacances qui s'amusaient.

On avait pas le droit d'entrer dans l'eau et encore moins de se déshabiller. Donc, on se savonnait sous l'eau où personne pouvait voir et on lavait nos vêtements de la même manière. Quand on avait fini de se laver, on grimpait en haut d'un grand mur qui était dans le parc et on dormait pendant que le soleil nous séchait. Dans l'eau, on riait et on riait, mais c'était pas vraiment amusant. On était comme des animaux qui vivaient dans les bois, on essayait juste de survivre.

Pendant toutes ces années, j'ai un peu travaillé grâce à quelque chose qui s'appelait la Labor Force. Si vous allez en ville et que vous voyez un groupe d'hommes en guenilles sur le trottoir tôt le matin, alors vous verrez peut-être un endroit comme la Labor Force. J'étais parmi ces hommes qui se présentaient le matin en espérant trouver un travail que personne voulait faire – comme ramasser des ordures, nettoyer un gros entrepôt ou balayer du crottin de cheval après une exposition.

Je me rappelle qu'une fois on nous a emmenés jusqu'à Dallas pour nettoyer le stade des Cowboys. On nous a même permis de regarder un peu le match.

Je voulais un vrai emploi régulier, mais je savais pas lire et je savais pas écrire. J'étais pas très présentable non plus parce que j'avais pas de vêtements de rechange et ceux que je portais étaient toujours usés. Et même si quelqu'un avait pas voulu remarquer ça, j'avais pas de papiers, comme une carte de sécurité sociale ou un certificat de naissance.

À la Labor Force, on avait même pas besoin de dire comment on s'appelait. Quelqu'un avançait un camion et criait quelque chose comme : «On a besoin de 10 hommes. Un chantier de construction doit être nettoyé.» Et les 10 premiers hommes qui grimpaient dans le camion étaient engagés.»

À la fin de la journée, la Labor Force nous donnait 25 $, moins les 3 $ qu'elle avait dépensés pour notre dîner. Et puis elle prenait 2 $ pour les frais de transport. Donc à la fin de la journée, il nous restait peut-être 20 $, pas même assez pour louer une chambre. Maintenant, je veux vous poser une question: qu'est-ce que vous feriez avec 20 $ sauf vous acheter quelque chose à manger et peut-être 6 canettes de bière pour oublier un peu que vous allez dormir dans une boîte de carton encore cette nuit-là?

Parfois, c'est l'alcool ou la drogue qui fait atterrir quelqu'un dans la rue. Et si c'est pas l'alcool ou la drogue, la plupart des gens comme moi finissent par tomber dedans quand ils sont dans la rue. C'est pas pour avoir du plaisir. C'est pour connaître moins de misère. Pour essayer d'oublier que même si on a beaucoup de «complices dans le crime» dans la rue, on est quand même toujours seul.

16

J'ai mis fin à ma relation avec la peintre de Beverly Hills uniquement pour en entreprendre une autre – cette fois avec ma femme. L'orientation conjugale dernière nous, nous avons tous les deux fait plusieurs pas de géant dans la direction de l'autre. J'ai gardé les deux mains dans le marché de l'art, mais en voyageant moins et en passant davantage de temps avec Deborah, Carson et Regan. J'ai également commencé à prendre la spiritualité plus au sérieux. Deborah, entre-temps, a continué son travail bénévole et sa quête de Dieu, tout en consacrant du temps aux domaines qui m'intéressaient.

Mon principal sujet d'intérêt est devenu Rocky Top, le ranch de 350 acres que nous avions acheté en 1990. Perchée sur un plateau à une altitude de 90 mètres et surplombant un bras de la rivière Brazos, la maison s'est transformée en refuge pour notre famille. Nous l'avons décorée dans le style cow-boy, allant de la tête de bison au-dessus de l'âtre de pierre aux bottes pour elle et lui autographiées par Roy Rogers et Dale Evans, en passant par la table à tréteaux que nous avons installée dans la cuisine et qui pouvait accueillir une armée d'affamés.

L'architecture et le décor étaient si authentiques et pittoresques que des magazines de décoration ont photographié la maison pour illustrer des reportages, des réalisateurs de films ont payé pour l'utiliser comme plateau de tournage, et Neiman

Marcus y a tenu des séances de photos pour son catalogue de Noël.

Mais pour Deborah, les enfants et moi, Rocky Top était un endroit qui nous permettait d'échapper au tumulte de la ville. Des aigles à tête blanche faisaient de la haute voltige au-dessus de la rivière et effrayaient de leurs cris perçants les cerfs qui en fréquentaient la berge. Dans un pré verdoyant en contrebas de la maison, nous gardions un troupeau de 28 bœufs à longues cornes. (Chaque année, Deborah donnait aux veaux des noms qui auraient paru terriblement incongrus à un cow-boy, comme Sophie ou Sissy, et je la laissais faire.) Et au printemps, de luxuriants buissons de centaurées bleues couvraient les vallons d'un édredon violet.

Carson et Regan étaient adolescents lorsque nous nous sommes installés à Rocky Top, et ils ont passé les dernières années de leurs études secondaires à inviter une multitude d'amis. Ils chassaient, pêchaient et sillonnaient à cheval des kilomètres de sentiers tortueux.

Au ranch, Deborah et moi consolidions notre relation de meilleurs amis et d'amants passionnés, devenant si proches l'un de l'autre que nous avons commencé à plaisanter en disant que nous nous sentions «le cœur lié par du Velcro». Le ranch est également devenu notre ancre géographique, un lieu qui, même si nous déménagions un jour, s'appellerait toujours notre chez-soi.

Et nous avons effectivement déménagé. En 1998, las de Park Cities, de la jungle de Dallas et de ce que Deborah décrirait plus tard comme «12 années d'exil dans le "far-est"», nous sommes retournés à Fort Worth. Nous avons emménagé temporairement dans une maison au toit mansardé à la française sur un terrain de golf et nous avons entrepris la construction d'une nouvelle maison dans un endroit isolé près d'une réserve naturelle en bordure de la rivière Trinity. Et puis nous avons commencé à planifier ce qui, d'après nous, serait la seconde moitié de notre vie.

Nous n'étions à Fort Worth que depuis quelques jours lorsque Deborah est tombée sur un article du *Star-Telegraph* qui traitait de l'itinérance dans la ville. On y mentionnait un endroit appelé la Union Gospel Mission. Et une petite voix insistante dans son cœur a dit que c'était un endroit où elle serait à sa place.

Peu de temps après, elle a reçu une lettre de Debbie Brown, une amie de longue date, qui nous invitait à devenir membres des «Amis de la Union Gospel Mission», un cercle de philanthropes. Deborah m'a immédiatement annoncé qu'elle voulait non seulement accepter cette offre, mais qu'elle avait également l'intention de voir s'il était possible de faire du bénévolat sur place.

«J'espérais que tu viennes avec moi», a-t-elle dit en souriant et en inclinant la tête d'une manière tellement irrésistible que je pensais parfois qu'elle aurait dû la faire breveter.

La mission était située sur East Lancaster Street, dans un quartier dangereux de la ville. Même s'il était vrai que le taux de criminalité avait diminué au Texas, j'étais certain que les meurtriers qui restaient vivaient probablement non loin du refuge.

Je lui ai souri en retour. «Bien sûr que j'irai.»

Mais en mon for intérieur, j'espérais qu'une fois qu'elle aurait côtoyé ces épaves crasseuses qui avaient dévalisé ma galerie, Deborah trouverait ce monde trop terrifiant, trop *réel*, pour vouloir faire du bénévolat sur East Lancaster. Et puis, j'ai pensé que nous pourrions contribuer en y déposant quelques vieux vêtements ou meubles – ou en donnant de l'argent si elle trouvait trop difficile de se dissocier de cette cause.

Mais j'aurais dû savoir qu'à part les guêpes et les pistes de ski alpin classées «diamant noir», Deborah n'avait peur que d'une chose.

17

Vous me croirez ou pas, mais il y avait ce qu'on peut appeler un «code d'honneur» dans la jungle des clodos. Si un gars mettait la main sur une boîte de saucisses cocktail et qu'il y avait cinq autres gars avec lui, il en donnait une à chacun. La même chose était vraie avec ses six canettes de bière et sa demi-pinte et sa drogue. Parce qu'on savait jamais si quelqu'un aurait pas quelque chose qu'on aimerait avoir le lendemain.

L'un des gars de mon cercle avait une voiture et il vivait dedans. C'était une Ford Galaxy 500 de couleur or. Moi et lui on était devenus pal mal proches, alors une fois quand il a été obligé de fuir la justice et d'aller faire un tour à l'extérieur de la ville, il m'a demandé de surveiller sa bagnole. C'était loin d'être une voiture neuve, mais je la trouvais bien et elle fonctionnait. Je m'en suis pas beaucoup servi parce que j'avais jamais rien conduit d'autre qu'un tracteur. Mais mon copain vivait dedans et je me suis dit que je pouvais faire la même chose.

C'est là que j'ai eu une idée: la Galaxy était assez grande pour que plusieurs personnes dorment dedans. Donc, j'ai commencé à louer des places pour dormir sur la banquette arrière – 3 $ la nuit. Les gars disaient que c'était mieux que le trottoir. J'ai eu mon Hilton Galaxy pendant un bout de temps, mais la police s'est en aperçue et a remorqué la voiture en disant que mon petit hôtel avait des contraventions pas payées et pas d'assurance.

Les gens ordinaires qui vivent dans les banlieues et qui vont travailler tous les jours connaissent rien d'une vie comme ça. Si vous preniez un gars normal et si vous le mettiez dans la jungle des clodos ou sous le pont, il saurait pas quoi faire. Il faut apprendre à vivre dans la rue. On peut pas porter un veston et une cravate et penser qu'on peut se servir du truc du hamburger.

Donc, j'ai eu des partenaires pendant un moment. Mais après plusieurs hivers j'ai commencé à prendre mes distances. J'ai comme glissé dans le silence. Je sais pas pourquoi. Une sorte d'«ajustement mental» peut-être. Ou peut-être que je devenais juste un peu fou. Pendant très longtemps j'ai parlé à personne et j'ai pas voulu que personne me parle. J'étais rendu au point où si je m'étais senti menacé, j'aurais attaqué. J'ai pris un peu d'argent ramassé avec le truc du hamburger et j'ai acheté un pistolet de calibre .22. Je pensais que je pourrais en avoir besoin pour me protéger.

Un état d'esprit s'installe et vous pensez que personne au monde s'inquiète pour vous. Que c'est pas important si vous vivez ou si vous mourez. Les gens qui pensent comme ça deviennent méchants et dangereux. Et c'est la loi de la jungle qui organise leur vie.

J'ai gagné le respect avec mes poings. Une fois que je parlais dans un téléphone public, un gars qui attendait est entré dans la cabine et a raccroché pendant que je parlais encore. J'ai pris le combiné et je l'ai brisé sur sa tête. Il est tombé par terre et il hurlait en se tenant le crâne et du sang coulait entre ses doigts. Et je suis parti.

Une autre fois, quand je dormais sous la voie ferrée, des voyous qui étaient venus des projets de logements sont entrés dans la jungle des clodos et ils ont commencé à voler le peu de choses que les sans-abri avaient. C'était des jeunes Noirs – ils agissaient comme beaucoup de jeunes, comme si rien pouvait les atteindre tant qu'ils restaient en bande et vous injuriaient assez fort. C'était la nuit et j'étais étendu dans ma boîte de carton et je dormais pas quand je les ai entendus ramper en chuchotant.

Je peux pas utiliser maintenant les mêmes mots que j'ai employés ce soir-là, alors disons juste que je les ai traités de tous les noms. J'ai bondi hors de ma boîte avec dans ma main un bout de tuyau en acier et j'ai commencé à le balancer à droite et à gauche : « Vous vous attaquez pas au bon gars ! Je vais vous *tuer* ! Vous me croyez pas ? Je vais vous *tuer* ! »

Ils étaient trois. Mais quand un sans-abri qui a l'air d'un fou balance un tuyau à la tête de tout ce qui bouge et menace de tuer, trois contre un, c'est très risqué. Ils sont partis en courant et moi aussi : directement vers la bonne vielle Ford Galaxy que la police avait redonnée à mon ami. J'ai sauté dedans et j'ai pris la clé en dessous des coussins où je savais qu'elle était cachée. J'ai fait démarrer le moteur et je suis parti dans les projets pour me venger.

Je pouvais plus voir les voleurs, mais je savais qu'ils venaient des projets de logements, et les projets étaient pas loin. Je conduisais vite et pas longtemps après j'ai vu les édifices de briques derrière les gros tas de terre que quelqu'un avait mis le long de la rue pour empêcher les voitures d'aller là où les gens vivaient.

Quand je suis arrivé à cette barrière, j'ai même pas ralenti et j'ai pesé encore plus sur le champignon. La Galaxy a passé par-dessus le tas de terre et a volé dans les airs comme dans les cascades à la télévision. J'ai atterri avec un bruit sec au beau milieu des projets de logements avec la voiture qui fumait comme une locomotive à charbon.

J'ai sauté dehors et j'ai pas arrêté le moteur et j'ai commencé à crier : « Venez ici ! Venez ici ! Sortez de là ! Je vais vous *tuer* ! » Il était tard mais il y avait encore des gens dans la grande cour. Presque tout le monde a décampé. Les mamans ramassaient leurs enfants et les poussaient dans les maisons.

Il a pas fallu longtemps avant que les lumières commencent à s'allumer. Je savais que les gens appelaient la police à cause de moi et donc j'ai sauté dans la voiture et je me suis tiré de là à toute vitesse. J'avais créé un vrai problème et je devais me cacher pendant un bout de temps. La police est venue et a encore pris la Galaxy de mon ami, mais elle l'a pas arrêté parce qu'il a juré que quelqu'un l'avait volée. (Je suppose que c'est ça que j'avais fait parce que je lui avais pas dit que je la prenais.) Aussi, il correspondait pas à la description de l'homme qui avait atterri au milieu des projets de logements avec une auto volante de couleur or.

Si tout ça était arrivé aujourd'hui, quelqu'un aurait probablement sorti un fusil et essayé de me descendre. Mais ce soir-là aucun des voyous a osé m'affronter. Je suppose qu'ils pensaient qu'un homme assez fou pour foncer en voiture au milieu d'une cour où il y avait des femmes et des enfants pouvait être assez fou pour les tuer. Ils avaient raison. Si je les avais trouvés, je l'aurais fait. Surtout si j'avais pensé à emporter mon arme.

Il fallait que je reste tranquille pendant un bout de temps après ça et je suis vite retourné en Louisiane en attendant que la poussière retombe. J'ai apporté mon pistolet avec moi. C'est comme ça que je me suis retrouvé dans l'un des pires enfers jamais inventés par l'homme blanc.

———

Je suis allé jusqu'à Shreveport, mais j'avais pas d'argent. J'avais juste mon .22 et j'ai pensé que si je l'agitais devant quelqu'un qui avait de l'argent, il m'en donnerait peut-être un peu. Je suis pas très fier de moi quand je repense à ça parce que j'avais décidé de voler l'argent dans un autobus de la ville. J'ai attendu au coin d'une rue qu'un autobus ralentisse et s'arrête. Quand la porte s'est ouverte, j'ai sauté sur les marches et j'ai montré mon pistolet au chauffeur.

« Ouvre la boîte et donne-moi l'argent », j'ai hurlé. Il y avait pas beaucoup de gens dans le bus et ils se sont vite baissés sur leur siège. Une femme a commencé à pleurer.

Les yeux du chauffeur sont devenus très grands. « Je ne peux pas l'ouvrir », il a dit et sa voix tremblait un peu. « Je n'ai pas la clé. La seule façon d'avoir l'argent, c'est de briser la boîte. »

J'ai regardé l'argent dans la boîte et puis les gens accroupis dans l'autobus. Je pouvais entendre cette femme pleurer. J'ai encore regardé le chauffeur et j'ai vu qu'il regardait mon arme. Et puis je suis descendu du bus. J'étais méchant et dangereux, mais pas assez méchant et dangereux pour tirer sur un homme juste parce qu'il était allé travailler le mauvais jour.

Mais maintenant que j'avais la justice aux fesses à Fort Worth *et* à Shreveport, j'ai décidé de me rendre. Mais j'ai pas dit mon vrai nom à la police. J'ai dit que je m'appelais Thomas Moore. Mais ça aurait pas fait un pli au juge si je m'étais appelé Abraham Lincoln. Il m'a trouvé coupable de vols à main armée et m'a envoyé à la prison d'Angola pour 20 ans. C'était en mai 1968. Si vous avez jamais entendu parler d'Angola, c'était l'enfer avec une rivière sur trois de ses côtés. Je le savais pas encore, mais dans ce temps-là c'était la prison la plus sinistre et la plus violente en Amérique.

Quelques jours après mon arrivée là-bas, un prisonnier que j'avais rencontré dans une cellule à Shreveport m'a vu et a avancé vers moi comme s'il voulait me serrer la main. Mais à la place, il m'a donné un couteau. « Mets ça en dessous de ton oreiller, il a dit. Tu vas en avoir besoin. »

C'était comme si j'étais de retour dans les champs sauf que cette fois j'étais vraiment un esclave parce que c'est comme ça qu'ils dirigent une prison, comme une plantation. Sauf que c'était des prisonniers qui travaillaient toute la journée sous un soleil de plomb. Et il y avait pas assez de gardiens et donc ils ont transformé des détenus en gardiens et ils leur ont même donné des fusils. Ils aimaient les pointer sur nous quand on travaillait. C'est arrivé souvent que des gars qui avaient travaillé avec moi une journée revenaient pas le lendemain. Et personne les voyait plus jamais.

Dans ce temps-là, un homme à Angola qui n'avait pas de couteau finissait violé ou mort. Pendant les premières années que j'ai passées là-bas, au moins 40 hommes ont été poignardés à mort et d'autres, des centaines, ont eu des blessures graves. J'ai fait ce que j'avais à faire pour me protéger.

Mon temps en prison comptait double. Le juge m'avait enfermé pour 20 ans, mais il m'a libéré après 10 ans. J'avais honte de faire quelque chose comme d'aller vivre aux crochets de Hershalee, donc je suis retourné à Fort Worth. Je savais que j'aurais pas de maison et pas de travail là-bas, mais je savais comment me débrouiller. La rumeur s'est répandue dans les rues comme quoi j'avais été à Angola et qu'il valait mieux pas se frotter à moi.

Mais je faisais peur à personne. J'ai dormi en avant de la porte de la United Way plusieurs années. Et chaque matin pendant tout ce temps, une femme qui travaillait là m'a apporté un sandwich. J'ai jamais su son nom et elle a jamais su le mien. J'aimerais pouvoir lui dire merci. Mais c'est bizarre. L'édifice de la United Way était juste à côté d'une église et pendant toutes ces années personne qui allait à cette église m'a jamais regardé.

Je dormais là depuis longtemps quand la police de Fort Worth a installé partout des affiches qui interdisaient de flâner et m'a obligé à trouver un autre endroit pour dormir. J'ai découvert plus tard que des hommes blancs très riches « revitalisaient » le centre-ville. Les hommes noirs en guenilles qui dormaient sur les trottoirs faisaient pas partie de leur plan. La police m'a dit qu'il fallait que j'aille à la Union Gospel Mission.

Après avoir dormi dans la rue, je sais pas, peut-être 15, 20 ans, j'avais pas envie d'aller m'installer à l'intérieur juste comme ça. Donc, j'ai mis mes couvertures sur le ciment à côté d'un vieil édifice en ruine en face de la mission. Mr Shisler, le directeur, m'a répété encore et encore que j'étais pas obligé de dormir dehors. Après plusieurs années, je lui ai permis de me donner un lit. En échange il m'a laissé faire le ménage dans le refuge.

18

Deborah avait six ans lorsqu'elle a fondé un club du feu. Pour en faire partie, ses amis devaient voler des allumettes dans la cuisine de leur mère et les apporter à Deborah afin qu'elle leur en montre le fonctionnement. Au cours de l'une de ces leçons, elle a pratiquement réduit en cendres un camp pétrolifère de Premont, la ville où elle habitait – un quasi-désastre qui s'est soldé par une correction infligée par son père à l'aide d'une ceinture de cuir, ce qui l'a empêchée de revêtir un maillot de bain pendant plusieurs semaines.

À une autre occasion, uniquement pour voir ce qui arriverait, elle a rempli un seau de ouaouarons et en a déversé le contenu sur les genoux des trois dames qui jouaient au bridge avec sa mère. Résultat : cris perçants, thé glacé renversé et autre fessée.

Et voilà que nous étions dans la cinquantaine, et j'espérais que quelques clochards dans une ruelle jonchée de détritus lui fassent peur, alors qu'elle ne craignait rien d'autre que la glace noire, les guêpes et les serpents à sonnettes. Deborah n'était vraiment pas peureuse.

Elle avait une autre crainte, toutefois : ne pas répondre à l'appel de Dieu. Et elle se sentait appelée à travailler à la mission. J'aimerais dire que je percevais également le même appel, mais ce n'était pas le cas. Toutefois, j'entendais Dieu me dire qu'il fallait que je sois un bon mari, et j'y suis donc allé avec elle.

La Union Gospel Mission se trouvait tout juste derrière la très belle section restaurée de Fort Worth, une ville qui était devenue un modèle national en matière de revitalisation urbaine grâce aux milliardaires qui l'adoraient. Dans cette partie de la ville, les hautes tours de verre vibraient au rythme des intrigues juridiques et de la haute finance. Non loin, des édifices aux façades de briques neuves et d'élégants trottoirs ornés de balconnières en fer forgé, d'arbres bien entretenus et – après tout, c'est le Texas – d'arbustes taillés en forme de tête de bœuf à cornes.

Un quartier culturel s'étendait sur trois pâtés de maisons et abritait trois musées de renommée internationale : le Kimbell, l'Amon Carter et le Modern. Un kilomètre et demi plus loin, des cafés donnaient sur des places pavées où des citadins élégants pouvaient siroter un café au lait ou une eau minérale tout en regardant déambuler les cow-boys chaussés de bottes garnies d'éperons.

Mais plus à l'est, toutefois, les couleurs et la flore caractéristiques de la restauration de la ville laissaient place à la désespérance. Il suffisait de passer sous l'échangeur de la I-30 et de la I-35, et ensuite sous un incroyable enchevêtrement d'autoroutes appelé le Mixmaster, et puis d'emprunter un tunnel qui séparait efficacement les nantis des disgracieux défavorisés, et il n'y avait plus de jolies places, de monuments, de jardinières et certainement plus d'élégants citadins.

Tout ça était remplacé par des immeubles en ruine aux fenêtres crevées. Des murs tachés d'urine et couverts de graffitis. Des caniveaux bouchés par des canettes de bière et des journaux jaunissants. Et des terrains vagues envahis par des mauvaises herbes assez hautes pour dissimuler un océan de bouteilles de vodka vides et les ivrognes qui vont avec.

La plupart des gens étaient choqués en sortant de ce tunnel lorsqu'ils réalisaient qu'ils s'étaient trompés. Mais par un lundi ensoleillé, au début du printemps 1998, Deborah et moi avons emprunté ce tunnel intentionnellement, elle poussée par la volonté d'aider les malheureux, et moi poussé par l'amour que m'inspirait ma femme.

Alors que nous émergions du sombre tunnel pour nous engager sur East Lancaster Street, nous avons été les témoins d'une curieuse migration à sens unique, un fleuve humain, un affluent coulant vers l'est, formant une unique et immense rivière d'âmes. Sur notre gauche, un défilé d'hommes misérables, sortant en chancelant des mauvaises herbes qui couvraient un terrain vague. À notre droite, un défilé de femmes et d'enfants aux vêtements sales et dépareillés, qui avançaient en traînant les pieds, remorquant des sacs à ordures verts. Un garçon d'environ 8 ans ne portait qu'un maillot de corps d'homme et des bas noirs.

« Ils s'en vont à la mission ! », a dit Deborah, rayonnante, comme si toute cette racaille était un rassemblement d'anciens étudiants de la TCU qu'elle avait depuis longtemps perdus de vue et qu'elle était impatiente d'entendre donner de leurs nouvelles. J'ai réussi à émettre une sorte de balbutiement imitant l'assentiment et à ébaucher un mince sourire. À mes yeux, ils avaient l'air d'avoir d'une manière ou d'une autre réussi à quitter le Moyen Âge, juste à temps pour échapper à la peste.

Lorsque nous sommes arrivés au refuge, j'ai engagé notre camionnette dans l'allée cahoteuse où un homme obèse vêtu d'un pantalon marron montait la garde près d'une barrière faite d'une chaîne rouillée, une cigarette aux lèvres. Je l'ai gratifié de mon plus amical sourire texan oriental. « Nous sommes des bénévoles », lui ai-je dit.

Il m'a renvoyé un sourire édenté, et je jure que sa cigarette n'a jamais bougé, qu'elle est restée collée à sa lèvre inférieure comme s'il l'avait fixée là avec une agrafeuse.

J'étais entré sur ce terrain de stationnement en me demandant quand je réussirais à en sortir, mais Deborah a soudain pris la parole d'un ton qu'on apprend vite à reconnaître lorsqu'on aime quelqu'un depuis longtemps, un ton qui signifie : « Écoute-moi bien. »

« Ron, avant que nous entrions, je veux te dire quelque chose. » Renversée en arrière sur l'appuie-tête, les yeux clos, elle a dit : « Je ne vois pas cet endroit tel qu'il est maintenant. Je vois des caisses à fleurs blanches sur les trottoirs, des arbres et des fleurs jaunes. Beaucoup de fleurs jaunes comme celles qui tapissent les prés de Rocky Top en juin. »

Deborah a ouvert les yeux et s'est tournée vers moi avec un sourire plein d'attente : « Peux-tu seulement *voir* ça ? Pas de clochards, pas d'ordures dans les caniveaux, mais seulement un bel endroit où ces malheureux pourront prendre conscience que Dieu les aime autant qu'Il aime ceux qui vivent de l'autre côté du tunnel. »

J'ai souri, j'ai déposé un baiser sur le bout de mes doigts et je les ai posés sur sa joue. « Oui, je peux voir ça. » Et je le pouvais. Mais je n'ai pas dit que je pensais qu'elle allait un peu vite en affaires.

Elle a hésité, et puis a repris la parole. « J'y ai rêvé.

– À cet endroit ?

– Oui », a-t-elle dit en me regardant intensément. « J'ai vu cet endroit qui avait changé. C'était très beau, comme je te l'ai dit, avec des fleurs et tout. C'était une image très nette, comme si j'étais debout ici et que c'était déjà l'avenir. »

———

À l'intérieur du refuge, nous avons fait la connaissance du directeur, Don Shisler. Au début de la cinquantaine et de forte carrure, avec une barbe courte et des cheveux ras, il ressemblait davantage à un banquier ou à un comptable qu'à un homme qui s'occupait des sans-abri – bien que je n'étais pas sûr de ce à quoi un tel homme devait ressembler. Don m'a présenté Pam, la coordonnatrice des bénévoles, qui nous a fait faire le tour des salles communes, ainsi que de la cuisine et de la chapelle.

Les lieux étaient crasseux et sans fenêtres, et ils empestaient les odeurs corporelles, la vieille graisse et autres relents non identifiables qui m'ont donné envie de faire demi-tour et de m'enfuir. Dans la cuisine, nous avons glissé comme des patineurs à roulettes sur le sol graisseux jusqu'au bureau surchauffé d'un fumeur à la chaîne très enjoué surnommé « Chef Jim ».

Jim Morgan était le genre de gars qui, comme tout baptiste qui se respecte, saute l'étape de la poignée de main pour passer directement à l'accolade. Il m'a d'abord enveloppé dans une étreinte assortie d'une tape dans le dos comme si j'étais un vieux copain d'université, et puis il a serré Deborah dans ses bras, mais avec un peu plus de délicatesse. Mince et grisonnant, il paraissait avoir 65 ans, mais il était peut-être plus jeune. Il portait des pantalons à carreaux et une veste de cuisinier étonnamment propre.

Chef Jim a tenu des propos enthousiastes à propos de Dieu, des sans-abri et, à un moindre degré, de la nourriture. S'exprimant extrêmement bien, il utilisait des mots que je n'avais encore jamais entendus, et il ne correspondait pas du tout à l'image que je me faisais d'un sans-abri, qui à cette époque était pour moi quelqu'un qui n'avait probablement pas d'éducation ou qui n'était pas très intelligent puisqu'il s'était retrouvé dans une telle situation.

Il s'est avéré que Chef Jim était un ancien de la TCU dont le fils adolescent était mort tragiquement, un drame qui avait conduit sa femme dans une institution psychiatrique. Jim, de son côté, avait engourdi son double chagrin en plongeant dans l'alcool et les médicaments, ce qui lui avait coûté son emploi de traiteur dans une chaîne hôtelière internationale, et puis sa maison. Maintenant, il offrait son expertise à la mission en échange du gîte et du couvert tout en essayant de reconstruire sa vie.

Jim nous a raconté son histoire avec autodérision et sans un gramme de blâme pour autrui ou d'apitoiement sur soi. Il nous a ensuite invités à revenir et à l'aider à servir le repas du soir aux sans-abri une fois par semaine.

«Infectez-les d'amour!», a-t-il dit.

Il n'aurait pas pu utiliser un mot plus approprié, car l'infection était probablement ma plus grande hantise. Passer plusieurs heures chaque semaine enfermé dans une cuisine qui sentait les œufs pourris bouillis dans du Pine-Sol était déjà éprouvant. De plus, je ne voulais absolument pas qu'on me touche par crainte des microbes et des parasites que j'imaginais flotter dans chaque molécule d'air.

Chef Jim et Deborah parlaient de tout et de rien pendant que je balançais mentalement entre plaire à ma femme et contracter une maladie mortelle. Je devais admettre que l'idée de Jim m'apparaissait comme une bonne façon de commencer – en servant le repas du soir une fois par semaine, nous ne serions sur place que trois, quatre heures tout au plus.

Nous pourrions aider en restant derrière le comptoir de service en acier rouillé, à une distance sécuritaire des clients. Et nous pourrions entrer et sortir par la porte arrière de la cuisine, minimisant ainsi le contact avec ceux qui nous demanderaient fort probablement de l'argent. Cet arrangement semblait une bonne façon pour moi de satisfaire ce désir qu'avait Deborah d'aider les sans-abri, sans les toucher ni leur permettre de nous toucher.

Son rire clair a ramené mon attention dans la pièce. «Je crois que c'est une excellente idée, Jim, disait-elle. Je ne vois pas pourquoi nous ne pourrions pas commencer demain.

En fait, disons tout simplement que vous pouvez compter sur nous pour servir le repas tous les mardis jusqu'à nouvel ordre.

– Dieu soit loué ! », a dit Chef Jim en donnant cette fois à Deborah une grosse accolade baptiste. Je ne trouvais pas l'idée aussi bonne, mais Deborah ne m'avait pas demandé mon avis. Elle faisait rarement appel à la consultation.

En route vers la maison, elle a médité à voix haute sur le fait que la société tenait les sans-abri comme paresseux et stupides, et que peut-être certains l'étaient. Mais elle sentait qu'il y avait bien autre chose derrière cette image toute faite : dysfonctionnement et dépendance, oui. Mais également des points positifs – comme l'amour, la foi et la sagesse – qui demeuraient cachés comme des perles n'attendant qu'à être découvertes, polies et serties.

Cette nuit-là, elle a encore rêvé à la mission et aussi à un homme.

« C'était comme dans ce verset de l'Ecclésiaste », m'a-t-elle dit le lendemain matin pendant le petit-déjeuner. « Un homme sage qui change la ville. Je l'ai vu. »

Elle m'a regardé d'un air incertain, comme si elle craignait que je ne la croie pas ou que je pense qu'elle était en train de devenir folle. Mais je savais qu'elle n'était pas du genre à baratiner ni à avoir des visions. J'ai versé du café frais dans sa tasse. « Tu as rêvé à cet homme ?

– Oui, a-t-elle dit d'un ton prudent. J'ai vu son visage. »

———

Au début, le chapelet d'âmes flétries qui se sont présentées en traînant les pieds pour recevoir leur repas du mardi m'a déprimé. Il y a d'abord eu des mères avec leurs enfants. La plupart d'entre eux portaient des vêtements sales qui ne leur allaient pas et on aurait dit que quelqu'un leur avait coupé les cheveux avec un couteau de cuisine. Sont venues ensuite des femmes dont l'âge variait de 18 à 85 ans, suivies d'hommes « âgés », dont beaucoup étaient plus jeunes que moi, mais leur visage ridé et défait leur conférait l'allure de patriarches. Après, il y a eu les hommes jeunes, certains abattus et maussades, d'autres se cachant derrière une vantardise bruyante et fausse destinée à masquer leur honte. C'était ceux qui erraient dans les rues toute la journée et qui venaient dormir au refuge.

Les derniers à manger étaient les vrais itinérants, misérables et puants. Il m'a fallu un certain temps pour faire abstraction de leur odeur désagréable, qui flottait dans leur sillage comme un nuage toxique autour d'une usine chimique. Cette odeur semblait coller aux poils à l'intérieur de mes narines.

Je jure que j'ai vu les cheveux de certains d'entre eux remuer sous l'assaut d'une armée de poux se contorsionnant. Quelques-uns avaient un moignon à la place d'un bras ou d'une jambe. Un type aux cheveux longs portait un collier fait de plusieurs centaines de mégots attachés les uns aux autres avec une ficelle. Des sacs à ordures de plastique noir étaient accrochés à la boucle de sa ceinture. Je ne voulais pas savoir ce qu'il y avait à l'intérieur.

Le premier soir, Deborah, en contemplant ces gens de la rue, m'a regardé et a dit : « Appelons-les les gens de Dieu. »

À mes yeux, ils ressemblaient davantage aux figurants du film *Mad Max au-delà du Dôme du Tonnerre*.

Tous ceux qui mangeaient à la mission avaient droit à un repas gratuit uniquement après être allés dans la chapelle pour s'asseoir comme des hommes morts sur des bancs durs pendant qu'un pasteur aux cheveux blancs et presque aveugle, appelé Brother Bill, prônait le pouvoir salvateur de Jésus et les conséquences déplaisantes qui attendaient les damnés.

De l'autre côté de la porte de la chapelle donnant sur la cuisine – fermée à clé pour empêcher les évasions – je pouvais entendre son message d'une fermeté affectueuse décrivant les flammes de l'enfer qui, j'étais d'accord, viennent souvent à bout des plus récalcitrants. Mais je trouvais que c'était de la manipulation que de faire asseoir ces gens affamés comme de bons chiens avant de leur donner à manger.

Et je n'ai pas été étonné du fait que, même après que Brother Bill ait fait vibrer l'atmosphère avec l'un de ses sermons les plus exaltants, jamais une âme n'a surgi de la chapelle en battant des bras et en louant le Seigneur. Du moins jamais en notre présence.

Les hommes et les femmes que nous avons servis ont paru heureusement surpris qu'un couple souriant ayant toutes ses dents leur tende une assiette. Je suis sûr qu'ils ont cru que Deborah était sous l'effet des amphétamines, ou faisait peut-être campagne pour la mairie, car ils semblaient ne jamais avoir vu quelqu'un qui souriait autant et qui leur posait autant de questions sur leur vie.

« Je m'appelle Deborah, et voici mon mari, Ron », disait-elle, comme si elle souhaitait la bienvenue à des visiteurs à la maison. « Comment vous appelez-vous ? » Souvent, elle ne recevait pour toute réponse qu'un regard vide. Certains la fixaient la bouche ouverte et les yeux exorbités, comme si elle arrivait de Mars et venait tout juste de poser son vaisseau spatial sur le terrain de stationnement.

Cependant, certaines personnes ont répondu à Deborah, et à partir de ce moment-là, elle a toujours dit à ces personnages aux airs de brute affublés de noms tels que Butch et Killer : « Oh, quel joli nom ! »

Des centaines de personnes que nous avons servies ce premier soir, seulement une poignée nous ont dit comment on les appelait. Deborah a noté leurs noms : Melvin, Charley, Hal,

David, Al, Jimmy – et Tiny, un type affable, qui mesurait 1,9 mètre, pesait 225 kilos, et qui portait une salopette Osh-Kosh, des pantoufles bleues difformes et pas de chemise.

Un homme, qui a refusé de se nommer, nous a par contre dit ce qu'il pensait de notre philanthropie. Noir, mince comme un fil, et n'ayant vraiment pas l'air d'être à sa place, il portait un costume mauve en peau de requin et une cravate large qu'il avait trouvé le moyen de faire impeccablement repasser. De sous un feutre mou de couleur crème, il contemplait son domaine à travers des lunettes noires portant la marque d'un designer en lettres d'or. Nous avons plus tard appris que les gens l'appelaient « Mister ».

Ce premier mardi, Mister s'est avancé vers moi avec un air agressif de propriétaire, comme si le réfectoire de la mission était à lui et que j'y étais entré sans permission. « Je sais pas qui vous êtes », a-t-il grogné avec un cigare à bout filtre non allumé, « mais vous pensez que vous nous faites une sorte de grande faveur. Eh bien, ce soir, quand vous et votre jolie petite femme serez chez vous dans votre bungalow à trois chambres à coucher en train de regarder la télé dans vos fauteuils inclinables en pensant que vous êtes meilleurs que nous, dites-vous bien ceci : quelques semaines sans chèque de paye, votre femme qui vous quitte, et vous serez dans la rue, exactement comme nous ! »

Pour ce qui est de la « faveur », il avait davantage raison que je ne voulais l'admettre. Je ne savais pas trop quoi dire, mais lorsque j'ai ouvert la bouche, voici les mots qui en sont sortis : « Merci. Merci de m'aider à voir les sans-abri à votre façon. » Imperturbable, Mister m'a regardé comme si j'étais un insecte, a mastiqué son cigare et s'est éloigné, l'air dégoûté.

Cette rencontre m'a un peu troublé, mais elle m'a également donné un aperçu de la façon dont certaines de ces personnes se sentaient. Une pensée a commencé à prendre forme dans mon esprit : peut-être que ma mission n'était pas de les analyser comme si ces gens étaient des spécimens exotiques, mais plutôt d'arriver à les connaître.

Entre-temps, aucune manifestation de mépris, aucun regard étrange ou silence ne semblaient atteindre Deborah. Elle voulait *savoir* et véritablement aider ces gens, et non pas uniquement se sentir bien dans sa peau. Ce premier jour, elle est tombée amoureuse de chacun d'eux. Elle a insisté pour que nous mémorisions les noms qu'ils nous avaient donnés et, ce soir-là, que nous priions pour chacun d'eux, même pour le rebelle Mr Mister, que je me suis soudain surpris à vouloir faire changer d'avis.

⸺

Après deux mardis, nous avons remarqué que ces gens n'avaient l'air pressé que lorsqu'ils se bousculaient pour une place en tête de leur file d'attente respective. Nous avons découvert pourquoi : ils craignaient que nous distribuions aux premiers arrivés des portions trop généreuses des bonnes choses – la viande, par exemple – ne laissant que de la soupe et de vieux sandwichs offerts par le 7-Eleven à ceux qui avaient eu la malchance de s'asseoir dans les premiers rangs à la chapelle, les plus éloignés de la porte. Lorsque les retardataires se voyaient servir un repas aussi médiocre, leur visage nous racontait une triste histoire : en tant que laissés-pour-compte de la société, il leur fallait bien accepter le fait qu'ils ne devaient leur survie qu'à des restes et des rebuts.

Il nous paraissait pourtant tellement simple de préparer un peu plus de nourriture afin que les gens de la rue qui se présentaient en dernier puissent manger aussi bien que ceux qui dormaient à la mission. Nous avons donc demandé à Chef Jim de nous accorder cette faveur et il a accepté. À partir de ce moment-là, nous avons été ravis de servir une excellente nourriture aux gens de la rue, comme du poulet frit, du rôti de bœuf et des spaghettis avec boulettes de viande.

C'était la première fois que je tentais de faire quelque chose pour améliorer la vie de ces gens que Deborah m'avait entraîné à aider. Je n'avais encore touché aucun d'eux, mais ils commençaient déjà à me toucher sur le plan émotif

Le troisième mardi, Deborah et moi étions dans la cuisine et aidions Chef Jim à préparer cette nourriture supplémentaire. Brother Bill venait de terminer son sermon sur le pardon et ses fidèles entraient dans la pièce pour manger lorsque nous avons entendu un fracas métallique et avons aperçu un homme hurlant de rage près de la porte de la chapelle. Alarmés, nous nous sommes retournés pour voir environ 20 personnes courir dans tous les sens alors qu'un homme noir gigantesque et bouillant de colère projetait violemment une autre chaise sur le plancher du réfectoire.

« Je vais *tuer* celui qui a fait ça, a-t-il hurlé. Je vais *tuer* celui qui a volé mes souliers ! » Et puis, il a poussé une bordée de jurons et s'est avancé dans la foule, menaçant de ses poings quiconque était assez stupide pour lui barrer le passage.

Tout laissait croire qu'un règlement de comptes était sur le point d'avoir lieu sur le seuil de la chapelle. Alors que je balayais la salle du regard à la recherche du personnel de la mission qui pourrait régler le problème, Deborah s'est penchée vers moi et m'a murmuré avec animation quelque chose à l'oreille.

« C'est lui !

– Quoi ? », ai-je dit avec impatience. « De quoi est-ce que tu parles ?

– C'est l'homme que j'ai vu en rêve ! Celui qui change la ville. C'est lui ! »

Je me suis tourné vers Deborah et je l'ai regardée comme si elle avait vraiment perdu la raison. À l'autre bout de la pièce, un groupe de bénévoles est entré en trombe et a tenté de calmer l'homme en furie avec des paroles apaisantes. À contrecœur, il a finalement consenti à se laisser entraîner à l'extérieur.

«C'est lui», a encore dit Deborah, les yeux brillants. «Je crois que tu devrais essayer de te lier d'amitié avec lui.

— Moi!», ai-je rétorqué, les yeux agrandis par l'incrédulité.

«As-tu remarqué que l'homme avec qui tu veux que je devienne ami vient juste de menacer de tuer 20 personnes?»

Elle a posé une main sur mon épaule et a incliné la tête en souriant. «Je suis sûre que Dieu vient de dire à mon cœur qu'il faut que tu ailles vers lui.

— Désolé», ai-je dit, m'efforçant d'ignorer l'inclinaison de sa tête, «mais je n'étais pas présent lors de cette réunion où tu as entendu le message de Dieu.»

———

Je n'allais certainement pas inviter un tueur à prendre le thé. Mais nous nous sommes mis à observer l'homme que Deborah disait avoir vu en rêve. Il nous intriguait. Probablement dans la soixantaine, il paraissait plus jeune et, d'une certaine façon, plus âgé en même temps. Il était vêtu de haillons. C'était un solitaire, et le blanc de ses yeux était devenu d'un jaune inquiétant. Il ne souriait jamais et parlait rarement. Et nous n'avions jamais vu personne faire attention à lui. Mais ce n'est pas comme si tous l'ostracisaient; les gens se tenaient plutôt à une distance respectueuse, un peu comme on évite un pit-bull.

Le mardi soir, lorsque pratiquement plus personne n'attendait, il surgissait soudain de nulle part. Le visage impassible et, sans établir le moindre contact visuel, il nous indiquait qu'il voulait deux assiettées, disant que l'une était pour un vieil homme qui se trouvait à l'étage. C'était contraire aux règlements, mais nous n'étions pas là pour jouer aux policiers. Nous lui servions donc deux portions et le bénissions, ce à quoi il répondait par un mur de silence. Un mardi, quelqu'un dans la cuisine nous a dit qu'il croyait que son nom était Dallas.

Dallas prenait toujours son repas dans le réfectoire, choisissant une place dans un coin, loin de tout contact humain. Si quelqu'un osait s'asseoir près de lui, il se levait et allait s'installer ailleurs. Pendant qu'il mangeait, il gardait les yeux fixés sur son assiette, mâchant lentement avec les quelques bonnes dents qu'il lui restait. Il ne regardait jamais à gauche ni à droite, portant méthodiquement la nourriture à sa bouche jusqu'à ce qu'il n'y en ait plus. Et puis, il disparaissait. Je dis bien – disparaissait. Il avait cette faculté étrange : on le voyait rarement arriver ou partir. Soudain, il était là... Et puis il n'y était plus.

Souvent, en route pour la mission, nous voyions Dallas debout sur un terrain de stationnement, à l'ombre d'une benne à ordures, le visage immobile comme la pierre. Il m'est arrivé à quelques reprises d'entendre les gens dire que ce solitaire était fou et qu'il valait mieux ne pas le provoquer. Deborah a inscrit son nom dans sa Bible, vis-à-vis du verset 9, 15 de l'Ecclésiaste : « Mais il trouva devant lui un homme pauvre et sage qui sauva la ville par sa sagesse. »

Deborah me rappelait de temps en temps qu'elle avait le sentiment que Dieu voulait que Dallas et moi soyons amis. Mais je ne cherchais pas de nouveaux amis, et même si cela avait été le cas, Dallas de Fort Worth n'aurait pas répondu à mes critères.

Cependant, uniquement pour faire plaisir à Deborah – Dieu devrait attendre –, j'ai entrepris une délicate opération de rapprochement avec notre homme.

« Salut, Dallas », disais-je chaque fois que je le voyais. « Comment allez-vous aujourd'hui ? »

La plupart du temps, il m'ignorait. Mais parfois, ses yeux jaunâtres me transperçaient et semblaient dire : « Laissez. Moi. Tranquille. » Ce que je n'aurais été que trop heureux de faire si ce n'avait été de ma femme.

Après deux mois de ce manège, quelqu'un à la mission m'a entendu appeler Dallas «Dallas» et il a ri de moi comme si j'étais l'idiot du village. «Il s'appelle pas Dallas, imbécile. Il s'appelle Denver.»

Eh bien, c'est peut-être pour cette raison qu'il a l'air aussi dégoûté chaque fois que je lui parle, ai-je pensé, soudain rempli d'espoir.

«Hé, Denver!», ai-je lancé lorsque je l'ai revu près de la benne à ordures. Il ne m'a même pas regardé. L'homme était aussi facile à approcher qu'une clôture électrique de pâturage.

19

Les choses allaient bien au refuge avant que ce couple de Blancs souriants commence à servir le repas du mardi soir. Chaque semaine, cette femme me repérait dans la file d'attente. Elle me souriait de toutes ses dents et elle me demandait mon nom, et comment j'allais. Vous savez, elle m'attaquait sans raison. Je faisais de mon mieux pour l'éviter complètement.

Et je lui ai pas dit non plus que mon nom était Denver, mais un idiot m'a dénoncé. Après ça, la femme m'a poursuivi et elle pointait son doigt maigre sur mon visage et elle me disait que j'étais pas un mauvais gars.

« Denver, Dieu a une mission à vous confier », elle disait.

Je lui ai dit plusieurs fois qu'il fallait pas plaisanter avec moi parce que j'étais un homme méchant.

« Vous n'êtes *pas* un homme méchant, et je ne veux plus jamais vous entendre dira cela ! », elle disait.

Elle essayait de jouer au plus malin avec moi. Il y avait jamais eu une femme qui avait fait ça avant, et pas beaucoup d'hommes qui s'en étaient sortis indemnes. Mais elle a continué à m'attaquer jusqu'à ce que je me dise : *Qu'est-ce que j'ai fait à cette femme pour qu'elle me laisse pas faire tranquillement ce que j'ai à faire ?*

Vous pensez peut-être qu'être un sans-abri demande pas de talent, mais je vais vous dire que pour rester vivant, un sans-abri doit savoir qui est qui et quoi est quoi. Et voici ce que les sans-abri de Fort Worth savaient de moi : il fallait pas se mettre sur mon chemin parce que je sais faire son affaire à un homme et je le fais ronfler avant même qu'il touche le sol.

Mais aussi méchant et mauvais que j'ai essayé d'être à la mission, j'arrivais pas à me débarrasser de cette femme. C'était la première personne que je rencontrais depuis longtemps qui avait pas peur de moi. C'est comme si elle avait un pouvoir surnaturel : son regard traversait ma peau et elle pouvait voir qui j'étais à l'intérieur.

Laissez-moi vous dire ce que les sans-abri pensent des gens qui aident les sans-abri : quand on vit dans la rue, on se demande *pourquoi* certains bénévoles font ce qu'ils font. Qu'est-ce qu'ils veulent ? Tout le monde veut quelque chose. Par exemple, quand ce couple est arrivé à la mission, j'ai pensé que l'homme ressemblait à la loi. Sa façon de s'habiller, sa façon d'agir. Trop snob. Sa femme aussi, au début. Sa façon d'agir, sa façon de traiter les gens… Elle paraissait juste trop sophistiquée. C'était pas sa façon de s'habiller. C'était quelque chose à propos de son comportement. Et tous les deux posaient beaucoup trop de questions.

Alors que tout le monde devenait amoureux d'eux, j'étais ce qu'on appelle sceptique. Je pensais pas de mal d'eux. C'est juste qu'ils avaient pas l'air de gens qui fréquentent les sans-abri. Ces gens-là se sentent peut-être pas meilleurs que nous, mais quand on est le sans-abri, *on sent* qu'ils se sentent meilleurs que nous.

Mais eux ils étaient différents. Une des raisons pour ça c'est qu'ils venaient pas seulement les jours fériés. La plupart des gens veulent pas de sans-abri à côté d'eux – ils pensent qu'ils sont sales ou qu'ils ont des maladies ou peut-être qu'ils pensent que leur vie troublée va déteindre sur eux. Ils viennent à Noël et à Pâques et à l'Action de grâces, et ils leur donnent un peu de dinde et de la sauce tiède. Et puis ils rentrent chez eux et s'assoient autour de leur table à eux, et ils les oublient jusqu'au jour où ils commencent à se sentir encore un peu coupables parce qu'ils ont beaucoup de choses pour être heureux.

Le mardi, je me suis mis à attendre qu'il y ait plus de file d'attente pour pouvoir passer très vite sans parler du tout à ce couple. Mais cela veut pas dire que je les surveillais pas.

10

Il a fallu quelques mois avant que je remarque un réel changement dans mon cœur, un cœur qui me donnait l'impression d'avoir passé quelques secondes dans un four à micro-ondes – chaud à l'extérieur, mais encore un peu froid au milieu. J'ai été presque certain que quelque chose s'était produit lorsque j'ai commencé à sentir au réveil le même frisson d'excitation le mardi matin, Jour de la Mission, que le samedi à Rocky Top. Cela n'avait rien à voir avec le miracle de la résurrection ou quoi que ce soit. Mais les gens qui me connaissaient bien l'auraient qualifié de petit miracle. Au moins.

Mon interprétation de ce phénomène, c'est que peut-être – seulement peut-être – Dieu avait aussi composé mon numéro lorsqu'Il avait appelé Deborah. Certains jours où je n'étais pas pressé par le temps, je faisais un saut à la mission. Bientôt, les gens du quartier ont commencé à reconnaître ma camionnette à cabine double vert foncé, et lorsque je sortais du tunnel pour m'engager sur East Lancaster Street, ils glissaient derrière leur dos la bouteille d'alcool qu'ils cachaient dans un sac de papier brun et ils m'envoyaient la main comme si j'étais un voisin qui rentrait à la maison après sa journée de travail.

Parfois, je m'aventurais dans les rues, dans des endroits où, même en plein jour, de jeunes femmes erraient comme la mort qui aurait revêtu un blue-jean, offrant du sexe contre des cigarettes. Ou peut-être allaient-elles chez maman lui voler sa télé pour la mettre au clou, en gage chez Cash America. J'aurais aimé seulement les écouter, être un exemple.

De temps à autre, par un bel après-midi ensoleillé, je restais près de la mission, je m'assoyais au bord d'un trottoir à l'ombre d'un bâtiment désaffecté et je bavardais avec les itinérants. Un gars m'a raconté qu'il avait été marié mille fois à mille femmes superbes – tout aussi riches qu'Oprah. Bien entendu, a-t-il dit, toutes lui avaient volé jusqu'au dernier sou, et il en profitait pour me demander si je n'avais pas une cigarette de trop.

Si je traînais dans le coin assez longtemps et me concentrais pour repérer un type qui ne voulait pas se faire remarquer, je voyais presque toujours Denver. Mais si je faisais un pas dans sa direction, il s'éloignait d'une distance égale. Le fait que je l'appelais maintenant par son prénom semblait lui faire plus de mal que de bien. Cela donnait même l'impression de l'irriter, comme s'il était fâché que je ne me trompe plus.

Les habitués de la mission avaient fini par surnommer Deborah « Miss Mardi ». Ils l'aimaient beaucoup. Mais elle était convaincue qu'il fallait plus que cela – et plus que nos macaronis et nos pains de viande – pour gagner leur confiance. Sans cette confiance, avait-elle réalisé, nos efforts pourraient bien se solder par un ventre bien rempli les mardis soir, mais par peu de choses sur la voie du réel changement. Son but était de changer des vies, de guérir des cœurs. Des hommes et des femmes brisés qui rejoindraient les rangs de la sobriété, se trouveraient un endroit bien à eux où vivre et passeraient les dimanches au parc avec leur famille.

Elle a commencé à se creuser la cervelle pour trouver des moyens d'apporter un peu de joie dans leur vie. Sa première idée : des soirées Salon de beauté. Deborah et sa meilleure amie, Mary Ellen Davenport, se sont rendues à la mission, chargées de produits de maquillage et de coiffure, de parfums, de savons et de tous les accessoires de manucure et de pédicure jamais inventés. Et les femmes de la rue sont venues. Deborah et Mary Ellen les débarrassaient de leurs poux, leur lavaient les cheveux et leur faisaient une mise en plis avec des séchoirs et des fers à friser.

Si une femme voulait une pédicure, Deborah et Mary Ellen lui lavaient les pieds, utilisaient une pierre ponce pour enlever les callosités causées par des chaussures mal ajustées, et leur peignaient les ongles de pied d'une teinte de rouge ou de rose très féminine. Elles donnaient également des traitements faciaux et faisaient des changements de look, et elles offraient aux femmes de petits boîtiers de maquillage qu'elles pouvaient conserver. Parfois, lors d'une telle soirée, captant son reflet dans le miroir, une femme se rappelait ce à quoi elle ressemblait avant que sa vie ne dérape et elle se mettait à pleurer.

Et puis, Deborah a pensé à des soirées Cinéma. J'ai d'abord trouvé ça ridicule, mais le premier soir, au moins 50 hommes se sont présentés pour regarder un film sur la chorale du Brooklyn Tabernacle. Le mercredi suivant, le réfectoire était bondé. Il y avait 150 personnes. La troisième semaine, quelque chose de miraculeux s'est produit : au lieu de se diriger vers la sortie lorsque l'écran vidéo s'est éteint, des hommes adultes, bourrus et endurcis, se sont mis à sangloter et ont demandé à prier.

Dieu avait en quelque sorte trouvé le moyen de transformer le réfectoire en confessionnal. Ce ne sont pas les films qui étaient à l'origine de cette métamorphose. C'était plutôt l'attention dont ces gens avaient fait l'objet. Les hommes ont commencé à me faire des confidences, à parler de choses qu'ils n'avaient jamais racontées à personne – et honnêtement, de certaines choses que j'aurais préféré ne jamais entendre.

Cela a fait germer une autre idée dans la tête de Deborah : des soirées Anniversaire. Une fois par mois, nous apportions un énorme gâteau nappé d'un superbe glaçage et tous, incluant les «gens de Dieu», étaient invités à le partager. Ceux dont l'anniversaire tombait ce mois-là avaient droit à deux parts.

Certaines personnes ne se rappelaient même pas le mois de leur naissance, mais nous ne vérifiions pas les cartes d'identité. Le gâteau faisait toujours sensation. À tel point que nous avons remarqué que certaines personnes ont commencé à avoir de plus en plus d'anniversaires, parfois chaque mois. (Au cours des 12 mois pendant lesquels nous avons organisé cette activité, certains habitués de la mission ont vieilli de 12 ans.)

À l'automne 1998, le facteur a livré chez nous une invitation en même temps que des circulaires, mais c'était un trésor. Notre ami Tim Taylor organisait «un appel du non appelé» – une façon élégante de nommer une soirée d'évangélisation – dans un théâtre du centre-ville, au premier étage d'un bar bien connu appelé Caravan of Dreams.

Deborah et moi étions déjà allés au Caravan, un bar de jazz et de blues enfumé appartenant à Ed Bass, promoteur milliardaire et rénovateur de Fort Worth. L'établissement était resté branché, mais pas nous, et cela faisait donc des années que nous n'y avions pas mis les pieds. Néanmoins, l'invitation envoyée par Ed a donné une idée à Deborah : nous pourrions aller à la mission et remplir nos voitures de sans-abri qui pourraient ainsi profiter d'une soirée sans alcool en ville. Étant donné l'habitude qu'avait Jésus de frayer avec les buveurs et les gloutons, l'endroit ne lui paraissait pas particulièrement contre-indiqué.

Le lendemain, nous avons préparé un feuillet annonçant le concert gratuit. Nous nous sommes rendus à la mission et l'avons épinglé sur le tableau d'affichage à côté du feuillet d'un organisme qui offrait de l'argent aux gens pauvres en échange de leur plasma sanguin.

Le feuillet ne précisait pas le nom du groupe qui allait jouer, mais le Caravan n'était pas un petit endroit sans prétention. Tous ceux qui avaient vécu un certain temps à Fort Worth savaient que des musiciens connus s'y produisaient parfois.

Je suis sûr que les habitués de la mission espéraient y entendre B.B. King.

La pluie trempait la chaussée lorsque nous nous sommes garés devant la mission ce soir-là, Deborah dans sa Land Cruiser et moi dans ma Suburban. Nous avions néanmoins des clients : une quinzaine d'hommes et de femmes étaient debout sur le trottoir luisant, vêtus de leur plus belle tenue.

Incluant Denver.

Nous avons été ébahis de le voir là, sur les marches de la mission, solennel et raide comme une statue de dictateur. Et il avait manifestement l'intention de nous accompagner : il avait mis tant de soin à faire sa toilette que sa peau d'ébène luisait contre le bleu foncé d'un complet d'occasion qui lui allait presque. Bien entendu, il se tenait à l'écart, à au moins six mètres des autres – ce qui ne m'a pas étonné, car les autres le traitaient toujours comme un chien méchant au bout d'une longue chaîne.

Lorsque je suis descendu et que j'ai ouvert la portière de ma Suburban, six hommes se sont entassés sur les deux banquettes à l'arrière, laissant vacant le siège du passager à l'avant. Personne ne voulait s'asseoir à côté de Denver, qui avait observé d'un air revêche la bousculade de l'embarquement, mais qui n'avait pas bougé. Pendant cinq longues minutes, il est resté là à nous regarder. J'ai attendu. Et puis, sans un mot, il s'est avancé d'un air digne vers la Suburban et s'est glissé sur le siège avant, à quelques centimètres de mon coude.

Je ne m'étais jamais trouvé aussi près de lui. Je me sentais comme Billy Crystal dans le film *La Vie, l'Amour, les Vaches*, lorsqu'il campe seul dans la prairie avec le menaçant patron du convoyage, Curly, et qu'il tremble pendant que ce dernier aiguise son couteau sur un affiloir. Pour alléger l'atmosphère, j'ai tenté d'engager la conversation sur des sujets anodins, mais Denver est demeuré raide comme un piquet et silencieux, un vrai sphinx.

J'ai démarré. Les hommes semblaient heureux de se trouver dans une voiture dont les portières n'étaient pas affublées des mots «Police de Fort Worth». Ils voulaient tout savoir à son propos, le montant de mes paiements mensuels, et si je connaissais d'autres gens riches.

Deborah nous suivait dans sa Land Cruiser avec les femmes. Cinq minutes plus tard, nous avions traversé le tunnel et étions arrivés au Caravan. Nous nous sommes garés et nos invités sont descendus en bavardant et en riant, heureux de s'être bien vêtus et de se trouver dans l'Autre Fort Worth. Nous sommes tous entrés à la queue leu leu et nous avons gravi l'escalier jusqu'au théâtre où 250 sièges en gradins faisaient face à une petite scène.

Sauf Denver. J'étais pleinement conscient du fait qu'il n'était pas entré. Tout le monde était assis et le spectacle était sur le point de commencer, mais je me suis levé et je suis sorti. Je l'ai trouvé debout sur le trottoir, tirant des bouffées de sa cigarette.

«Le concert va commencer, ai-je dit. Vous ne voulez pas entrer?»

De la fumée s'enroulait autour de sa tête sombre. J'entendais le crépitement de la pluie sur l'avant-toit. Denver n'a rien dit. Je me suis posté à l'intérieur du Caravan, tout près de la porte, et j'ai attendu. Finalement, il est passé à côté de moi et a gravi les marches, comme si je n'étais pas plus vivant qu'une statue d'Indien dans une tabagie. Je l'ai suivi, et lorsqu'il s'est assis sur un siège à l'extrémité d'une rangée déserte, je me suis installé à côté de lui.

Et puis, j'ai fait un geste stupide: je lui ai souri chaleureusement et je lui ai donné une petite tape sur le genou. «Denver, je suis content que vous soyez venu.»

Il ne m'a pas rendu mon sourire, il n'a même pas cligné des yeux; il s'est contenté de se lever et de s'éloigner. Au début, j'ai eu peur de me retourner, mais plus tard, au moment où le concert commençait, je l'ai aperçu du coin de l'œil, assis dans la dernière rangée, seul.

J'avais tout gâché. *Il est cinglé*, ai-je conclu, *ça ne vaut même pas la peine que je m'occupe de lui*. Cet homme était vraiment ingrat.

Toutefois, un doute a commencé à me tourmenter. Était-il possible qu'il voit quelque chose en moi, quelque chose qui ne lui plaisait pas? Peut-être avait-il le sentiment d'être la cible d'un chasseur blanc bien mis et un peu superficiel qui cherchait un trophée à montrer à ses amis après quatre mois de safari urbain. Et si je le capturais, qu'est-ce que je ferais de lui? Peut-être que Dieu et Deborah s'étaient mal compris. Peut-être que je n'étais pas censé être son ami.

Le concert a duré un peu moins de deux heures. Ensuite, alors que nous contournions de petites flaques laissées par la pluie pour regagner les voitures, nos invités nous ont remerciés avec effusion. Tous sauf Denver; il était resté derrière comme d'habitude. Mais après que tous les autres soient montés à bord, il s'est avancé vers moi et il m'a adressé la parole pour la première fois à l'extérieur du réfectoire.

« Je veux m'excuser, a-t-il dit. Vous et votre femme essayez d'être gentils avec moi depuis un bout de temps et j'ai fait exprès pour vous éviter. Je suis désolé. »

Stupéfait, je n'ai pas su quoi répondre et je ne voulais pas trop en dire de crainte qu'il ne se ferme encore une fois. Donc, tout ce que j'ai dit, c'est: « Pas de problème.

– La prochaine fois que vous viendrez à la mission, trouvez-moi et on prendra une tasse de café, et on parlera un peu.

– Pourquoi pas demain matin? », sont les premiers mots qui sont sortis de ma bouche trop empressée. « Je vais aller vous chercher et nous irons prendre le petit-déjeuner ensemble. Pourquoi n'irions-nous pas dans votre restaurant préféré? Je vous invite.

– J'ai pas de restaurant préféré, a-t-il dit. Et il a ajouté : Et puis je pense pas que je suis déjà allé dans un restaurant.

– Eh bien, j'en choisirai un et je viendrai vous prendre à 8 h 30. Au même endroit où je vais vous déposer ce soir. »

Nous sommes montés à bord de la Suburban et j'ai pris la direction de la mission. J'étais impatient d'apprendre la nouvelle à Deborah.

21

Comme j'ai dit, j'observais M^r et Mrs Mardi. Ils étaient pas comme les bénévoles des jours fériés. Ils venaient chaque semaine et ils parlaient aux sans-abri, et ils semblaient pas avoir peur. Ils leur parlaient comme s'ils étaient intelligents. J'ai commencé à penser que M^r et Mrs Mardi essayaient peut-être vraiment de faire le bien au lieu de seulement se sentir mieux à l'idée d'être riches.

Donc, quand ils ont commencé à parler d'une soirée au Caravan of Dreams, ça m'a intéressé. Il y avait beaucoup de gens à la mission qui me respectaient. J'ai pensé que si j'allais au Caravan, ça encouragerait peut-être les autres à y aller pareillement. Aussi, j'avais vécu au centre-ville avant que les millionnaires commencent à le rénover. J'avais pas vu beaucoup de nouveaux édifices et j'ai pensé que j'aimerais aller vérifier.

Dans ce temps-là, j'avais un petit travail au magasin de vêtements de la mission. C'était seulement un entrepôt qui avait l'air d'avoir 100 ans avec des boîtes de vêtements et de chaussures empilées presque jusqu'à la hauteur des ampoules électriques qui pendaient nues du plafond. Quand j'ai entendu parler de cette sortie au Caravan, j'ai choisi le plus beau costume qu'on avait reçu ce jour-là. Pas n'importe lequel.

Pour vous dire la vérité, j'espérais un peu que les voitures seraient pleines et que je serais pas obligé d'y aller. Vous savez ce que c'est quand on essaie de faire ce qu'il faut même si on en a pas vraiment envie. Eh ben, j'ai pas eu de chance parce que Dieu m'avait réservé un siège. Tous les hommes sont montés dans la grosse Suburban et quel siège pensez-vous qu'ils ont laissé? Celui d'en avant, juste à côté de Mr Mardi. Je suis resté debout à attendre sur les marches et j'espérais que quelqu'un sorte de la mission, en retard, et décide d'aller au Caravan à ma place.

Eh ben, c'est pas arrivé et donc je suis monté dans la voiture. Ensuite, j'ai juste espéré que Mr Mardi me dirait rien. Mais c'était comme espérer que le soleil se lève pas, et évidemment, il s'y est mis tout de suite. Et puis au Caravan, il m'a pas laissé tranquille, il a fallu qu'il me traîne à l'intérieur et qu'il mette sa main sur mon genou! Je gage qu'il savait pas que j'avais assommé des hommes pour moins que ça.

Je voulais pas de lui à côté de moi. Je voulais personne à côté de moi. Je voulais être seul. Donc, je me suis levé et je me suis poussé. C'est ma méthode à moi.

Mais après un bout de temps, j'ai commencé à me sentir un peu coupable. J'avais observé M^r et Mrs Mardi, et je savais qu'ils voulaient vraiment aider les gens. Ça aurait été pas très gentil de ma part de pas leur dire que j'appréciais ça. Donc, après le concert j'ai attendu que tout le monde soit dans les voitures. Et puis je me suis approché de Mr Mardi et je me suis excusé.

Il m'a dit qu'il y avait pas de problème. Et puis j'ai dit qu'on pourrait peut-être boire ensemble un café à la mission.

Doux Jésus, est-ce que je venais de me fourrer dans un guêpier?

22

Après le concert au Caravan, je suis allé directement à la mission. Après un échange de mercis et d'au revoir, j'ai laissé les hommes sur le trottoir et, en redémarrant, j'ai appelé Deborah en appuyant sur le bouton de composition abrégée de mon portable.

« Tu ne le croiras pas ! », ai-je dit lorsqu'elle a pris la communication. « Il m'a parlé !

– Qui ? a-t-elle demandé. C'est à peine si je t'entends. » Je pouvais percevoir le jacassement des femmes de la mission en bruit de fond.

« Denver !

– Quoi ?

– Denver ! Il est venu vers moi après le concert et il s'est excusé de nous avoir toujours fuis. Et devine quoi ? Demain, je l'emmène prendre le petit-déjeuner !

– Je le savais, a dit Deborah. Je savais que tu t'en ferais un ami ! »

Elle était euphorique. Avant d'aller au lit ce soir-là, nous avons prié ensemble et demandé à Dieu de nous montrer comment gagner la confiance de Denver, comment lui faire comprendre que nous nous souciions de lui. Tout de même, avant de partir le lendemain matin, j'ai averti Deborah de ne pas se montrer trop optimiste.

Lorsque j'ai stoppé devant la mission à 8 h 30 pile, Denver m'attendait sur les marches. C'était la deuxième fois que je le voyais bien habillé, et la deuxième journée d'affilée. Il portait cette fois des pantalons kaki et une chemise blanche au col déboutonné.

Nous nous sommes salués et je l'ai emmené en bavardant de tout et de rien au Cactus Flower Café, un petit endroit que j'aime bien sur Throckmorton. Denver a commandé des œufs, du gruau de maïs et du babeurre, et lorsque la serveuse a dit qu'il n'y avait pas de babeurre, j'ai silencieusement remercié Dieu. Lorsque j'étais petit et que je voyais mon père en avaler les grumeaux, cela me donnait des haut-le-cœur.

La nourriture est arrivée, suivie par une leçon de patience. J'avais déjà mangé la moitié de mon petit-déjeuner lorsque Denver a terminé de faire fondre du beurre sur son gruau ; j'étais en train de saucer mes jaunes d'œufs avec un morceau de pain avant même qu'il prenne une première bouchée. Il lui a fallu une bonne heure pour avaler deux œufs et un bol de gruau. Je vous jure que j'avais envie de lui arracher sa fourchette et de le nourrir moi-même.

Bien entendu, c'est surtout moi qui ai alimenté la conversation, lui posant des questions sur sa famille en prenant soin de ne pas me montrer indiscret, et il a adopté la même approche dans ses réponses. De sa voix basse et traînante, caractéristique des gens nés à la campagne, riant parfois et parfois choisissant ses mots avec beaucoup de prudence, il a décrit des scènes de son passé.

J'ai appris qu'il avait grandi sur une plantation en Louisiane, qu'il n'était pas allé à l'école un seul jour de sa vie et que, à un moment donné à la fin de la vingtaine – il ne savait pas exactement en quelle année – il était sauté dans un train de marchandises avec moins de 20 $ en poche. Depuis, il avait toujours vécu dans la rue et avait connu quelques déboires avec la justice.

Soudain, Denver a incliné la tête et s'est tu. «Qu'y a-t-il?», ai-je dit, inquiet à l'idée d'être allé trop loin. Il a relevé la tête et m'a regardé droit dans les yeux, les siens ressemblant à de sombres lasers rivés sur une cible. J'ai commencé à compter mentalement jusqu'à 100 et j'avais dépassé 80 lorsqu'il a finalement repris la parole.

«Ça vous dérange si je vous pose une question personnelle? a-t-il dit.

– Bien sûr que non. Demandez-moi tout ce que vous voulez.

– Je veux pas vous mettre en colère et vous êtes pas obligé de répondre si vous voulez pas.

– Posez votre question», ai-je dit en me préparant.

Encore une longue pause. Et puis, tout doucement: «Comment vous vous appelez?

– Comment je m'appelle! C'est ça que vous vouliez me demander?

– Oui, m'sieur...», s'est-il risqué à dire, l'air embarrassé. «Dans la rue, on demande jamais son nom à personne.»

Soudain, j'ai revu en pensée les visages ébahis qui nous avaient accueillis lors de notre premier jour à la mission. *On ne demande jamais son nom à personne...*

«Ron Hall!», ai-je laissé échapper en souriant.

– Mr Ron», a répété Denver dans le style propre aux plantations.

«Non, seulement Ron.

– Non, c'est Mr Ron», a-t-il répliqué d'un ton ferme. «Et comment elle s'appelle votre femme?

– Deborah.

– Miss Deborah, a-t-il dit avec chaleur. Je pense que c'est un ange.

– Moi aussi, ai-je dit. Il n'est pas impossible qu'elle en soit effectivement un.»

L'affection manifeste qu'il avait pour elle m'a touché, surtout parce qu'il n'avait jamais vraiment fait mine de remarquer sa présence.

Maintenant, je pensais savoir pourquoi. S'il s'était ouvert à elle, il aurait été démasqué et cela aurait menacé sa survie dans la jungle où il était le lion et où tout le monde le craignait. Après avoir entendu son histoire, je savais qu'il s'était taillé une vie bien à lui. Bien que rude et pathétique aux yeux des plus fortunés, c'était une vie qu'il savait vivre.

Après plus de 30 ans de cette existence, il était devenu un spécialiste dans son domaine. Dieu avait peut-être une mission à lui confier, comme Deborah le lui avait dit, mais du point de vue de Denver, Dieu aurait peut-être dû se manifester plus tôt.

Le temps qu'il termine son petit-déjeuner, mes cheveux avaient poussé de deux centimètres et demi! Je sentais qu'il n'avait pas fini de parler, mais je ne savais plus trop quoi dire. Enfin, il m'a posé une question lourde de sous-entendus: «Qu'est-ce que vous voulez de moi?»

Droit au but, ai-je pensé, et j'ai décidé de lui répondre franchement: «Je veux seulement être votre ami.»

Il a haussé les sourcils, incrédule, et un long moment de silence s'est installé entre nous.

«Je vais penser à ça», a-t-il dit enfin.

Je ne me suis pas senti rejeté, ce qui m'a étonné. D'un autre côté, je n'avais jamais formellement demandé à quiconque d'être mon ami.

J'ai réglé l'addition. Denver m'a remercié. Pendant le trajet nous ramenant à la mission, il s'est mis à rire. Je n'ai pas vraiment compris ce qu'il y avait de drôle, mais il s'est mis à rire si fort que des larmes ont perlé au coin de ses yeux et qu'il s'est étouffé comme s'il venait d'avaler une grenouille et n'arrivait plus à reprendre son souffle. Un pâté de maisons ou deux plus loin, je me suis mis à rire moi aussi, au début parce que j'avais peur de ne pas me joindre à lui, et puis naturellement, car son hilarité était devenue contagieuse.

«Les gens à la mission...», a-t-il bredouillé, gloussant encore et en s'essuyant les yeux. «Les gens à la mission pensent que votre femme et vous, vous êtes de la CIA.

– La CIA!

– Oui, m'sieur... la CIA!

– Et vous le pensiez vous aussi?

– Oui..., a-t-il dit, se calmant enfin. La plupart des gens qui aident à la mission viennent une ou deux fois et on les revoit jamais. Mais vous et votre femme vous venez chaque semaine. Et votre femme demande à tout le monde son prénom et sa date d'anniversaire... vous savez, elle recueille des renseignements. Pensez-y une minute: pourquoi une personne voudrait connaître le prénom et la date d'anniversaire d'un sans-abri si elle est pas de la CIA?»

Une semaine a passé avant que je revoie Denver par une belle journée d'automne. Beau ciel bleu. Temps doux. Roulant sur East Lancaster dans ma camionnette à cabine double, je l'ai aperçu, debout, parfaitement immobile, à côté de la benne à ordures en face de la mission. Il était disparu l'homme propre et bien mis que nous avions emmené voir un spectacle. Denver avait réintégré sa zone de confort et son uniforme de clochard.

Je me suis arrêté au bord du trottoir et j'ai baissé la vitre du côté passager. «Montez. Allons boire une tasse de café.»

J'ai pris la direction du Starbucks de University, un centre commercial conçu par Charles Hodges, un éminent architecte de Dallas et Fort Worth, et un ami à moi. Au lieu de gargouilles juchées sur la corniche, il avait fait installer des reproductions de crânes de bœuf à longues cornes. Très Texas.

Au début, Denver est demeuré silencieux pendant que nous faisions la queue, et j'ai compris plus tard qu'il avait été étonné de constater que des gens pouvaient attendre en ligne pour payer deux ou trois dollars pour une tasse de café qu'il fallait commander dans une langue étrangère. En plus, il craignait que les employés qui travaillaient à la caisse n'en viennent aux mains avec ceux qui préparaient le café.

Il m'a donné un coup de coude et a murmuré d'un ton farouche : « Il va y avoir une bagarre.

– Une bagarre ?

– Ouais, à cause de tous ces mots qu'ils se crient. Un dit "décaf écrémé latté" et un autre répète en criant, et un autre hurle "frappé" et un autre encore répète "frappé". C'est un code de gang. Ça peut vouloir dire la mort dans la rue ! » Il avait vraiment l'air inquiet.

J'ai essayé de lui expliquer l'étrange langage du café qui semblait avoir pris possession du monde civilisé. Et puis, nous avons apporté notre café à l'extérieur et avons approché des chaises d'une minuscule table de jardin noire à l'ombre d'un parasol vert. Pendant quelques minutes, j'ai tenté d'expliquer ce qu'est un marchand d'œuvres d'art à un homme qui n'avait jamais entendu parler de Picasso. Lorsque je me suis lancé avec passion sur un sujet à propos de l'impressionnisme français, il n'a pas du tout eu l'air impressionné, et il a bientôt paru s'ennuyer ferme.

J'ai finalement compris qu'il ne m'écoutait pas et j'ai cessé mon baratin. Et puis le silence s'est installé.

C'est Denver qui y a mis fin le premier. « C'est quoi votre nom encore ?

– Ron.

– Et le nom de votre femme ?

– Deborah.

– Mr Ron et Miss Debbie », a-t-il dit, laissant échapper un sourire. « Je vais essayer de me le rappeler. »

Et puis son sourire a fait place à un air sérieux, comme s'il avait connu un rare moment lumineux et que quelqu'un avait soudain fermé les stores. Il fixait les volutes de vapeur qui s'échappaient de sa tasse de café. « J'ai beaucoup pensé à ce que vous m'avez demandé. »

Je n'avais aucune idée de ce dont il parlait. « Qu'est-ce que je vous ai demandé ?

– De devenir votre ami. »

Je suis resté bouche bée. J'avais oublié que lorsque je lui avais dit au Cactus Flower café que, tout ce que je voulais, c'était son amitié, il m'avait répondu qu'il y penserait. Maintenant, j'étais secoué à l'idée que quelqu'un puisse avoir médité sur une telle question pendant une semaine entière. Alors que cette conversation m'était sortie de l'esprit, Denver avait manifestement passé beaucoup de temps à préparer sa réponse.

Il a relevé la tête, me fixant d'un œil, l'autre étant plissé à la Clint Eastwood. « J'ai entendu quelque chose à propos des hommes blancs et ça me dérange, et c'est à propos de la pêche. »

Il était sérieux et je n'ai pas osé rire, mais j'ai essayé de détendre un peu l'atmosphère. « Je ne sais pas si je vais pouvoir vous aider, ai-je dit en souriant. Je ne possède même pas de coffre à pêche. »

Denver s'est renfrogné, pas du tout amusé. « Je pense que vous pouvez. »

Il a parlé lentement et d'un ton posé, gardant un œil dardé sur moi, ignorant les groupies du Starbucks qui allaient et venaient sur la terrasse autour de nous. « J'ai entendu dire que quand les hommes blancs vont à la pêche, ils font quelque chose qui s'appelle la « capture-remise à l'eau «. »

La capture-remise à l'eau? J'ai hoché la tête d'un air solennel, soudain nerveux et curieux en même temps.

«Ça me dérange beaucoup, a poursuivi Denver. J'arrive pas à comprendre. Parce que quand les gens de couleur vont à la pêche, ils sont très fiers des poissons qu'ils attrapent et ils montrent leurs prises à tous ceux qui veulent les voir. Et après ils mangent ce qu'ils ont attrapé... pour dire autrement, ils les utilisent pour se *nourrir*. Et ça me dérange beaucoup que les hommes blancs travaillent si fort pour attraper un poisson et puis après qu'ils l'ont attrapé, ils le remettent dans l'eau.»

Il a fait une autre pause, et le silence entre nous a plané pendant une longue minute. Et puis: «Avez-vous entendu ce que j'ai dit?»

J'ai acquiescé, craignant de parler, craignant de l'offenser.

Denver a détourné le regard, scrutant le ciel bleu d'automne, et puis il a de nouveau vrillé son regard sur moi. «Donc, Mr Ron, je me suis dit: si vous pêchez pour trouver un ami que vous lâcherez après l'avoir attrapé, alors j'ai pas envie d'être votre ami.»

On aurait dit que le temps venait de s'arrêter et que tout devenait silencieux autour de nous, comme lorsqu'on fait un arrêt sur l'image à la télé. Je pouvais entendre les battements de mon cœur et j'imaginais que Denver pouvait le voir palpiter sous la poche de ma chemise. J'ai rendu à Denver son regard avec ce que j'espérais être une expression compréhensive, et j'ai attendu.

Soudain, ses yeux se sont adoucis et il a parlé d'une voix encore plus basse: «Mais si vous cherchez un ami *vrai* alors j'en serai un. Pour toujours.»

23

Je vais vous dire tout de suite ce que j'ai d'abord pensé quand Mr Ron m'a demandé d'être son ami: j'ai pas aimé ça. Pourquoi il veut être mon ami? C'est ça que j'ai pensé. Il veut quoi? Tout le monde veut quelque chose. Pourquoi il choisissait pas quelqu'un d'autre? Pourquoi *moi* je deviendrais son ami?

Il faut comprendre que dans ce temps-là j'avais sur moi des couches de rue d'un kilomètre d'épaisseur. Il y a des sans-abri qui ont beaucoup d'amis, mais j'avais jamais laissé personne m'approcher d'assez près pour ça. C'est pas que j'avais peur d'être blessé ou rien de ça. Être un ami c'est un gros engagement. D'une certaine manière plus gros qu'être un mari ou une femme. Et j'étais égoïste. Je pouvais prendre soin de moi et je voulais pas des bagages de quelqu'un d'autre. Et aussi, pour moi l'amitié c'était plus qu'avoir juste quelqu'un pour parler ou pour courir ou pour passer le temps.

Être des amis c'est comme être des soldats dans l'armée. On vit ensemble, on se bat ensemble, on meurt ensemble. Je savais que Mr Ron s'attendait pas à sortir d'un buisson pour venir m'aider à me battre.

Et puis j'ai réfléchi un peu encore et j'ai pensé qu'on avait peut-être quelque chose à offrir l'un à l'autre. On pourrait être des amis de façons différentes. Je savais qu'il voulait aider les sans-abri et je pourrais l'emmener dans des endroits où il pouvait pas aller seul. Je savais pas ce que je pourrais trouver dans son monde ni même s'il y avait une place pour moi, mais je savais qu'il pourrait m'aider à trouver ce qu'il y avait pour moi plus loin sur cette route.

Je voyais la chose comme ça : un échange honnête est pas du vol et un troc équitable est pas de l'escroquerie. Il allait me protéger dans son club et j'allais le protéger dans mon quartier. Un troc équitable à tous les points de vue.

24

« Si vous cherchez un ami *vrai*, alors j'en serai un. Pour toujours. »

Alors que les paroles de Denver résonnaient encore dans ma tête, il m'est apparu que je ne me rappelais pas avoir jamais entendu une déclaration sur l'amitié aussi touchante ni aussi profonde que celle qui venait de sortir de la bouche d'un vagabond. Mortifié, tout ce que j'ai pu lui offrir en retour a été une promesse simple, mais sincère : « Denver, si vous devenez mon ami, je vous promets de ne pas vous remettre à l'eau. »

Nous avons échangé une poignée de main. Ensuite, comme un lever de soleil, un sourire a éclairé son visage, nous nous sommes levés et nous nous sommes étreints. Et c'est à ce moment-là que la peur et la méfiance qui s'étaient dressées entre nous comme un iceberg ont fondu dans la chaleur de cette terrasse à l'extérieur du Starbucks.

À partir de ce jour, nous sommes devenus le nouveau drôle de couple, Denver et moi. Deux fois par semaine, j'allais le chercher à la mission et nous allions dans un café, un musée ou un bistrot. Deborah, de son côté, m'encourageait, priant pour que cette amitié qu'elle avait tant souhaitée développe des racines profondes. Après notre discussion sur la capture-remise à l'eau, le silence maussade de Denver a fait place à une timidité discrète. « As-tu remarqué comment Denver a salué les autres dans la file d'attente au souper?», me disait-elle, les yeux brillants. «Je crois que tu fais de réels progrès.»

Deborah et moi n'étions plus uniquement M^r et Mrs Mardi, car nous allions à la mission de plus en plus souvent. Deborah travaillait avec les femmes et les enfants pendant que Denver et moi allions nous promener. Si j'avais envie de l'inviter dans un beau restaurant, je lui téléphonais à la mission pour lui donner le temps de revêtir son déguisement BCBG. Si nous allions au Starbucks, cependant, il s'habillait comme il l'entendait. Généralement, cela voulait dire une tenue criante de pauvreté – chemise sale et boutonnée de travers, pantalons troués et chaussures de cuir avachies, qu'il portait comme des pantoufles en écrasant l'arrière avec ses talons.

C'est au Starbucks que j'ai appris l'existence de l'esclavage au 20e siècle. Non pas d'un esclavage avec vente aux enchères de jeunes Noirs enchaînés que l'on emmène ensuite au bout d'une corde, mais d'un esclavage fondé sur l'asservissement pour dettes, la pauvreté, l'ignorance et l'exploitation. Un esclavage dans lequel l'Homme blanc, et celui de Denver n'en était qu'un parmi tant d'autres, avait toutes les cartes en main et trichait impunément, comme le lui avait appris son père, qui l'avait lui-même appris de son père.

Plus d'un demi-siècle avant la naissance de Denver, Abraham Lincoln avait déclaré: «Ni esclavage, ni aucune forme de servitude involontaire ne pourront exister aux États-Unis, ni en aucun lieu soumis à leur juridiction.» Tout ça c'était très bien, mais les propriétaires blancs des plantations ne voyaient pas les choses du même œil. Les chambres législatives sudistes se sont empressées d'adopter des «Codes noirs», des lois qui permettaient de garder légalement des gens de couleur en esclavage, forçant le gouvernement fédéral à dissoudre ces chambres et à mettre l'armée en charge du Sud récalcitrant. Après que les législateurs d'État ont promis d'essayer d'être gentils, les planteurs et les gens qu'ils possédaient autrefois ont mis un nouvel arrangement à l'essai : le métayage.

Cela s'est avéré un pacte avec le diable. Non seulement le métayage a-t-il augmenté la pauvreté et le désespoir chez les Noirs et les Blancs démunis, mais il a créé dans les plantations du Sud une affreuse crevasse purulente dans laquelle des gens comme Denver sont tombés, certains pour toujours.

Cette crevasse traversait Red River Parish où l'Homme blanc de Denver était un habile homme d'affaires. Ne voulant pas perdre sa main-d'œuvre, il a gardé les as pour lui. Il a joué la carte de la maigre subsistance, mais a gardé celle du progrès américain. Il a joué la carte du travail éreintant, mais a gardé celle de l'éducation – la carte équivalant à la clé de la prison qui aurait permis à des hommes comme Denver de connaître la liberté. Au 20e siècle, ces esclaves étaient libres de quitter la plantation, mais leurs dettes et le manque d'éducation les gardaient enchaînés à l'Homme blanc.

J'ai écouté l'histoire de Denver avec des oreilles de 50 ans qui avaient été émues par le rêve de Martin Luther King. Plus tard, j'ai découvert que le Ku Klux Klan de Coushatta, en Louisiane, une ville de Red River Parish, avait comploté l'assassinat de King. Le FBI avait voulu intervenir, mais J. Edgar Hoover l'en avait empêché.

Plus j'en apprenais, plus je détestais l'Homme blanc et plus je voulais redresser les torts de ces propriétaires d'esclaves de la Louisiane des temps modernes. Je serinais l'histoire de Denver à qui voulait bien l'entendre. Et puis un jour, une pensée m'a frappé comme un coup croisé du droit sur la tête : mon propre grand-père n'avait pas été très différent de l'Homme blanc. Plus juste, oui. Un homme bon et honnête dans le Texas de son époque. Mais les salaires qu'il versait n'excusaient en rien le traitement lamentable qu'il réservait aux gens qui travaillaient sur sa terre.

Chose étonnante, toutefois, Denver ne cessait de me répéter qu'un homme qui crée des emplois a le droit de réaliser un profit. Denver avait vécu dans une cabane de deux pièces, sans eau courante et sans vitre aux fenêtres pratiquement jusqu'au jour où son pays a envoyé des hommes sur la Lune. Mais il soutenait quand même que l'Homme blanc n'était pas vraiment un mauvais bougre.

« Il faisait juste ce qu'il avait appris à faire, disait Denver. Et puis si tout le monde était riche, qui ferait le travail ? »

Cette façon simple et pratique de voir les choses m'a marqué. Après notre conversation sur la capture-remise à l'eau, je lui ai donné mon numéro de téléphone et je lui ai dit où nous vivions, transgressant ainsi une règle cardinale chez les bénévoles de la mission. En fait, avant ma leçon de pêche au Starbucks, je n'avais jamais pensé que Denver et moi allions développer une réelle amitié, du moins pas une amitié qui nous lierait à l'extérieur de son quartier.

Je déteste l'admettre maintenant, mais je me voyais plutôt comme une sorte de bienfaiteur indulgent : je me proposais de lui donner un peu de mon précieux temps que, si je n'avais pas été aussi bienveillant, j'aurais utilisé pour gagner quelques milliers de dollars de plus.

Et à l'occasion, me disais-je, si Denver restait propre et sobre, je le ferais sortir de son monde de clochards et je l'inviterais dans des restaurants et des centres commerciaux. Je lui offrirais des sorties qui feraient office de peep-shows, ce qui lui donnerait l'occasion d'avoir un aperçu des fruits d'une vie responsable et peut-être d'en adopter une lui-même.

J'étais conscient du fait que je lui infligerais peut-être quelque supplice thérapeutique lorsqu'il comprendrait qu'il ne posséderait jamais certains des jouets haut de gamme que nous avions, comme une remorque à chevaux avec couchettes. Il ne posséderait probablement jamais ni ranch ni toile de Picasso. J'étais étonné de constater que cela ne le dérangeait pas du tout

– surtout pour ce qui était de Picasso, après qu'il ait vu certaines de ses œuvres.

Un après-midi, nous avons visité trois musées – le Kimbell, l'Amon Carter et le Modern. Au Modern, il a cru que je me moquais de lui. Alors que nous contemplions l'une des œuvres les moins, disons, *organisées* de Picasso, Denver m'a regardé comme si le conservateur du musée essayait de nous faire gober une vieille croûte insipide.

« C'est une farce, non ? a-t-il dit. Les gens appellent pas vraiment ça de l'art, non ? »

J'avais décoré ma propre demeure avec des œuvres similaires et, en tant que marchand d'art, les maîtres modernes étaient ma niche. Mais pendant que nous déambulions dans le Modern ce jour-là, j'ai essayé de regarder avec ses yeux l'audacieuse géométrie, les éclaboussures de couleurs et les énormes canevas dominés par de l'« espace négatif ». Il me fallait bien l'admettre : certaines de ces toiles auraient très bien pu être qualifiées de croûtes.

C'est le Kimbell que Denver a préféré. Les toiles des vieux maîtres l'ont attiré comme des aimants, surtout celles qui dataient de plusieurs siècles et qui illustraient le Christ. Lorsque nous nous sommes arrêtés devant un grand Matisse datant des années 1940 et que je lui ai dit que le tableau valait 12 millions de dollars, il est resté bouche bée.

« Eh ben », a-t-il dit en regardant la toile avec un étonnement sceptique, « je l'aime pas beaucoup, mais je suis content que le musée l'ait acheté pour que quelqu'un comme moi ait la chance de voir de quoi a l'air un tableau de 12 millions de dollars. » Il a fait une pause, et puis il a ajouté : « Vous pensez que si les gardiens savaient que je suis un sans-abri, ils m'auraient laissé entrer ici ? »

Avec les musées, les restaurants et les centres commerciaux, je montrais à Denver une façon différente de vivre, un volet de l'existence dans lequel les gens prenaient le temps d'apprécier les belles choses, où ils partageaient des idées, où le vivaneau à queue jaune cru coûtait plus cher que le poisson-chat cuit. Mais il demeurait absolument convaincu que son mode de vie n'était pas pire que le mien, seulement différent, relevant en passant certaines incohérences : pourquoi, se demandait-il, les gens riches nomment-ils sushis ce que les gens pauvres appellent des appâts ?

Je savais que Denver était sincère lorsqu'il m'a dit qu'il ne voudrait pas changer de place avec moi, pas même une seule journée. Ses convictions me sont apparues clairement lorsque j'ai déposé mon trousseau de clés sur la table entre nous lors de l'un de nos premiers rendez-vous dans un café.

Denver a eu un léger sourire et m'a demandé prudemment : « Je sais que ça me regarde pas, mais vous possédez quelque chose pour toutes ces clés ? »

J'ai regardé mes clés ; il y en avait une dizaine. « Je suppose que oui », ai-je répondu, n'y ayant encore jamais vraiment réfléchi.

« Vous êtes sûr que vous les possédez et qu'elles vous possèdent pas ? »

Ces paroles sages ne m'ont plus quitté l'esprit. Plus j'y pensais, plus je me disais que nous apprécierions beaucoup plus la vie si nous possédions beaucoup moins de choses. D'une certaine manière, Denver est devenu le professeur et moi l'élève alors qu'il me faisait part de sa vision spirituelle toute personnelle et de sa sagesse campagnarde terre à terre.

Et j'ai aussi réalisé que bien que 30 années passées dans la rue avaient déposé une épaisse cuirasse sur l'homme, elles avaient également fait naître en lui une ardente loyauté, un esprit fort et une profonde compréhension de ce qui palpite dans le cœur de l'opprimé. Bien que se vautrant dans le péché et les dépendances de la vie errante, il affirmait que dans sa solitude, il avait entendu parler de Dieu. Son cerveau avait enregistré tout ce qu'il avait vu au fil des ans, et il semblait qu'il ait attendu que quelqu'un veuille bien l'écouter. J'ai eu le privilège d'être le premier à tendre l'oreille.

25

Moi et Mr Ron on a commencé à passer pas mal de temps ensemble. Moi je l'emmenais dans le quartier pour lui montrer ce qui est quoi et lui il m'emmenait dans des musées et des restaurants et des cafés et des endroits comme ça. J'ai beaucoup appris pendant ces sorties – comme la différence entre un taco et une enchilada. Le taco est cette chose croustillante et l'enchilada est cette chose longue et assez molle. (D'habitude, je mange juste ce qui est dedans le taco parce que j'ai pas beaucoup de bonnes dents.)

J'ai découvert aussi la différence entre un restaurant et un café. Au restaurant, la fourchette et le couteau sont dans un beau tissu roulé qui après sert de serviette. Au café, la serviette est ordinaire et en papier,et d'habitude il y a rien dedans.

La première fois que Mr Ron m'a emmené dans un restaurant, j'ai cherché longtemps la fourchette et puis j'ai vu Mr Ron dérouler le tissu rouge foncé qui était de son côté de la table. Il a vu que j'étais surpris et il m'a expliqué que c'était une serviette de table et j'ai trouvé ça fou et je me suis demandé qui allait les laver toutes.

Moi et Miss Debbie on a commencé à parler un peu plus aussi. Je disparaissais plus quand je la voyais et quand elle me demandait comment j'allais, je disais que j'allais bien. Elle était toujours très gentille avec moi et elle me posait des questions sur ma vie et ce que j'avais fait ce jour-là, et elle me demandait si j'avais besoin qu'elle m'apporte quelque chose. Je la voyais au Lot et je l'aidais, et j'aidais Sister Bettie et l'amie de Miss Debbie qui s'appelait Miss Mary Ellen.

J'ai rencontré Sister Bettie avant de rencontrer Miss Debbie. C'est pas une religieuse ou quelque chose comme ça. On l'appelle « Sister » parce que c'est une femme qui croit beaucoup en Dieu.

Je sais pas quel âge Sister Bettie avait quand je l'ai rencontrée, mais elle a maintenant une couronne de cheveux aussi blancs qu'un nuage un jour d'été et des yeux pétillants aussi bleus que le ciel où flottent ces nuages. Quand elle vous parle, elle pose une main sur votre bras comme si elle vous connaissait depuis toujours, un peu comme si vous étiez son propre enfant. Et même si elle laisse sa main longtemps sur votre bras, ça vous dérange pas. On se sent seulement heureux que Dieu ait pensé à mettre une femme comme ça sur la Terre.

Sister Bettie habite à la mission, mais c'est pas parce qu'elle a pas d'endroit où aller. Longtemps avant elle vivait dans un quartier normal. Mais quand son mari est mort, Sister Bettie a senti que le Seigneur cognait à la porte de son cœur. Il lui a dit de passer le reste de sa vie à aider les sans-abri. Elle a vendu sa maison et tout ce qu'elle avait excepté un petit camion Toyota et elle a demandé aux gens de la Union Gospel Mission si elle pouvait s'installer là et faire le ménage.

Il a pas fallu longtemps pour que tous les sans-abri de Fort Worth connaissent Sister Bettie. Elle allait dans les restaurants et demandait les restes, et elle allait dans des magasins et demandait des bas et des couvertures et du dentifrice et des choses comme ça. Et puis elle traînait ses vieux os dans les rues les plus dangereuses et elle offrait d'aider des hommes si méchants qu'ils étaient capables de vous arracher la tête à la minute où ils vous voyaient. Ça faisait pas peur à Sister Bettie parce qu'elle croyait que les anges de Dieu campaient partout autour d'elle et qu'ils laisseraient rien de mal lui arriver. Et elle disait que si quelque chose lui arrivait, ce serait la volonté de Dieu.

Elle avait jamais de sac à main, mais seulement ce qu'elle voulait donner ce jour-là et sa Bible. Après un bout de temps, ce que Sister Bettie croyait à propos des anges de Dieu a plus été important : même l'homme le plus méchant de la rue aurait pas osé lever la main sur elle parce qu'il aurait reçu une bonne raclée s'il avait fait ça. Cette femme aurait pu marcher toute nue sur la voie ferrée dans la jungle des clodos à minuit et elle aurait été aussi en sécurité que dans son lit.

Ça faisait un bout de temps que j'habitais à la mission quand j'ai commencé à aider Sister Bettie. On avait pas de conversations, mais si elle avait besoin de quelque chose elle savait qu'elle pouvait me le demander et que je le ferais. Je l'aidais à entretenir son petit camion en changeant l'huile et la courroie de ventilateur, ce genre de choses.

J'ai aussi commencé à l'aider au Lot, un endroit que les gens de la rue appellent « Sous l'arbre ». C'est sur Annie Street dans un des pires quartiers de la ville qui est plein d'accros du crack et de criminels et de gars en guenilles et aux yeux vides qui vivent si bas qu'ils sont surpris chaque fois qu'ils ouvrent les yeux et découvrent qu'ils ont réussi à survivre une nuit de plus.

Mais il faut bien me comprendre. Je dis pas que je me tenais toujours loin de la drogue et de l'alcool. C'est pas parce que moi et Mr Ron on était des amis que je suis devenu un saint du jour au lendemain. On allait peut-être dans des endroits chics pendant la journée. Mais le soir, j'errais encore dans la jungle des clodos et je partageais une bouteille de Jim Beam avec les copains.

Mais j'essayais de pas trop boire les mardis soir parce que j'aimais aider Sister Bettie le lendemain. Tous les mercredis elle donnait à manger à 200 ou 250 personnes au Lot et c'était toujours une sorte de miracle, comme l'histoire des pains et des poissons dans la Bible. Personne savait vraiment où elle avait trouvé la nourriture, mais chaque semaine on pouvait sentir son odeur à une distance de deux blocs. Des paniers de poulet frit. Des haricots pintos frais et des marmites de chili. Tout ça préparé à la maison. C'est comme si les gens arrivaient de nulle part avec tout ça.

Un jour qu'on se rendait là-bas, Sister Bettie a découvert que je savais chanter et elle m'a demandé si j'accepterais de venir chanter au Lot. Au début, ça m'a un peu inquiété mais quand Sister Bettie vous demande de l'aider, on ne peut pas faire grand-chose d'autre que l'aider.

$\mathcal{26}$

Deborah voyait en Sister Bettie quelqu'un qui pourrait la guider vers une nouvelle dimension spirituelle, un niveau de service plus héroïque, plus expiatoire que ce qu'elle pouvait offrir à l'intérieur des murs de la mission. Elle voulait partager cette expérience avec sa meilleure amie Mary Ellen Davenport, qu'elle appelait une «guerrière de la prière», car elle avait la manie d'arrêter tout le monde et de leur offrir de prier avec elle à propos de n'importe quoi, aussi longtemps qu'on la laissait faire.

«Avoir du cran» est une expression que l'on définit par «faire preuve de courage». Cette définition devrait inclure une photo de Mary Ellen. Cette infirmière diplômée et son mari Alan, qui était médecin, sont devenus nos amis en 1980. Nous donnions une petite fête à l'occasion du 4 juillet autour de la piscine de cette maison de style colonial de Fort Worth dans laquelle nous avions emménagé deux ans plus tôt. Nous avions invité nos amis les Hawkins, qui nous avaient demandé s'ils pouvaient venir avec des amis à eux, les Davenport.

Alan et Mary Ellen avaient quitté Galveston, où Alan venait de terminer sa résidence en médecine, pour revenir s'installer à Fort Worth. Nous ne les connaissions pas personnellement, mais Deborah avait *entendu* parler d'eux. Ayant appris que Mary Ellen était enceinte de triplés et qu'elle avait une grossesse difficile, elle avait prié pour elle.

Mais lorsque les Davenport sont arrivés à notre adresse le jour de la fête et que Mary Ellen a vu notre immense véranda, les hautes colonnes blanches et un garage à trois portes qui avaient l'air plus spacieux que sa propre maison, elle a piqué une crise.

« Je n'entrerai pas là !

– Pourquoi pas ? a demandé Alan.

– Pourquoi pas ? Seigneur, mais regarde leur maison ! Ce sont des millionnaires ! Qu'est-ce qu'on pourrait bien avoir en commun avec eux ? »

Les Davenport sont donc restés assis dans leur voiture, la climatisation à fond, à débattre de la conduite à adopter. Mais bientôt, leurs triplés, alors âgés de 15 mois, et Jay Mac, leur fils de 3 ans, se sont mis à pleurnicher. Vêtus de leur maillot de bain, ils avaient nettement le mot « BAIGNADE » inscrit à leur programme, et ils n'aimaient pas le ton de la conversation qui se déroulait à l'avant. Finalement, Mary Ellen a perdu la bataille, et je me rappelle quand ils sont entrés dans notre cour arrière pour la première fois, Alan avec un sourire nerveux, alors que celui de Mary Ellen était aussi faux qu'un Rembrandt qui aurait été peint à Chihuahua.

Mais Deborah a sauvé l'après-midi. « Je suis heureuse de faire enfin votre connaissance », a-t-elle dit en gratifiant Mary Ellen d'un sourire chaleureux. « J'ai prié pour votre famille et vous pendant des mois. » Et puis Deborah, la « femme du millionnaire », a offert de garder les triplés pendant que les Davenport s'installeraient dans leur nouvelle demeure. C'est là que Mary Ellen a baissé les armes. Elle a accepté cette offre avec grâce, donnant ainsi naissance à une grande amitié familiale qui allait durer des décennies.

Deborah a appris à faire preuve d'audace auprès de Mary Ellen. Elle n'avait jamais été très audacieuse, seulement persévérante. Mary Ellen était audacieuse *et* persévérante.

Donc, lorsque Deborah a invité son amie à l'accompagner dans ses activités bénévoles à la mission, le supplice de Denver a «doublé», m'a-t-il dit plus tard, car il y avait maintenant deux femmes blanches au lieu d'une pour le harceler.

C'est poussées par Sister Bettie que Deborah et Mary Ellen ont commencé à enseigner la Bible et à chanter un jour par semaine à la chapelle des femmes et des enfants de la mission. Mais c'était le travail qu'effectuait Sister Bettie au Lot qui attirait Deborah comme un aimant.

Le Lot est en soi un petit refuge pour les ivrognes, avec ici et là des lilas des Indes, des bancs dégrossis et une croix faite de traverses de chemin de fer, surmontée d'une couronne d'épines que quelqu'un avait fabriquée avec du barbelé. Le quartier *entourant* le Lot, toutefois, était un modèle de déclin urbain : clôtures de chaînes rouillées, immeubles aux fenêtres placardées et condamnées, terrains vagues envahis par les mauvaises herbes qui cachaient des corps d'où coulait à peine un souffle de vie. Les clochards que Sister Bettie avait invités à un repas gratuit sortaient en titubant du Lois's Lounge, un immeuble voisin du Lot, une sombre petite tanière où ils venaient endormir leurs heures de veille dans les vapeurs d'alcool bon marché acheté avec le produit de la mendicité. Je ne les juge pas : mais c'est un fait que, en Amérique, la drogue et l'alcool coûtent de l'argent, mais que la nourriture est gratuite pour quiconque est prêt à piquer un petit roupillon pendant une lecture de la Parole de Dieu.

Ils étaient nombreux à le faire, se traînant jusqu'au Lot chaque semaine, certains dans des fauteuils roulants rouillés, poussés par d'autres qui pouvaient à peine tenir debout, et d'autres encore sur le dos d'hommes un peu plus sobres qu'eux. Souvent, après un après-midi passé là-bas, Deborah rentrait à la maison en pleurs, le cœur brisé par ces rencontres avec des toxicomanes et des alcooliques, des gens occupés à payer un prix exorbitant pour une vie de misère.

Avant de nouer des liens avec Denver, nous l'avions parfois aperçu là-bas, debout de l'autre côté de la rue, immobile et tentant de se fondre à un poteau de téléphone. J'avais interrogé Sister Bettie à son sujet : « Quel est exactement son problème ?

– Denver ? », avait-elle répondu en souriant, de cette voix douce qui n'appartenait qu'à elle. « Oh, il est très serviable. Il entretient mon petit camion. Et il chante merveilleusement bien ! »

Elle avait ajouté qu'elle lui demandait un petit service de temps en temps, au Lot ou à la chapelle où elle enseignait les mardis. « Avec Denver, il faut faire notre demande au moment même où on a besoin de lui, parce qu'il peut s'éclipser et disparaître sans avertissement. »

Maintenant que nous étions devenus des amis, Denver n'avait pas complètement abandonné son petit jeu de la disparition. En fait, il se sentait coupable lorsqu'il croisait des gens dans la rue, car à un moment ou à un autre, il avait menacé de mort un grand nombre d'entre eux. Ces gens avaient peur de l'ancien Denver, mais le nouveau Denver qui émergeait lui faisait peur à lui-même. Donc, il disparaissait souvent lorsqu'on lui demandait un petit geste « chrétien », comme chanter pour Sister Bettie. Deborah et moi lui rappelions sans cesse qu'il était en train de changer, mais il aurait très bien pu vivre sans ce changement.

Entre-temps, répondant de tout cœur à ce qu'elle estimait être un appel à l'aide, Deborah s'épanouissait. En 29 ans de mariage, je ne l'avais jamais vue plus heureuse. Je peux également certifier que, en tant que couple, nous n'avions jamais été aussi amoureux. La paix retrouvée pendant nos séances d'orientation conjugale et les premières années passées à Rocky Top s'étaient transformées en un bien-être profond.

Nous y serions peut-être arrivés beaucoup plus rapidement si j'avais voulu reconnaître le bien-fondé d'un vieil adage :

«Si maman n'est pas heureuse, alors personne ne l'est.» Mais nous y étions parvenus. Et de cette apogée de notre relation, Deborah a puisé une joie fraîche et contagieuse pour l'apporter au Lot. Là-bas, sous les vieux ormes géants qui ombrageaient les bancs, elle trouvait toujours quelques perles cachées dans l'océan ambré des bouteilles de bière cassées et des seringues.

La perle qu'elle a trouvée un jour miroitait dans le sourire d'un vétéran de la rue aux cheveux grisonnants, qui vivait sous les viaducs du chemin de fer dans une boîte de carton en forme de cercueil. Cet homme trouvait sa nourriture dans les poubelles, une vérité désagréable que l'on découvrait automatiquement si l'on avait du nez. Sa barbe était incrustée de vomissures séchées et des restes de ses derniers repas, et il empestait tellement l'alcool qu'il aurait aussi bien pu exploser si quelqu'un s'était approché d'un peu trop près et avait craqué une allumette.

C'était un homme dont on aurait pu croire la vie sans importance. Et pourtant, il trouvait une raison de sourire. Attirée par lui, Deborah lui a offert une assiettée de nourriture faite maison et une prière. Et puis, vraiment perplexe, elle lui a demandé : «Pourquoi êtes-vous aussi heureux?

– Je me suis réveillé!», a-t-il répondu, le pétillement de ses yeux éclairant son visage hagard, «et c'est assez pour être heureux!»

Deborah s'était précipitée à la maison pour me répéter ce qu'il avait dit, comme si on lui avait confié un trésor qu'elle se devait de déposer immédiatement à la banque de ma mémoire. À partir de ce jour, trois mots – «Nous sommes vivants» – ont été les premiers à sortir de notre bouche au réveil, une petite prière d'action de grâces pour quelque chose que nous avions toujours tenu pour acquis, mais qu'une épave humaine avait eu la sagesse de voir comme une bénédiction, plus importante que toutes les autres.

Nous nous saluions donc l'un l'autre de cette manière chaque matin, ne nous doutant pas que ces matins seraient bientôt un don précieux et que leur nombre pourrait être compté sur les doigts d'une seule main.

27

J'ai pas dû attendre longtemps pour que Miss Debbie et Miss Mary Ellen commencent à me demander de chanter à la chapelle. Je le faisais si elles réussissaient à me trouver. Je chantais des spirituals que j'avais apportés dans mon cœur en quittant la plantation. D'autres fois, je chantais des chansons que j'avais inventées tout seul. Comme je vous ai dit, je connais bien les Écritures.

Et Miss Debbie a aussi recommencé à jouer au tyran. Elle était obsédée par quelque chose qu'elle appelait une « retraite ». Elle disait qu'elle et un groupe d'amis chrétiens iraient dans les bois pour « écouter le Seigneur ».

« J'ai prié pour ça, Denver », elle me disait chaque fois qu'elle me voyait, « et je crois que Dieu me dit que vous devriez venir avec nous. »

J'ai demandé à quelques gars à la mission s'ils savaient c'était quoi une retraite et personne savait rien, sauf Mr Shisler. Il a dit qu'une retraite était une chose religieuse et qu'on allait dans un endroit isolé et qu'on priait, et parlait et pleurait pendant tout un week-end. J'étais sûr que je voulais pas faire ça. Mais Miss Debbie me lâchait pas. Mais je l'ignorais parce que pour rien au monde je serais allé dans les bois dans une voiture pleine de femmes blanches.

Eh ben, j'imagine qu'elle a mis Mr Ron sur l'affaire. Un jour au Starbucks, il s'est mis à parler de « retraite » par ci et de «retraite» par là. Il a dit qu'il y aurait pas seulement des femmes. Il y aurait aussi des hommes.

«Pensez à tous les gens formidables que vous allez rencontrer, il a dit. Et à toute cette nourriture gratuite!

– Jamais de la vie! j'ai dit. J'y vais pas! Je vais *nulle part*, à *aucune* retraite, ni rencontrer *personne*! Et surtout je vais pas à une retraite avec une femme blanche qui est la *femme* d'un autre!»

Et pour que tout soit bien clair, je l'ai zieuté comme s'il était fou.

Je suis pas sûr de ce qu'il a dit à Miss Debbie après ça, mais quand je me suis retrouvé dans la file d'attente au réfectoire, elle a bondi de derrière le comptoir, rapide comme un éclair. Et voilà que j'ai encore eu son doigt maigre devant la figure. «Denver, vous *allez* venir avec moi à cette retraite, et je ne veux plus vous entendre à ce sujet.»

Voilà que cette petite femme blanche maigrichonne pensait qu'elle pouvait me dire quoi faire à moi, un méchant Noir de 62 ans, avec mes 105 kilos et mon 1,82 mètre. Pas même Big Mama me parlait comme ça. On allait avoir un problème, un gros problème.

Et puis le jour de la retraite est arrivé et Miss Debbie est venue à la mission pour essayer de me trouver. Je faisais de mon mieux pour me cacher, mais un gars serviable m'a vu et lui a dit où j'étais. Elle m'a convaincu d'aller au moins jusqu'à la voiture pour voir qui allait avec elle. Je voulais pas être méchant parce qu'on commençait à être des amis et tout. Donc je suis sorti devant la mission.

J'ai regardé dans la Land Cruiser de Miss Debbie et, c'est sûr, il y avait *quatre* autres femmes blanches dedans. J'avais déjà eu assez de malchance dans ma vie avec *une seule* femme blanche. Et voilà qu'il y en avait quatre qui me faisaient des sourires et des signes. «Allez, Denver! Venez avec nous!»

Juste à ce moment-là, un des gars de la rue qui était assis sur les marches de la mission s'est mis à chantonner comme une petite fille : «Ouais, *Denver*, allez, vas-y!» et il s'est mis à rire.

Et son ami a chanté lui aussi : «Balance-toi lentement... doux chariot, venu pour me ramener chez moi...» Et ils étaient pliés en deux.

Je voyais rien de drôle. Mais il fallait que je me décide. Il y avait toutes ces femmes blanches dans la voiture qui essayaient d'être gentilles avec moi et il y avait ces gars assis sur les marches qui me chantaient un spiritual funèbre. J'imagine que je savais que je prenais ma vie en main quand je suis monté dans cette voiture parce que c'était une journée froide de janvier et que je suais comme un cochon au mois d'août.

28

Alors que j'apprenais à connaître Denver, mon commerce d'œuvres d'art prospérait, les clients venant à mes associés et moi plutôt que le contraire. Nous travaillions avec l'élite, des gens qui ne s'intéressaient qu'aux plus belles œuvres. Et pourtant, à l'automne 1998, j'ai reçu ce genre d'appel dont rêve tout marchand d'œuvres d'art.

C'est arrivé après que Denver et moi ayons commencé à faire la tournée des musées. Je venais de le laisser près de la mission lorsque mon portable a sonné. L'homme au téléphone dirigeait une grande société de promotion immobilière canadienne qui venait de faire l'acquisition d'un édifice bancaire de 36 étages au centre-ville de Fort Worth. Heureusement pour les Canadiens, la transaction incluait l'«Aigle», une sculpture haute de 12 mètres d'Alexander Calder, un grand maître du 20ᵉ siècle. Il s'agissait de l'un des 16 grands stabiles, ces constructions sculpturales que l'artiste a réalisées au cours de sa vie.

À cette époque, l'«Aigle» était solidement arrimé à une profondeur de 40 centimètres sur la place bétonnée devant l'édifice, un emplacement qui dominait le cœur de la ville. Les citoyens de Fort Worth considéraient depuis longtemps cette sculpture comme faisant partie de leur patrimoine, un symbole de la place qu'occupait la ville dans le monde de l'art et de la culture. Les nouveaux propriétaires canadiens, toutefois, n'étaient pas aussi sentimentaux ; l'homme que j'avais au téléphone me demandait de la vendre.

Mon pouls s'est accéléré à l'idée de réaliser cette transaction à sept chiffres – qui s'annonçait comme l'une des plus importantes de ma carrière jusque-là, et même à vie. De plus, une sculpture de Calder de cette envergure ne serait probablement plus jamais mise en vente. En même temps, j'ai réalisé que si je la vendais, je risquais de me faire chasser de la ville. Je le savais, car l'ancien propriétaire, dont la banque connaissait des difficultés, m'avait demandé de tâter le terrain dans le même but quelques années plus tôt, mais il avait finalement fait marche arrière. Les citoyens avaient exercé une telle pression que même les musées locaux avaient refusé d'acheter le Calder, jugeant préférable de le laisser là où il était. Mais les Canadiens, m'a dit l'homme au téléphone, voulaient une vente nette, rapide et discrète. Et il s'est avéré que j'avais un acheteur.

Nous avons élaboré un plan en secret qui comportait des noms de code et « le Phœnix », une corporation basée au Delaware que mes associés et moi avons constituée expressément pour cette transaction très spéciale. Nous avons loué deux camions de transport à 18 roues, et embauché des ouvriers et des chauffeurs qui délogeraient de son socle la sculpture de 12 tonnes avec des marteaux-pilons et la démonteraient à la faveur de la nuit.

J'ai dit à la blague que si un seul mot filtrait, les travailleurs seraient dans l'obligation de porter une armure. Mais je ne blaguais peut-être qu'à moitié : le secret absolu était à ce point nécessaire que le plan stipulait que les membres de l'équipe ne seraient informés du lieu où ils emmenaient l'« Aigle » qu'au moment de traverser la frontière entre le Texas et l'Oklahoma.

Nous avons fixé la date du déménagement : le 10 avril. Des mois ont passé pendant lesquels mes associés et moi avons peaufiné les détails de l'opération. Entre-temps, je m'efforçais de consolider ma relation avec Denver. À la fin de décembre, j'ai tenté de le convaincre d'aller à la retraite en montagne avec Deborah. Mais en janvier, j'avais pratiquement renoncé. Deborah et Mary Ellen y sont allées, mais je n'ai pas assisté à leur départ étant donné que ce week-end coïncidait avec la tenue du Salon de l'art de Palm Beach.

J'étais là-bas lorsque mon portable a sonné, au moment même où j'essayais de vendre un dessin de Matisse à un chic petit couple portant des pantalons roses assortis. C'était Deborah qui m'appelait pour me dire qu'elle avait convaincu Denver de participer à la retraite. Notre fils, Carson, qui avait alors 22 ans et qui se dirigeait vers une carrière de marchand d'œuvres d'art, m'accompagnait.

Je me suis excusé et je lui ai demandé de prendre la relève. Me remémorant son « jamais de la vie », je n'arrivais pas à croire que Denver soit monté dans la voiture de Deborah – ou, fait encore plus surprenant, qu'il soit resté sur les lieux de la retraite pendant tout le week-end.

Le point culminant, m'a raconté Deborah au téléphone, a été la dernière journée lorsque Denver – encouragé par toutes les femmes blanches – avait chanté. À contrecœur, il s'était assis au piano dans la salle de culte et avait improvisé une chanson. L'auditoire s'était levé pour l'ovationner.

« J'aurais aimé que tu sois là, a dit Deborah.

– Moi aussi. » *D'un autre côté*, ai-je pensé, *si j'avais été présent, peut-être que Denver et moi aurions été partis à la pêche lorsque Dieu aurait voulu qu'il chante.* « Réflexion faite, ai-je dit, je crois que tout le monde était exactement à la place où il devait être. »

J'étais impatient d'entendre le compte rendu de Denver – l'horreur de côtoyer des femmes blanches et tout ça. Mais lorsque nous sommes allés à la mission le mardi, j'ai appris que personne ne l'avait vu depuis que Deborah l'avait ramené le dimanche. Et le lendemain, toujours pas de Denver. Ce soir-là, à la maison, Deborah et moi avons commencé à nous sentir comme une famille dont un membre aurait été porté disparu lorsque le téléphone a sonné. C'était Denver, il nous appelait de l'hôpital.

« Je vais bien, a-t-il dit. Mais quand je suis revenu de la retraite, j'avais très mal. Je suis allé à l'hôpital. »

J'ai tout laissé en plan et je suis parti. L'hôpital Harris est situé à plus de 3 kilomètres au sud-ouest de la mission. J'ai roulé à fond de train, faisant un bref arrêt au Whataburger pour y acheter le lait frappé préféré de Denver, à la vanille. Arrivé à l'hôpital, je me rappelais de l'étage où Denver se trouvait, mais pas du numéro de sa chambre, et j'ai donc longé un long couloir, jetant un coup d'œil dans chaque pièce. Finalement, j'ai vu son nom, écrit à la main sur un carton fixé sur une porte close.

Une jolie infirmière blonde se tenait non loin, en train de noter quelque chose sur un graphique. « Puis-je vous aider ?

– Eh bien, cela fait 10 minutes que je cherche la chambre de mon ami, mais je crois que je viens de la trouver », ai-je dit, en faisant un signe de tête vers le carton sur lequel le nom de Denver était inscrit.

« Votre ami ne peut pas être dans *cette* chambre », a-t-elle dit sur le ton de la confidence. « L'homme qui est là est noir et c'est un sans-abri. »

J'ai souri. « C'est donc que je suis au bon endroit. »

Embarrassée, elle s'est esquivée, espérant probablement que je ne dise rien à ses supérieurs. J'ai ouvert la porte. « Salut, Denver ! Toutes ces femmes blanches ont réussi à t'envoyer à l'hôpital ? »

Denver, de nouveau capable de rire, m'a raconté sa longue traversée du quartier jusqu'à l'hôpital. « Faut pas le dire à Miss Debbie, mais là-bas au centre religieux j'ai mangé toute cette nourriture gratuite, mais j'ai pas osé aller dans les toilettes des hommes et je me suis retenu tout le temps que j'ai été là-bas. C'est pour ça que je suis ici. J'attends qu'on me débouche. »

Nous avons tous les deux ri aux éclats. Lorsque nous nous sommes finalement calmés, il est devenu sérieux. « Miss Debbie savait ce qu'elle faisait en m'emmenant à cette retraite. » Il ne m'a pas donné de détails et je n'ai pas insisté.

Deux semaines plus tard, lorsque ses entrailles ont été prêtes, j'ai emmené Denver au restaurant mexicain où il avait appris à reconnaître les divers aliments composant une assiette mixte. Il a commandé la même chose que d'habitude – taco, enchilada, riz et haricots –, mais il a chipoté dans son assiette, souhaitant plus parler que manger.

« Miss Debbie savait ce qu'elle faisait en me faisant sortir de la rue pour que j'aie le temps de penser à ma vie, a-t-il dit. Vous savez, il faut faire sortir le diable de la maison avant de faire le ménage ! Et c'est ça qui m'est arrivé là-bas dans les bois. J'ai eu le temps de vider ma tête, de chasser les vieux démons, et de penser aux projets que Dieu pouvait avoir pour moi pour la dernière partie de ma vie. »

Et puis Denver est redevenu silencieux. Finalement, il a posé sa fourchette sur ses haricots, s'est essuyé les mains avec sa serviette de papier et l'a remise sur ses genoux. « Mr Ron, j'ai quelque chose d'important à vous dire. Le travail que Miss Debbie fait à la mission est très important. Elle devient précieuse pour Dieu. »

Denver a froncé les sourcils et a baissé la tête. Et puis, avec ce regard noir qui précède la plupart de ses propos les plus sérieux, il a dit quelque chose qui résonne encore dans mes oreilles aujourd'hui : « Quand on est précieux pour Dieu, on devient important pour Satan. Surveillez vos arrières, Mr Ron. Quelque chose de terrible va arriver bientôt à Miss Debbie. Le voleur vient la nuit. »

29

Dans la vie, il y a certains jours dont on se rappelle les grands titres.

22 novembre 1963 : JFK est assassiné. Facile, puisque j'étais au premier rang.

20 juillet 1969 : Neil Armstrong fait un petit pas pour l'homme et un pas de géant pour l'humanité, alors que Deborah et moi, récemment fiancés, en faisions un sur le divan de mon appartement à la TCU.

1er avril 1999 : je me rappelle les grands titres de ce jour moins pour les événements eux-mêmes que pour le fait que ce poisson d'avril a été un pivot qui a fait basculer notre vie sur une voie que nous n'aurions pas pu prévoir.

Pendant notre petite routine du café dans la cuisine ce matin-là, c'était la Bible pour Deborah et le *Star-Telegram* pour moi. Les réfugiés albanais fuyaient le Kosovo, pouvait-on lire dans le journal... L'ancienne Catwoman Eartha Kitt chantait encore dans des bars à l'âge de 72 ans... Le gouverneur du Texas George W. Bush avait recueilli 6 millions de dollars en moins d'un mois en vue de sa campagne probable à la présidence.

Après le café, Deborah est sortie. Au programme, son cours de gymnastique et ensuite son examen annuel chez le médecin. Elle était d'une rigueur toute militaire à propos de cette visite annuelle – elle passait l'examen, se faisait dire : « Vous avez la santé resplendissante d'une femme deux fois moins âgée que vous », et puis prenait rendez-vous pour l'année suivante avant de quitter le cabinet du médecin. Les mariages, les réceptions et les voyages étaient tous planifiés de manière à ne pas *interférer* avec cet examen.

Je suis parti en direction de mon bureau à Dallas, me faisant une fête d'aller dîner avec notre fille, Regan. Elle travaillait pour moi à la galerie. Comme elle était diplômée en histoire de l'art à l'université du Texas et détentrice d'un certificat en beaux-arts décerné par Christie's à New York, cela semblait tout naturel. Mais elle détestait ça.

À l'école secondaire, Regan se sentait déjà plus à l'aise auprès des défavorisés que des privilégiés. Souvent, elle préparait des sandwiches et, nous avons été mortifiés de l'apprendre plus tard, elle les apportait, *seule*, aux clochards qui vivaient sous les viaducs du centre-ville de Dallas.

Pendant qu'elle étudiait chez Christie's, elle a découvert que le marché de l'art ne lui plaisait pas – les clients qu'il fallait dorloter, les marchands obnubilés par leurs intérêts personnels, les dîners d'affaires prétentieux. *Mais c'était peut-être comme ça uniquement à New York*, s'était-elle dit. Donc, elle n'a pas soufflé mot, est rentrée à la maison et a tenu bon à notre galerie de Dallas pendant quelque temps. Carson, lui, en était à sa dernière année à la TCU, et Deborah était heureuse que tous ses poussins soient de retour au nid.

Mais l'insatisfaction de Regan grandissait de jour en jour. Nous sommes donc allés dîner ensemble ce jour-là au Yamaguchi Sushi où, dans un box en coin, devant du thon cru nappé de tranches de jalapeño, nous nous sommes attaqués à un projet sérieux, c'est-à-dire réorienter le cours de sa vie. Pendant que nous discutions de diverses options, dont des études supérieures et la pastorale, mon portable a sonné. C'était Deborah.

«Craig a senti quelque chose dans mon abdomen», a-t-elle dit d'une petite voix tendue. Craig Dearden, son médecin et un ami personnel, voulait faire une échographie dans son bureau et puis l'envoyer à l'hôpital pour des radiographies. «Peux-tu revenir à Fort Worth et me rejoindre au All Saints?

– Oui, tout à fait, ai-je dit. J'y serai dans une demi-heure. Et ne t'inquiète pas, d'accord? Je ne connais personne qui soit en meilleure santé que toi.»

J'étais désolé d'interrompre ce dîner avec Regan, mais nous avons convenu de le reporter au lendemain, et je lui ai dit que je la rappellerais dès que j'aurais parlé à Craig. Lorsque je suis arrivé au All Saints, j'ai trouvé Deborah dans la salle d'attente du service de radiologie. Mary Ellen était déjà là. Ainsi qu'Alan, qui était médecin dans cet hôpital et son ancien chef du personnel.

J'ai enveloppé Deborah dans une longue accolade. Ses épaules m'ont paru tendues, mais elle s'est graduellement décontractée. J'ai reculé un peu et je l'ai regardée dans les yeux. «Ça va?»

Elle a hoché la tête, esquissant un faible sourire.

Deborah a passé des radiographies, ainsi qu'un tomodensitogramme. Lorsque les films ont été développés, nous nous sommes assis dans la salle d'examen, l'éclairage tamisé, le négatoscope allumé. Un autre médecin, John Burk, a fixé le premier film radiographique sur l'écran du négatoscope. Au début, l'image amorphe d'un blanc laiteux n'a rien voulu dire pour moi.

«Ceci est le foie de Deborah», a expliqué le Dr Burk, dessinant sur l'écran un cercle invisible autour d'une forme.

Et puis je les ai vues: des ombres. Son foie en était entièrement couvert.

Pendant que nous fixions l'image, plusieurs médecins se sont glissés dans la pièce, leur sarrau blanc et leur visage sérieux prenant une teinte bleutée sous l'éclairage tamisé. Deux d'entre eux ont tenté de jouer la carte de l'optimisme.

«Ces taches sont quelque peu troublantes, mais il n'y a pas encore de quoi s'inquiéter, a dit l'un d'eux.

— Il est possible que ce soit des taches de naissance, a dit un autre. J'ai déjà vu ça.»

Mais aucun d'eux ne nous regardait dans les yeux. Le mot *cancer* flottait dans mon esprit comme un gaz empoisonné, mais je n'osais pas le prononcer.

«Nous prévoyons faire une coloscopie demain matin», a dit Craig. Ils n'établiraient pas de diagnostic avant ça.

À la maison ce soir-là, dans notre lit, Deborah m'a raconté l'histoire de Josué et de Caleb, deux des douze hommes que Moïse avait envoyés explorer la Terre promise afin qu'ils en fassent un compte rendu aux enfants d'Israël.

Nous étions étendus l'un en face de l'autre, la tête posée sur nos oreillers à taie blanche. «Lorsque les espions sont revenus, ils ont rapporté une bonne nouvelle et une mauvaise nouvelle», a dit Deborah, sa voix prenant les intonations mélodieuses d'un conteur. «La bonne nouvelle, c'est que ce pays regorgeait de lait et de miel, exactement comme Dieu l'avait promis. La mauvaise nouvelle, c'est que ce pays était habité par des géants.» Les israélites se sont mis à trembler, a-t-elle poursuivi, tous sauf Josué et Caleb, qui ont dit: «Si le Seigneur nous est favorable, Il nous conduira dans ce pays. N'ayez pas peur.»

Deborah est demeurée silencieuse pendant quelques minutes, et puis elle a levé les yeux vers moi. «Ron, j'ai peur.»

Je l'ai attirée vers moi et je l'ai serrée dans mes bras. Nous avons prié pour que la coloscopie se passe bien. Pour que le Seigneur nous soit favorable, pour que les médecins nous annoncent une bonne nouvelle.

———

Les étoiles tachetaient encore le ciel noir, tels de minuscules fragments de glace, lorsque nous avons pénétré sur le terrain de stationnement du All Saints le lendemain matin. Une rumeur selon laquelle Deborah était en attente d'un diagnostic s'était répandue parmi nos amis, et nous avons été étonnés et émus de découvrir qu'une vingtaine d'entre eux s'étaient rassemblés dans la salle d'attente du bloc opératoire et priaient.

Pendant que les médecins emmenaient Deborah dans un fauteuil roulant et qu'elle tentait d'afficher un air de bravoure sur son visage pâle, nous avons tous prié pour que le bilan soit positif. Je me suis posté tout contre la porte de la salle d'endoscopie – aussi près de Deborah qu'il m'était permis de l'être – et puis j'ai arpenté le carrelage glacé. J'alternais entre la prière et une légère panique, entre « la paix de Dieu qui dépasse toute compréhension » et l'envie de vomir. Une éternité a passé, et puis une époque tout entière. Le sable dans un sablier qui s'écoulait, un grain à la fois.

Finalement, par le carré de verre de sécurité, j'ai vu des infirmières pousser le fauteuil roulant de Deborah dans la salle de réveil et je me suis hâté d'aller la rejoindre. Elle m'a regardé à travers des paupières extrêmement lourdes, sa lèvre inférieure légèrement avancée comme lorsqu'elle est vraiment triste. Elle a articulé en silence le mot *cancer*, ses lèvres tentant d'esquisser un demi-sourire pour amortir le choc.

Et puis, de petites larmes sont apparues au coin de ses yeux et ont coulé sur ses joues pâles, et je me suis rappelé les mots prononcés la veille au soir : *des géants sur la Terre promise.*

30

C'est Miss Mary Ellen qui m'a dit pour Miss Debbie. Elle est arrivée seule à la mission pour faire l'étude de la Bible que Sister Bettie leur demandait de faire, et quand j'ai vu que Miss Debbie était pas là j'ai demandé où elle était.

Miss Mary Ellen a mis sa main sur mon épaule. « J'ai de mauvaises nouvelles, Denver. Miss Debbie est allée chez le médecin et... c'est sérieux. Elle a le cancer. »

Quand Miss Mary Ellen a dit « cancer », je pouvais pas le croire. Il y avait rien au monde qui paraissait aller de travers chez Miss Debbie. Elle venait à la mission deux ou trois fois par semaine, elle servait à manger au Lot, elle donnait des cours sur la Bible. Sa santé avait l'air parfaite.

J'ai pensé tout de suite que Dieu allait guérir Miss Debbie. Après j'ai compris que j'avais peur. Et s'Il la guérissait pas ? Dans ma vie, j'avais déjà perdu presque tous les gens qui étaient importants pour moi – Big Mama et Uncle James et Aunt Etha. Miss Debbie était la première personne qui m'aimait sans condition en plus de 30 ans. J'avais accepté qu'elle m'approche et maintenant peut-être que Dieu allait la prendre elle aussi.

J'ai eu peur que ma vie change pour toujours. Et après, j'ai commencé à m'inquiéter de la réaction des autres à la mission.

Je vais pas mettre de gants blancs : ça les a sonnés. Il y avait beaucoup de gens qui venaient faire du bénévolat à la mission, mais ils étaient pas tous aussi fidèles que Miss Debbie. Mais c'est pas tout. C'était sa façon de traiter les sans-abri qui faisait qu'ils l'acceptaient comme leur amie. Elle leur posait jamais de questions comme pourquoi vous êtes ici ? Où vous étiez ? Combien de fois vous êtes allé en prison ? Pourquoi vous avez fait toutes ces mauvaises choses dans votre vie ? Elle les aimait, c'est tout. Sans condition.

Et c'est comme ça qu'elle m'aimait moi aussi. Les Écritures disent que Dieu nous récompense pas pour avoir aimé ceux qu'on aimerait de toute façon. Non. Il nous récompense pour avoir aimé ceux qui sont pas faciles à aimer. L'amour parfait de Dieu vient pas avec des conditions et c'est le genre d'amour que Miss Debbie donnait aux gens à la mission.

Après qu'on a su pour Miss Debbie, moi et Chef Jim on a été très proches. On disait jamais de prière de groupe spéciale avant, mais après qu'on a su, chaque matin moi et Chef Jim on se retrouvait dans la cuisine et on priait pour Miss Debbie et sa famille. Et d'autres gars priaient aussi.

Vous savez, si vous êtes pas pauvre, vous pensez peut-être que c'est les gens qui vont dans les grosses églises en belles briques qui donnent et qui aiment et qui prient. J'aurais aimé que vous voyiez tous ces sans-abri en cercle avec la tête baissée et les yeux fermés qui disaient tout bas ce qu'il y avait dans leur cœur. On aurait pu penser qu'ils avaient rien à donner, mais ils donnaient ce qu'ils avaient en prenant le temps de cogner à la porte de Dieu et de Lui demander de guérir cette femme qui les avait aimés.

31

Les médecins de Deborah avaient prévu une autre intervention chirurgicale trois jours plus tard. Deborah, Carson, Regan et moi nous sommes retirés à Rocky Top pour prier et réfléchir à la situation en famille. Peut-être que «retirés» n'est pas le mot qui convient, du moins pas en ce qui me concerne, car le ranch est devenu mon centre de crise.

Nous allions probablement consacrer toute une année à cette bataille, ai-je dit à Deborah, et puis nous fêterions notre victoire, peut-être comme des soldats paradant au retour de la guerre, ou comme les astronautes d'Apollo 13 rentrant bruyamment dans l'atmosphère terrestre après un vol qui avait semblé voué à l'échec. Mais sur la route qui nous mènerait là-bas, nous savions que la douleur, les larmes et la peur nous attendraient comme des assassins. Mais la douleur fait que la vie est plus remplie, plus riche. Et je me suis rappelé ce que sa tante Etha avait dit à Denver: «Tous les bons remèdes ont mauvais goût.»

J'étais sûr qu'un traitement existait, et je me suis donné comme mission de le trouver. À partir de ce jour-là, j'ai pratiquement accroché un écriteau portant les mots «retiré des affaires» sur la porte de ma galerie de Dallas. Nous n'étions qu'à quelques jours de l'arrivée à Fort Worth de l'équipe qui détacherait de son socle la sculpture de Calder dans ce qui serait le plus beau coup de ma carrière. Toutefois, mes associés ont accepté de superviser l'opération finale et je leur ai demandé de m'épargner les détails. Cela ne voulait plus rien dire pour moi. J'étais de nouveau dans l'armée, cette fois en tant que général de campagne dans une guerre contre le cancer.

Nos amis Roy Gene et Pame Evans nous ont rejoints à Rocky Top. Investisseur, éleveur de chevaux et descendant d'une famille très en vue de Dallas, Roy Gene, avait fait construire son ranch sur un promontoire surplombant le nôtre, avec une vue du même bras de la Brazos et de la vallée verdoyante qui s'étendait de l'autre côté. Comme nous, ils y avaient passé presque chaque week-end au cours des huit dernières années.

Cependant, ils n'avaient pas prévu s'y rendre ce week-end-là, mais ils ont quand même parcouru 160 kilomètres uniquement pour dire à Deborah qu'ils l'aimaient et qu'ils l'encourageaient à batailler ferme. Roy Gene, comme un de mes amis l'a déjà décrit, ressemble un peu à John Wayne : une présence forte et réconfortante, une voix lente et douce, n'utilisant que peu de mots, mais toujours les bons. Pame est une survivante du cancer, une femme plus volubile et qui emploie les mots pour guérir, comme on dépose un baume sur une plaie.

Ces jours passés à Rocky Top ont été le théâtre d'émotions contradictoires. Notre optimisme face à la guérison et nos prières confiantes étaient réels. Mais comme de la pluie qui tombe d'un ciel ensoleillé, Deborah et moi sentions sans en discuter à haute voix que ses chances de jouir d'une longue vie étaient minces. Quelques années plus tôt, un cancer du côlon avec métastases au foie avait emporté notre ami John Truleson. Après toute une série de traitements de chimiothérapie débilitants, il était mort, aussi fugitif qu'une ombre et dans les affres de la douleur.

Ces émotions étaient encore vivaces dans notre esprit. « Ron, si le cancer s'est répandu à l'extérieur de mon côlon et que ces taches que nous avons vues ne sont pas des taches de naissance, je ne veux pas me battre », a-t-elle dit le lendemain de notre arrivée à Rocky Top.

« Nous n'avons pas à prendre cette décision maintenant », ai-je dit.

Mais en fait, la décision avait déjà été prise. J'avais devant moi la femme qui ne craignait rien d'autre que les serpents à sonnettes et les guêpes. Qui avait regardé droit dans les yeux un mariage à l'agonie et une autre femme, et qui s'était battue pour garder son homme. Qui avait apprivoisé Denver Moore, le plus hargneux des itinérants dans l'un des ghettos les plus dangereux du Texas.

Elle allait se battre. Mais elle ne le savait pas encore.

Et malgré tout le courage que je lui connaissais, elle avait laissé transparaître sa peur. Oh, comme je l'ai aimée alors ! Farouchement. De cette passion que l'on sent au plus profond de soi, là où personne ne peut la voir, de cette passion d'une force effrayante que seul vous pouvez sentir. Je me suis rappelé qu'il y avait eu des instants au cours de presque trois décennies de mariage où je l'avais aimée moins qu'en ce moment, et la culpabilité m'a traversé le cœur comme un pieu.

Elle m'avait toujours tout donné inconditionnellement, mais souvent je n'avais pas voulu lui rendre la pareille. *Elle avait mérité mieux que ce que je lui avais offert*, ai-je pensé, et je me suis pratiquement noyé sous le déferlement d'une vague de regret d'une hauteur de 30 années.

C'est alors que j'ai pris la résolution de l'aimer comme elle n'avait jamais été aimée auparavant.

———

Le jour de l'intervention chirurgicale, nous nous sommes rendus à l'hôpital All Saints, incertains quant à notre avenir, mais néanmoins remplis d'espoir. Une équipe de chirurgiens, dirigée par le Dr Paul Senter, avait prévu faire l'ablation de la majeure partie de son côlon et de toutes les autres cellules cancéreuses qu'ils trouveraient et jugeraient pouvoir retirer sans danger. Pendant l'intervention d'une durée de cinq heures, une cinquantaine de nos amis se sont réunis dans la salle d'attente.

Cinq heures après que des techniciens du bloc opératoire ont emmené ma femme sur une civière, le Dr Senter est revenu. Sans un sourire et l'air épuisé, il a demandé à me parler, ainsi qu'aux enfants, seuls.

«Je vais être honnête avec vous», a-t-il dit, peu après notre entrée dans un petit bureau. «Ça va mal.»

Le cancer s'était répandu à l'extérieur du côlon, envahissant toute la cavité abdominale et s'enroulant autour du foie comme un linceul.

«Elle va devoir être réopérée», a-t-il dit.

Je ne lui ai pas demandé quel était son pronostic, ni à combien il estimait le temps qu'il lui restait à vivre, car seul Dieu connaît le nombre de nos jours. Tout de même, Dieu avait apparemment été occupé ailleurs. Nos prières les plus passionnées ne s'étaient pas soldées par une bonne nouvelle après la coloscopie. Nos prières pour la guérison de Deborah à Rocky Top n'avaient pas vaincu l'envahisseur mortel que les médecins avaient découvert à l'intérieur du corps de ma femme. Brisé et pratiquement aveuglé par la peur, je me suis tourné vers les Écritures:

«Demandez et vous recevrez...»

«Priez sans cesse...»

«Et tout ce que vous me demanderez en Mon nom, je le ferai...»

Et amèrement, j'ai récité un autre verset, cette fois tiré du livre de Job: «Yahvé avait donné, Yahvé a repris.»

Après l'intervention, je suis resté assis à côté du lit de Deborah, abasourdi. Des tubes étaient branchés sur son visage et ses bras, sondant son sommeil, envoyant des signaux à des appareils qui clignotaient de façon exaspérante, affichant des codes que je ne comprenais pas. Je me sentais écrasé de l'intérieur, comme si j'avais été blessé dans un accident apocalyptique. Hébété et silencieux, j'ai attendu qu'elle se réveille. Je ne l'ai pas quittée des yeux. Je me demandais ce qu'elle ressentait. Je me demandais si nous allions survivre.

Que Deborah ait un cancer, cela n'avait pas plus de sens qu'un coup de feu tiré d'une voiture en marche. Je ne connaissais personne qui soit aussi soucieuse de sa santé. Elle mangeait bien et ne fumait pas. Elle faisait de l'exercice et prenait des vitamines. Il n'y avait pas de cas de cancer dans sa famille. Les risques étaient nuls.

Les paroles que Denver avait prononcées trois semaines plus tôt me hantaient : «*Quand on est précieux pour Dieu on devient important pour Satan. Surveillez vos arrières, Mr Ron. Quelque chose de terrible va arriver bientôt à Miss Debbie.*»

Elle a commencé à s'agiter juste avant minuit. Je me suis levé et je me suis penché sur son lit, mon visage tout près du sien. Elle a ouvert les yeux, voilés par les narcotiques. «Est-ce qu'il a touché mon foie ?

– Oui.» J'ai marqué un temps d'arrêt et je l'ai regardée, tentant vainement d'effacer la tristesse de mon visage. «Mais il y a encore de l'espoir.»

Elle a refermé les yeux, et cet instant que j'avais redouté pendant des heures est passé rapidement sans qu'une seule larme soit versée. Mes propres yeux secs ne me surprenaient pas – je n'avais jamais vraiment appris à pleurer. Mais voilà que la vie m'offrait une raison d'apprendre, et j'aspirais à verser une rivière de larmes, un déluge biblique. Peut-être que mon cœur brisé enseignerait à mes yeux comment faire.

32

Après quatre jours, la chambre d'hôpital de Deborah ressemblait à la boutique d'un fleuriste. Mais lorsque cette profusion de roses, de marguerites et de centaurées bleues a commencé à déborder dans le corridor, l'administrateur de l'hôpital a décrété qu'il fallait s'en débarrasser. Deborah a insisté pour que nous les apportions à la mission. Nous avions déjà eu une petite mésaventure à ce sujet.

Plus tôt cette année-là, elle avait apporté des bouquets pour décorer les tables du réfectoire de la mission. Mais Don Shisler et Chef Jim s'étaient opposés à son idée, préoccupés par le fait que certaines parties des arrangements, comme les tiges servant à tenir les fleurs bien droites, puissent être utilisées comme des armes.

C'était difficile à imaginer, mais nous bien étions naïfs en matière d'armes fleuries. En tout cas, croyant que la direction de la mission pourrait cette fois faire une exception, Carson et moi avons transporté en secret deux chargements de pistils jusqu'à East Lancaster Street. En entrant à la mission, une vision inhabituelle nous attendait : six ou sept hommes formant un cercle en se tenant la main.

Tino à la tête chauve, un sosie de Telly Savalas, a croisé mon regard : « Nous prions pour Miss Debbie. Nous l'aimons et nous voulons qu'elle revienne. »

Bouleversés, Carson et moi nous sommes joints au cercle et avons prié avec ces hommes qui, vus de l'extérieur, semblaient n'avoir rien à donner, mais qui offraient, sans que nous le sachions, le plus précieux des présents : la compassion.

Ensuite, nous avons mis des fleurs partout – dans la chapelle, le réfectoire, le dortoir des femmes – une explosion de couleurs venant éclairer les murs de parpaing et les planchers de tuile industrielle. Cela m'a rappelé le premier jour où nous étions venus à la mission et que Deborah s'était mise rêver tout éveillée de marguerites et d'une jolie clôture.

Nous n'avions pas revu Denver depuis le diagnostic de cancer et je craignais qu'il ne se sente capturé et remis à l'eau. Nous avons croisé Chef Jim dans le couloir menant à la cuisine. Je lui ai demandé s'il avait vu Denver au cours de la journée.

« Il dort probablement, a-t-il dit.

– Il dort ! », me suis-je exclamé. *Paresseux*, ai-je pensé. C'était déjà le milieu de l'après-midi.

Jim a levé les sourcils. « Vous ne savez pas ?

– Savoir quoi ?

– Eh bien, quand Denver a appris pour Miss Debbie, il m'a dit qu'elle avait beaucoup d'amis qui allaient prier pour elle toute la journée. Mais il s'est dit qu'elle avait besoin de quelqu'un pour prier pour elle toute la nuit, et que c'est lui qui le ferait. »

Mes yeux se sont agrandis pendant qu'il poursuivait : « Donc, il sort à minuit, s'assoit près de la benne à ordures, et prie pour Miss Debbie et votre famille. Quand j'arrive ici à 3 heures du matin pour préparer le petit-déjeuner, il entre boire une tasse de café et nous prions ensemble dans la cuisine jusqu'à environ 4 heures. Et puis il retourne dehors et prie jusqu'au lever du soleil. »

Honteux, j'ai réalisé une fois de plus à quel point les racines de mes préjugés avaient pénétré profondément. Je prenais également conscience de l'arrogance des jugements hâtifs que je portais sur les pauvres.

33

Peut-être que j'aurais pu prier dans mon lit, mais je me sentais comme une sentinelle et je voulais pas m'endormir comme les disciples de Jésus dans le jardin. Et j'aurais pu prier dans la chapelle, mais je voulais pas que quelqu'un vienne briser ma concentration. Je savais que personne viendrait près de la benne à ordures et donc c'est là que j'ai veillé sur Miss Debbie chaque nuit, ce qui s'appelle une « vigile ».

Je m'assoyais par terre, le dos appuyé sur le mur de briques d'un vieux bâtiment à côté de la benne et je regardais le ciel noir et je parlais de Miss Debbie à Dieu. Je Lui demandais beaucoup de la guérir et je Lui demandais aussi pourquoi. Pourquoi Vous faites souffrir cette femme qui n'a été rien d'autre que Votre fidèle servante ? Quelqu'un qui fait ce que Vous dites, qui visite les malades, qui nourrit les affamés, qui invite les étrangers dans sa maison ? Pourquoi Vous faites de la peine à sa famille et vous privez les sans-abri de son amour ?

Ça avait pas de sens pour moi. Mais après un bout de temps, Dieu m'a expliqué. Plusieurs fois quand j'étais là dehors, j'ai vu une étoile filante traverser le ciel noir, brillante une minute et puis disparue la suivante. Chaque fois que j'en voyais une, on aurait dit qu'elle allait tomber sur la Terre et je pouvais pas comprendre pourquoi je voyais pas où elle allait. Après que j'ai en vu plusieurs disparaître comme ça, j'ai senti que Dieu m'envoyait un message à propos de Miss Debbie.

Les Écritures disent que Dieu a mis toutes les étoiles dans le ciel et leur a même donné un nom. Si une d'elles tombait du ciel, c'est parce qu'Il le voulait. Peut-être qu'on peut pas voir où elle va, mais Lui peut.

C'est là que j'ai compris que même si ça avait pas de sens pour moi, Dieu avait mis Miss Debbie dans ma vie comme une étoile brillante et Dieu savait où elle allait tomber. Et j'ai compris que parfois il faut juste accepter les choses qu'on comprend pas. Donc, j'ai juste essayé d'accepter que Miss Debbie était malade et j'ai continué à prier à côté de la benne à ordures. Je sentais que c'était le travail le plus important que j'avais jamais eu, et j'allais pas abandonner.

34

Le séjour de Deborah à l'hôpital a duré une semaine. Sept jours plus tard, la maison de location où nous habitions a été vendue, mais notre nouvelle demeure à Trinity River ne serait pas prête avant plusieurs semaines. Un mois plus tôt, cela aurait pu exaspérer Deborah. Mais elle était maintenant loin au-dessus de quelque chose d'aussi terre-à-terre qu'un toit sur notre tête. Si elle ne vainquait pas le cancer, elle n'aurait pas besoin d'une maison ici-bas.

Toutefois, il nous en fallait une en attendant, et les Davenport nous ont donc ouvert leur porte. Pendant les deux mois qui ont suivi, nous avons été neuf à vivre sous leur toit – quatre adultes, les quatre enfants des Davenport, et la sœur de Deborah, Daphene, qui est devenue sa compagne de presque tous les instants. Mary Ellen et Alan étaient nos meilleurs amis depuis 19 ans, mais vivant ensemble, nous nous sommes encore plus rapprochés – nous sommes devenus si proches que même nos sous-vêtements se sont retrouvés ensemble dans la machine à laver.

Entre-temps, leur maison a commencé à ressembler au siège social d'une popote roulante. Des amis de l'église apportaient chaque jour des repas cuisinés à la maison, parfois pour jusqu'à 17 personnes lorsque Carson, Regan et leurs amis étaient sur place. Et beaucoup de gens qui voulaient nous offrir de la nourriture ne l'ont jamais pu – la file d'attente était trop longue.

Moins d'un mois s'était écoulé depuis que le Dr Dearden avait découvert des bosses dans l'abdomen de Deborah. Mais la douleur était déjà devenue une ennemie redoutable. Elle faisait rage comme un incendie de forêt dans son ventre, l'obligeant à sortir du lit pendant la nuit et à marcher, à s'asseoir bien droit, à se plonger dans un bain chaud, à faire n'importe quoi pour penser à autre chose. Cela nous semblait surréaliste : comment une telle douleur avait-elle pu s'installer en aussi peu de temps ?

Nous avons posé la question à Alan, qui avait déjà soigné des cancéreux. Il a comparé le cancer à des guêpes. « On peut s'asseoir à côté d'un nid et même laisser les guêpes se poser partout sur nous sans qu'elles nous piquent. Mais enfoncez un bâton dans le nid, remuez-le, et les guêpes se mettront dans une telle colère qu'elles vous tueront. »

Les interventions chirurgicales semblaient avoir mis les tumeurs abdominales de Deborah dans une rage folle. Mais elle détestait prendre des analgésiques. Tout d'abord, elle craignait de développer une dépendance à ces médicaments. Ensuite, elle recevait de nombreux visiteurs et elle ne voulait pas les accueillir droguée et étourdie. Par conséquent, le sommeil est devenu un rêve illusoire dans cette bataille contre la douleur.

Quatre semaines après la première intervention chirurgicale, nous sommes allés au Baylor University Medical Center afin d'y rencontrer le Dr Robert Goldstein, un spécialiste du foie de renommée mondiale. Après une IRM (imagerie par résonance magnétique), nous avons rejoint le médecin dans son bureau. C'était une pièce dont les murs étaient curieusement dépourvus de diplômes, d'attestations d'études et de titres de compétences, mais plutôt couverts de photographies de ce médecin grisonnant à queue de cheval et de sa jolie femme, posant tous deux sur des Harley-Davidson.

Nous faisant face de l'autre côté de son bureau, le Dr Goldstein est allé droit au but. «Je suis désolé. Les résultats de l'IRM ne sont pas bons.»

Deborah et moi étions assis l'un à côté de l'autre sur des fauteuils d'appoint. «Que voulez-vous dire?», a-t-elle demandé.

Il n'y est pas allé par quatre chemins. «La plupart des gens qui sont dans votre état ne vivent pas plus d'un an.»

Dans la fraction de seconde qu'il a fallu pour que ces mots se rendent jusqu'à notre cerveau, Deborah s'est évanouie. Elle s'est écroulée sur le sol. Le Dr Goldstein s'est précipité dans le couloir en agitant les bras tel le témoin d'un accident faisant signe à un automobiliste de s'arrêter. Une infirmière est entrée, le médecin sur les talons, et a posé des linges humides et frais sur le visage et les bras de Deborah.

Quelques instants plus tard, elle est revenue à elle, pâle et tremblante, et je l'ai aidée à se rasseoir. Ensuite, j'ai mis un bras autour de ses épaules et je lui ai pris la main. J'ai fixé le Dr Goldstein pendant un moment, sachant qu'il était un dépositaire vivant des plus récentes découvertes et connaissances concernant le cancer du côlon. Il devait nécessairement y avoir des options.

«Que recommandez-vous? ai-je demandé.

– Rien», a-t-il dit.

Et puis il a regardé Deborah. «Le cancer est trop étendu. Si vous étiez ma femme, je vous renverrais à la maison et je vous dirais de profiter de votre famille du mieux que vous le pouvez, et d'espérer qu'on trouve un remède d'ici quelques mois.»

Deborah a plongé son regard dans celui du Dr Goldstein. «Croyez-vous en Dieu?

– Je crois en la médecine», a-t-il dit.

Et il s'est mis à énumérer à toute vitesse les diverses options en matière de traitement: chimiothérapie – inutile;

résection du foie – trop de tumeurs sur chaque lobe ; ablation par radiofréquence – les tumeurs étaient trop grosses.

Ses paroles nous frappaient comme des coups de marteau, réduisant en miettes tous nos espoirs. Je sentais mon cœur battre fort, se désintégrer. Les mains soudées, Deborah et moi nous sommes levés.

« Merci de nous avoir donné votre opinion, Dr Goldstein », ai-je dit, la bouche molle. Nous sommes sortis de son bureau et nous sommes dirigés vers la voiture dans laquelle nous avons pris place, muets et paralysés. Finalement, Deborah a brisé le silence rugissant.

« Louons le Seigneur », a-t-elle dit.

Pour quelle raison ?, ai-je pensé sans le dire.

« Oublions ce qu'il a dit à propos de l'année qu'il me reste à vivre et contentons-nous de faire confiance à Dieu qui connaît le nombre de jours qu'il nous reste. J'ai l'intention de vivre pleinement chacun de ceux qu'Il m'accordera. »

———

Malgré cette rencontre décourageante avec le Dr Goldstein, Deborah et moi n'allions pas baisser les bras. Peu après notre installation chez les Davenport, elle a entrepris un épuisant traitement de chimiothérapie dans une sinistre petite clinique d'oncologie de Fort Worth. La salle de chimiothérapie était triste et mal éclairée. Vingt fauteuils inclinables bleus y étaient installés en deux rangées de dix sur un plancher de linoléum, et ils étaient généralement tous occupés par des guerriers du cancer, pâles et émaciés.

Deborah restait étendue là, comme un petit soldat, de trois à quatre heures d'affilée, pendant que du poison s'infiltrait goutte à goutte dans ses veines. Elle disait qu'elle avait l'impression que des métaux lourds coulaient dans son corps ; elle pouvait sentir le goût du fer et du cuivre dans sa bouche.

Il n'y avait ni écran ni cloison pour offrir un espace où souffrir en privé. Donc, pendant que j'étais assis là à son côté, lui parlant doucement, lui caressant les cheveux, il y avait des gens autour de nous qui vomissaient dans des cuvettes fournies à cet effet. Parfois, Mary Ellen ou d'autres amis l'accompagnaient et lui faisaient la lecture.

Généralement, en sortant de la clinique, nous ne pouvions pas aller très loin avant que Deborah ne soit balayée par une vague de nausée ou de diarrhée. J'immobilisais la voiture et je l'aidais. À part la douleur, c'est l'outrage de ne plus pouvoir contrôler son corps qui était le plus dur pour cette femme qui n'avait jamais eu l'air échevelée, même au saut du lit.

La médication l'a rapidement minée, et elle n'a bientôt plus pesé que 45 kilos. Mais elle était malgré tout déterminée à éradiquer l'ennemi et insistait pour essayer différents types de traitements de chimiothérapie, parfois au cours d'une même semaine, espérant incinérer le cancer avec l'équivalent médical du napalm. À la maison, chaque fois qu'elle avait la force de sortir du lit, elle chaussait ses Reebok et nous allions faire une promenade. Les enfants et moi n'arrivions pas à l'arrêter, même lorsqu'elle était épuisée.

35

C'est Deborah qui, la première, a eu l'idée de faire obtenir à Denver son permis de conduire, à l'automne 1998. Elle se sentait mal à l'idée que son cancer – et tout le temps qu'il nous prenait – empêchait Denver de faire davantage partie de notre vie. S'il avait un permis de conduire, avait-elle raisonné, il pourrait se joindre plus librement à nos activités, sans que nous ayons à partir à sa recherche dans le ghetto.

Lorsque nous avons abordé le sujet avec Denver, il a répondu comme il le faisait toujours : « Je vais penser à ça. »

Quelques semaines plus tard, nous en avons reparlé devant un café à la mission. « J'aime l'idée de pouvoir conduire, Mr Ron, a-t-il dit. Mais il faut que je dise que je suis pas vraiment sans tache.

– Sans tache ?

– J'ai un dossier. »

Il est apparu que Denver était dans la mire du ministère de la Sécurité publique. Lorsque le commis a entré son nom dans l'ordinateur, l'écran a affiché une liste de problèmes : une inculpation pour avoir troublé l'ordre public en Louisiane, quelques contraventions impayées liées à son entreprise de voiture-motel, et – ce qui gâchait vraiment tout – une citation à comparaître pour possession de marijuana qui avait été déposée contre lui à Bâton-Rouge pendant les années où il avait courtisé le danger. Avec cette accusation liée à la drogue, il lui fallait dire adieu au permis de conduire.

Denver voulait se disculper, réhabiliter son nom et nous avons donc convenu qu'il se rendrait à Bâton-Rouge et qu'il se soumettrait aux lois de Napoléon. C'est là un fait étrange dans l'histoire américaine que certaines lois de l'État du Bayou n'ont pas été réécrites depuis l'époque où l'endroit appartenait encore au petit Corse.

C'était en décembre 1998, et nous avons choisi une soirée bien peu propice à un voyage routier. Toutes les autoroutes du Texas avaient été fermées à cause de la pluie verglaçante. Mais Denver voulait voir son passé derrière lui, et je l'ai donc conduit à la gare routière des autocars Greyhound. Il supposait qu'il y aurait quelques poivrots à bord, mais quand même moins qu'à la mission, qui en était toujours bondée lorsque le temps était pourri.

Denver estimait que 200 $ glissés dans la main du bon policier louisianais pourraient régler son problème juridique. « C'est comme ça que ça se passe là-bas », a-t-il dit. Je lui ai donc donné 200 $ pour qu'il paie l'amende.

Après un long trajet sur les routes glacées à bord du Greyhound – « Ce clébard glissait comme un cochon sur la glace ! », m'a plus tard raconté Denver – il est arrivé à Bâton-Rouge. La journée ressemblait à la nuit précédente, avec ce vent glacé qui vous gèle les pieds et vous fait couler le nez. Denver est entré dans le poste de police, a tapé des pieds pour les réchauffer, et a tenté d'expliquer qu'il voulait se rendre pour faire suite à une accusation pour possession de marijuana vieille de 10 ans.

La police lui a ri au nez.

Il a trouvé une cabine téléphonique et m'a appelé pour me dire qu'il n'avait pas eu de chance. « Ils pensent que je suis fou, Mr Ron », a-t-il dit avec un petit rire. « Ils pensent que j'essaie de me faire arrêter juste pour avoir un endroit chaud pour dormir. Personne veut mon argent sous la table – *ou* sur la table !»

Si je ne pouvais pas aider Denver à se faire condamner à une amende ou arrêter, j'ai pensé qu'il me faudrait faire appel au bon vieux système. J'ai appelé un type que je connaissais, un jeune homme influent en Louisiane qui avait grandi en jouant avec des autos miniatures avec le fils du gouverneur.

Deborah avait été son institutrice en première année. J'ai pensé qu'il connaîtrait quelqu'un qui pourrait soit arrêter Denver, soit le gracier. Je ne m'étais pas trompé et c'est ainsi que le dossier de Denver a été effacé. Exactement comme Denver m'avait dit que cela se passerait avant de se rendre à Bâton-Rouge : les choses sont différentes là-bas.

Plus rien n'empêchait Denver d'obtenir son permis de conduire. Cela sous-entendait passer un examen écrit – rien de bien compliqué pour quelqu'un sachant lire. Mais, incapable d'étudier seul le manuel du ministère de la Sécurité publique, Denver a choisi de suivre des leçons particulières. Deux gars de la mission ont travaillé avec lui pendant des semaines, jusqu'à ce qu'il connaisse toutes les questions et presque toutes les réponses. Lorsqu'il s'est dit prêt, je l'ai conduit au MSP.

Après un examen oral, Denver est sorti du bureau en riant, levant la main pour taper dans la mienne. L'étape suivante était l'examen pratique. Il avait déjà conduit un tracteur et même quelques voitures, mais n'avait jamais stationné en parallèle.

Nous sommes donc montés à bord de ma nouvelle voiture, une Infinity Q45 vert métallique, et nous sommes allés sur un grand terrain de stationnement près du terrain de football de l'école secondaire Lakeworth, et j'ai laissé Denver se glisser sur le siège du conducteur. Ensuite, pendant deux heures, Denver s'est exercé à se garer en parallèle entre la cabine téléphonique et le casse-croûte, jusqu'à ce que la fanfare de Lakeworth investisse le terrain de stationnement et nous chasse.

Enfin, en septembre 1999, 10 mois après s'être rendu en Louisiane pour se faire arrêter, Denver a obtenu son permis de conduire. (La femme qui lui a fait passer l'examen a dit qu'elle aimait beaucoup sa Q45 et n'a pu s'empêcher de lui demander quels étaient ses paiements mensuels.) Il m'a remercié encore et encore, jusqu'à ce que je lui dise finalement d'arrêter. Il ne tenait rien pour acquis et a déclaré que ce permis était l'une des nombreuses grandes bénédictions dont Dieu l'avait gratifié dernièrement, Deborah et moi en faisant partie.

En termes pratiques, l'obtention de ce permis était pour Denver une sorte de confirmation : sans permis, tant de choses restent hors de portée – non seulement la conduite automobile, mais de petits détails qui font qu'une personne se sent quelqu'un, comme par exemple être en mesure de prouver qui l'on est. Peu après l'obtention de ce permis, Denver l'a utilisé pour prouver bien plus que cela.

———

Regan avait enfin trouvé un emploi qu'elle était certaine d'aimer, c'est-à-dire comme cuisinière dans une colonie de vacances chrétienne pour enfants. Elle y travaillerait deux fois plus pour un salaire deux fois moindre qu'à la galerie, mais c'était un travail de pastorale et c'était au Colorado, au pied des majestueuses Rocheuses, là où un grand nombre de jeunes adultes de 25 ans se sentaient appelés afin de souffrir pour le Seigneur.

Deborah ne souhaitait vraiment pas que Regan demeure dans les parages à attendre de voir comment le cancer progresserait. Nous l'avons encouragée à accepter cet emploi. Elle a donc fait ses bagages et est partie dans l'Ouest, au Crooked Creek Ranch situé à Winter Park, au Colorado. Mais à l'âge de 25 ans, Regan avait bien plus que des valises, ayant vécu en appartement à New York et à Dallas.

Sur le ton de la plaisanterie, j'ai un jour dit à Denver :
« Maintenant que vous avez un permis de conduire, aimeriez-
vous apporter les effets de Regan au Colorado ? »

Lorsque j'ai mentionné qu'il lui faudrait traverser la grande
ville de Denver, son sourire est devenu aussi large qu'une autoroute à huit voies. « J'ai toujours voulu voir la ville qui a mon
nom », a-t-il dit.

Je ne pouvais pas retirer ce que j'avais dit. Donc, au cours
des trois jours qui ont suivi, nous avons dressé un plan. J'ai sorti
un atlas routier et j'ai tracé un itinéraire jusqu'à Winter Park
avec des marqueurs de différentes couleurs. Mais Denver était
incapable de lire les mots inscrits dans l'atlas, et j'ai donc dû
dessiner sur une feuille de papier une carte grossière avec des
illustrations des principaux panneaux autoroutiers, et lui montrer à quoi ressemblait celui qui indiquait la direction du
Colorado. Denver était profondément convaincu qu'il pouvait
suivre une carte – et il a réussi à m'en convaincre.

Donc, par une éclatante journée d'octobre, nous avons
chargé toutes les possessions de Regan dans ma camionnette à
double cabine F-350 presque neuve – téléviseurs, chaînes
stéréophoniques, vêtements, meubles. Nous avons convenu du
rendez-vous entre Regan et lui : à 18 heures le lendemain au
marché d'alimentation Safeway à Winter Park. Et après encore
une heure d'ultimes recommandations, je lui ai donné le feu
vert, armé de 700 $ en espèces, d'une petite carte routière rudi-
mentaire dessinée à la main avec quelques points de repère,
des numéros de téléphone où il me pourrait me joindre en cas
de problème, et un véhicule de 30 000 $ avec droit incontestable
de circuler.

Pendant qu'il reculait dans l'allée, j'ai couru à côté de la
camionnette en répétant : « Deux-huit-sept ! Deux-huit-sept ! »
S'il s'engageait sur la 287, il se trouverait en direction du
Colorado. S'il en ratait l'entrée, il se retrouverait dans l'arrière-
pays de l'Oklahoma où, avais-je tenté de le convaincre, les êtres

humains parlaient une langue totalement différente de la nôtre.

J'ai essayé de me convaincre moi-même que je savais ce que je faisais, mais la vérité c'était que Denver entreprenait un voyage aller et retour de 3 200 kilomètres sur des autoroutes, dès petites routes de campagne et des cols montagneux – les plus hauts du Colorado – avec en poche un permis de conduire qu'il n'avait reçu par la poste que la semaine précédente. À quoi pensait-il ? Mieux encore, à quoi est-ce que, *moi*, j'avais pensé ?

Alors qu'il s'éloignait avec l'argent, ma camionnette et tout ce que possédait Regan, Denver s'est essuyé le front avec la serviette qu'il avait généralement sur lui, ses lèvres esquissant un demi-sourire énigmatique.

L'ange à ma droite m'en a murmuré la signification : « Merci, Mr Ron, de me faire confiance. »

Le diable à ma gauche a dit en ricanant : « Non, ça veut dire "Adiós, mon pigeon." »

36

Je suis pas un voleur et je suis pas un menteur, mais Mr Ron sait pas ça. Ça faisait aucun sens pour moi qu'il me fasse confiance pour apporter les affaires de sa fille là-bas au Colorado. Je sais que je suis pas l'homme le plus intelligent, mais je comprends pas mal de choses et je m'inquiétais pas pour me rendre là-bas.

Mais sur ma vie, je comprenais pas pourquoi un homme blanc riche me donnait son 4 x 4, 700 $ en papier et toutes les affaires de sa fille en pensant qu'un sans-abri qui a rien, qui sait pas lire et qui sait pas écrire, est capable de faire plus de 1 500 kilomètres jusqu'à un endroit où il a jamais été, et faire sa livraison – et rapporter le camion !

Ça avait pas de sens. Je savais qu'il était un homme intelligent et que peut-être il savait ce qu'il faisait. Mais même si Mr Ron était intelligent, ça voulait pas dire qu'il reverrait son camion – ça prenait de la foi.

Je pense que j'avais jamais eu plus de 20 ou 30 $ à moi en même temps, sauf la fois où Mr Ron m'avait donné 200 $. Et maintenant il me donnait *700 $ en papier* et un *camion de 30 000 $* plein de télés, de meubles et de stéréos. Je pouvais vraiment pas laisser tomber l'homme.

Il avait dessiné une carte en pensant que je serais capable de la lire et il avait expliqué du mieux qu'il pouvait les panneaux que je devais suivre et la façon d'arriver là-bas. Après qu'on a fini de charger le camion, il a pointé dans la direction du Colorado. Quand j'ai démarré, il a couru à côté du camion en criant : « Deux-huit-sept ! Deux-huit-sept ! »

Je vais être honnête avec vous : avec toutes ses paroles et ses indications et ses cris, j'étais vraiment nerveux et je me suis pas rappelé tout ce qu'il a dit. Mais je me rappelais qu'il avait dit que si je manquais la 287, j'arriverais en Oklahoma. Et je le saurais si je traversais un gros pont au-dessus d'une grande rivière, et que le panneau dirait « OKLAHOMA » et que la rivière dirait « RED ».

Et c'est ça qui est arrivé. J'ai su que j'avais un problème et j'ai arrêté à une station-service et j'ai dit au gars que je cherchais la 287 pour aller au Colorado. Il a indiqué une façon différente d'aller là-bas et j'étais un peu inquiet parce qu'il avait pas l'air très intelligent. Je suis reparti et j'ai roulé assez lentement parce que j'avais peur que les affaires de la fille de Mr Ron tombent du camion. J'ai pensé qu'il était mieux d'arriver en retard avec tout qu'à l'heure avec un camion vide.

Une partie des 700 $ que Mr Ron m'avait donnés étaient pour une chambre de motel, mais j'ai dormi dans le camion parce que personne m'avait jamais fait confiance avant avec autant de choses, et pour rien au monde j'aurais laissé la chance à quelqu'un de les voler.

Les choses allaient assez bien. Les gars dans les stations-services m'ont aidé à aller toujours dans la bonne direction. Quand je suis arrivé dans le Colorado, j'ai commencé à voir des montagnes loin devant moi et j'ai trouvé qu'elles étaient belles. Mais j'ai pensé que le camp de la fille de Mr Ron devait être de l'*autre côté* des montagnes parce que personne pourrait jamais passer par-dessus avec un camion. Plus j'avançais, plus les montagnes grossissaient. Je pouvais voir de la neige en haut, mais je voyais pas où elles finissaient et j'ai commencé à me demander comment je ferais pour faire le tour. Et puis j'ai été collé dessus et la route montait !

Je suis arrêté dans une autre station-service et j'ai demandé à une femme comment je pouvais aller à Winter Park. Elle m'a regardé et a pointé le doigt vers le sommet.

«La route est étroite, elle a dit. Une fois parti, vous ne pourrez pas faire demi-tour.»

Ça fait que j'ai une eu petite conversation avec moi-même. *Je suis un gars solide*, j'ai pensé. *Pas de raison d'avoir peur.* Donc, j'ai remonté dans le camion et j'ai commencé à monter. Très lentement.

C'était pas mal beau, le ciel au-dessus des montagnes, bleu comme un lac, et les arbres rouges et orangés et jaunes comme s'ils étaient en feu. À peu près à moitié chemin, j'ai décidé de faire un peu de tourisme et j'ai arrêté le camion sur le côté de la route pour jeter un coup d'œil en bas, pour voir jusqu'où je pouvais voir.

C'était une erreur.

Je pouvais pas voir le bas. Le bord de cette route descendait dans le plus grand rien que j'avais jamais vu de ma vie. Je suis remonté dans le camion très vite et j'ai serré le volant si fort que j'ai pensé qu'il se casserait dans mes mains, et j'ai commencé à suer de partout même si j'avais très froid. J'ai pas roulé à plus de 10 kilomètres à l'heure pendant le reste du voyage et quand je suis arrivé à Winter Park, il y avait à peu près une centaine de voitures derrière moi comme un train de marchandises.

37

Lorsque Denver a raté son rendez-vous avec Regan, ma foi a dévalé la montagne. J'ai d'abord pensé à appeler la patrouille routière pour signaler un accident. Mais j'ai changé d'avis lorsque j'ai imaginé le répartiteur plié en deux de rire après avoir entendu mon histoire. De plus, Denver était censé avoir traversé trois États et je n'avais aucune idée de l'endroit où il fallait le chercher.

Je ne cessais de me tracasser à l'idée que je n'avais pas eu de nouvelles de lui en deux jours, malgré tous les numéros de téléphone que je lui avais donnés. Je me rappelais comme il avait écarquillé les yeux lorsque je lui avais tendu les 700 $ – cela avait dû lui sembler une petite fortune. Et je me suis aussi rappelé ce que m'avait dit Don Shisler à propos du sort qui était réservé à un dollar lorsqu'il se retrouvait dans la main d'un clochard. Peut-être que la tentation avait été trop forte.

Peut-être avait-il pris l'argent, le camion, et les affaires de Regan et était-il allé s'installer au Mexique ou au Canada. Il avait toujours dit qu'il voulait voir le Canada.

Ça m'embêtait d'annoncer à Deborah que Denver avait disparu, mais je savais qu'elle avait entendu chacune des conversations téléphoniques que Regan et moi avions eues, qu'elle avait senti la préoccupation dans nos voix se transformer en inquiétude, et puis en panique. Je suis donc allé dans sa chambre et je lui ai tout dit.

Sa réaction a été du Deborah tout craché : « Eh bien, pourquoi ne cesses-tu pas de t'inquiéter et ne prions-nous pas pour que Denver soit en sécurité ? »

Je me suis agenouillé à côté de son lit et, main dans la main, nous avons prié. Nous n'étions dans cette position que depuis quelques minutes lorsque le téléphone a sonné. C'était Regan : « Il est ici ! »

38

Tard le lendemain, on a sonné à la porte et c'était Denver, arborant le plus large sourire que j'avais jamais vu de ma vie. Dans l'allée, il y avait ma camionnette, lavée et cirée.

Nous nous sommes assis à la table de la cuisine et il m'a raconté son voyage. En terminant, il a dit : « Mr Ron, vous avez plus de foi que tous les hommes que j'ai connus. Les choses ont été un peu difficiles, mais je pouvais pas vous laisser tomber. » Et puis il m'a tendu une liasse de billets de banque – environ 400 $.

« Pourquoi reste-t-il autant d'argent ? ai-je demandé.

– Parce que j'ai tout le temps dormi dans le camion et mangé au McDonald's et au 7-Eleven. »

Je ne m'étais pas attendu à ce qu'il reste quoi que ce soit, et je lui ai donc dit : « Gardez tout, vous avez fait du bon travail.

– Non, m'sieur, a-t-il dit doucement. Je veux pas de salaire. J'ai fait ça pour vous remercier, vous et votre famille. L'argent achète pas les faveurs. »

Ému, je suis demeuré silencieux et je l'ai regardé, me demandant si j'avais jamais reçu un aussi beau cadeau de toute ma vie. Toutefois, je ne pouvais pas le laisser partir les mains vides, et je lui ai donc dit de prendre l'argent et de s'en servir pour aider quelqu'un d'autre.

Ce voyage s'est avéré un tournant dans notre existence –
pour lui, en ayant prouvé qu'il était digne de confiance, et pour
moi, en ayant appris à faire confiance. Deux semaines plus
tard, j'ai envoyé Denver à Bâton-Rouge dans un camion de
location Ryder chargé de toiles et de sculptures évaluées à plus
d'un million de dollars. Selon mon client là-bas, Denver a sur-
veillé le contenu de ce camion comme s'il s'agissait de l'or de
Fort Knox.

39

Entre mai et novembre, j'ai l'impression que nous avons creusé des ornières sur la route séparant la banlieue de la clinique de chimiothérapie. Miséricordieusement, vers l'Action de grâces, le traitement de chimio de Deborah a pu être interrompu pendant deux semaines.

Nous célébrons toujours cette fête à Rocky Top. Le matin de l'Action de grâces, je me suis levé avant l'aube pour aller chasser le cerf. J'ai vu un beau mâle, mais je n'ai pas pu me résoudre à l'abattre. Deborah, entre-temps, préparait un festin pour près de 25 amis et membres de la famille, dont Denver qui faisait dorénavant partie de la deuxième catégorie. La chimio avait réussi à résorber les tumeurs, et pendant l'interruption des traitements, Deborah a repris quelques kilos et quelques couleurs. Si nos invités n'avaient pas été au courant de son état, ils n'auraient jamais soupçonné qu'elle était malade.

En décembre, la chimiothérapie avait à ce point réduit les tumeurs qu'une intervention chirurgicale au foie est devenue possible. Le 21 décembre, 14 tumeurs ont été brûlées, et après l'intervention qui avait duré 4 heures, nous avons eu notre miracle.

«Plus de cancer!» s'est exclamé le chirurgien, qui avait sondé son corps tout entier pendant la procédure, sans rien trouver.

Deborah a éclaté de rire et a fondu en larmes en même temps, et j'ai pratiquement mis le feu à mon portable en répandant la bonne nouvelle. C'était Dieu qui nous faisait un cadeau de Noël.

40

Notre joie a été de courte durée. Comme un ennemi que l'on croyait vaincu, mais qui était resté tapi dans l'ombre, le cancer a de nouveau frappé. À la fin de janvier, il faisait un retour en force. Au mois de mars, les médecins de Deborah ont étudié la possibilité d'une autre opération au foie, mais l'ont jugée trop risquée seulement trois mois après l'ablation. Un autre traitement de chimiothérapie n'a pas réussi à résorber les tumeurs, mais a au contraire semblé les nourrir. Elles se sont dressées comme un régiment maléfique, et notre riposte n'a pas été plus efficace que si l'on avait lancé des pierres contre une section de blindés.

De son côté, Denver déployait maintenant ses ailes, roulant dans la ville au volant d'une voiture qu'il appelait « manne » parce que, disait-il, elle était tombée du ciel. (En fait, Alan Davenport la lui avait donnée.) Il venait souvent nous rendre visite, et chaque fois que je le voyais, c'était comme si j'allais à la banque et que je détachais un coupon d'un titre : je m'enrichissais en touchant les dividendes de sa sagesse. Nous perdions rarement notre temps en bavardages. Il allait toujours droit au but, c'était ma leçon du jour.

Un jour, il s'est arrêté en passant et, comme d'habitude, a plongé dans le vif du sujet. Il m'a regardé droit dans les yeux et a dit : « Mr Ron, qu'est-ce que Dieu a dit quand Il a terminé la création du monde et de tout ce qu'il y a dedans ? »

Sachant que Denver n'était pas très porté sur les questions-pièges, je lui ai répondu franchement : « Il a dit "Cela est bon." »

Le visage de Denver s'est éclairé d'un sourire. « C'est ça. »

Se lançant dans un sermon, il m'a assuré que Dieu n'avait pas créé le cancer parce que le cancer n'est pas bon, et il m'a averti de ne pas reprocher à Dieu quelque chose qu'Il n'avait pas fait. Cette leçon de théologie m'a aidé, mais pas très longtemps.

Le printemps est arrivé, et avec lui les rites de Rocky Top. Malade, mais déterminée à apprécier la saison, Deborah avait attendu avec impatience l'éclosion des premiers boutons de centaurées, et puis la naissance de nos veaux à longues cornes. Elle a baptisé deux d'entre eux Freckles et Bubbles, et je n'ai pas levé les yeux au ciel. Nous avons observé les aigles se régaler pendant le frai des bars blancs et nous nous sommes émerveillés devant les combats aériens qu'ils se livraient parfois pour s'approprier une prise.

Le soir, les étoiles pailletaient le ciel de pierres précieuses et le clair de lune brillait sur les ondes de la Brazos, les poissons ondulant dans sa froide lueur. Le seul bruit à des kilomètres à la ronde était le murmure du vent dans les chênes étoilés et le sifflet solitaire et assourdi de trains passant au loin.

Denver était venu avec nous au ranch. Je l'avais invité au rassemblement printanier des cow-boys, un événement annuel pendant lequel environ 200 personnes campaient au Rio Vista, le ranch de nos amis Rob et Holly Farrell, de l'autre côté de la rivière, en face de Rocky Top. Cela faisait 20 ans que nous nous réunissions là, que nous bâtissions des tipis, que nous montions à cheval et nous exercions au lasso, que nous cuisinions dans un chariot et que nous lisions de la poésie de vachers autour d'un feu de camp.

« J'ai entendu dire que les cow-boys aiment pas les Noirs », a dit Denver lorsque je l'ai invité. « Vous êtes sûr que vous voulez que je vienne ?

– Bien sûr que je veux que vous veniez», ai-je dit, mais j'ai pratiquement dû l'attacher et le traîner là-bas.

C'est avec réticence que Denver a dressé son tipi le premier soir, et le lendemain matin, je l'ai trouvé endormi sur la banquette arrière de la voiture. Ce n'est pas qu'il ne voulait pas dormir dehors, l'ayant fait pendant des décennies au centre-ville de Fort Worth. Mais il faut dire qu'il n'y a pas beaucoup de serpents à sonnettes en ville.

Bientôt, cependant, il a commencé à se sentir à l'aise parmi nous. Il ne montait pas, mais il a voulu qu'on prenne une photo de lui sur un cheval afin de pouvoir la montrer à ses copains du ghetto. Si nous avions eu un chariot élévateur, nous l'aurions utilisé pour hisser son derrière de 105 kilos sur la selle.

Les feux de camp et la camaraderie ont eu un effet magique sur Denver lorsqu'il a découvert ce que c'était que d'être accepté et aimé par un groupe d'hommes blancs qui montaient à cheval avec un lasso à la main! Exactement le genre de personnes dont il avait eu peur toute sa vie.

———

De retour à Fort Worth, Deborah a continué à perdre du poids, sa peau flottant maintenant sur sa frêle ossature. Mais elle continuait à se battre.

«Sais-tu ce que je vais faire aujourd'hui?» m'a-t-elle dit d'un ton joyeux un matin de mars. «Je vais faire du *shopping*.»

Elle sentait qu'elle était redevenue elle-même, a-t-elle dit. Je me doutais bien qu'elle brûlait surtout du désir de se sentir à nouveau normale, mais je n'ai rien dit. Cela faisait un an qu'elle n'avait pas conduit. Je me suis posté à la fenêtre et je l'ai regardée s'éloigner dans sa Land Cruiser. Je me suis inquiété pendant toute la durée de son absence – et même si j'étais tenaillé par l'envie de la suivre, je n'ai pas bougé. Lorsque j'ai entendu le ronronnement du moteur de sa voiture dans le garage environ une heure plus tard, je me suis précipité pour l'aider à transporter ses emplettes.

Mais elle n'avait pas de sacs. Les yeux rouges et gonflés, les joues ruisselantes de larmes, elle m'a regardé, ayant de la difficulté à avaler.

« Est-ce que je suis en "phase terminale"? », a-t-elle finalement demandé, semblant tenir les mots à distance comme un prélèvement scientifique répugnant.

Terminal est un mot dur lorsqu'on l'utilise dans le contexte de la mort et nous ne l'avions jamais prononcé à haute voix. Mais selon le dictionnaire, c'est aussi un endroit par où les gens transitent pour se rendre ailleurs. Deborah savait que son « ailleurs » était le paradis. Elle espérait seulement que le train serait en retard.

J'ai cueilli une larme sur sa joue et j'ai tenté de contourner sa question. « Nous sommes tous en phase terminale », ai-je dit en lui souriant gentiment. « Aucun de nous ne part d'ici vivant.

— Non, réponds-moi franchement. Est-ce que je suis en phase terminale? Est-ce que c'est ce que les gens disent? »

Au centre commercial, m'a-t-elle raconté, elle avait croisé une ancienne camarade de classe qui avait entendu dire qu'elle avait un cancer. Gentille et soucieuse, et pas du tout dans l'intention de bouleverser Deborah, cette amie avait dit: « J'ai entendu dire que tu étais en phase terminale. »

Ne voulant pas paraître ébranlée, Deborah avait répondu: « Personne ne m'a dit ça. »

Et puis, faisant de gros efforts pour rester calme, elle s'était esquivée dans la dignité, ne s'effondrant qu'une fois en sécurité dans sa voiture. Elle avait pleuré à chaudes larmes tout le long du trajet la ramenant à la maison, m'a-t-elle dit. C'est la dernière fois qu'elle a quitté la maison seule.

En avril, les chirurgiens de Deborah l'ont de nouveau
opérée au foie et nous ont prévenus que son corps ne tolérerait
pas une autre intervention aussi invasive avant neuf mois ou
même un an. Le dimanche suivant, elle a insisté pour se rendre
à l'église, où nous avons retrouvé Denver. Mais durant la prière
précédant l'office, elle s'est sentie mal et m'a demandé de la
conduire chez nos amis Scott et Janina Walker. Janina venait
elle aussi d'être opérée; peut-être pourraient-elles s'aider
mutuellement.

En sortant de l'église, Denver s'est arrêté chez les Walker.
Il est resté à dîner et puis s'est excusé : «Il faut que je fasse une
visite à Mr Ballantine», a-t-il dit. Curieux, Scott lui a demandé
s'il pouvait l'accompagner.

J'avais fait la connaissance de Mr Ballantine lorsqu'il
habitait à la mission. Quelque temps avant que Deborah et moi
commencions à y faire du bénévolat, nous a dit Denver, il avait
vu une voiture s'arrêter dans un crissement de pneus sur East
Lancaster. Le conducteur avait extirpé un vieil homme du côté
passager, lancé une valise Tourister déglinguée derrière lui, et
était reparti dans un rugissement de moteur.

Abandonné sur le trottoir, le vieil homme titubait comme
un marin ivre descendu à terre et avait lancé une salve de jurons
obscènes. Mais Denver avait également trouvé qu'il avait l'air…
terrifié. À cette époque, Denver vivait encore dans sa bulle,
grand solitaire au visage de marbre, qui ne se mêlait pas des
affaires des autres. Mais quelque chose – il pense maintenant
que c'est l'impression d'impuissance que dégageait le vieillard
– a fait vibrer chez lui une corde sensible.

Denver s'est dirigé vers l'homme et lui a offert de l'aider à
entrer dans la mission. Mais l'homme l'a injurié et l'a traité de
nègre.

Denver l'a quand même aidé, apprenant en cours de route
qu'il s'appelait Ballantine, qu'il était un misérable vieil ivrogne

que sa famille méprisait, et qu'il détestait les Noirs. Il détestait encore plus les chrétiens, les considérant comme une bande d'hypocrites pleurnichards et insipides. C'est pourquoi, repas gratuit ou non, il préférait mourir de faim plutôt que d'endurer un sermon à la chapelle.

D'autres l'auraient peut-être laissé faire à sa tête. Mais Denver, pendant environ deux ans, avait demandé deux assiettées au réfectoire et en apportait une à Mr Ballantine à l'étage. Toujours d'une humeur massacrante, hargneux et parfaitement désagréable, Mr Ballantine a continué de traiter son bienfaiteur de « nègre ».

L'année suivante, un truand a agressé Mr Ballantine à l'extérieur de la mission et a exigé son chèque d'aide sociale. Il a refusé et a reçu une brutale raclée qui l'a laissé invalide. Non équipé pour prendre soin d'un infirme, Don Shisler n'a pas eu d'autre choix que de trouver une place à Mr Ballantine dans un centre d'hébergement subventionné par l'État.

Là-bas, des aides-infirmiers payés au salaire minimum offraient les soins de base, mais la vérité c'est que Mr Ballantine, âgé de 85 ans, se sentait prisonnier, sans défense et complètement seul. Mais il y avait Denver. Après le déménagement du vieil homme, Denver parcourait régulièrement trois kilomètres à pied à travers le ghetto pour apporter à Mr Ballantine un peu de nourriture faite maison ou quelques cigarettes.

Un jour, Denver m'a demandé de le conduire là-bas. D'une certaine manière, j'aurais préféré qu'il ne le fasse pas, car ce petit voyage a quelque peu décapé mon vernis de bonne âme, pour révéler un homme impressionnable dont la charité, à l'époque, avait des limites bien précises.

Lorsque nous sommes entrés dans la chambre de Mr Ballantine au centre d'hébergement, c'est d'abord l'odeur qui m'a frappé – la puanteur de la vieillesse, de la peau morte et des fluides corporels. Le vieillard était étendu sur son lit dans une flaque d'urine, nu si l'on faisait exception d'une veste de ski orange fluo. Ses jambes squelettiques s'étalaient sur un drap qui avait déjà été blanc, mais qui était maintenant d'un gris douteux taché de brun.

Autour de lui étaient éparpillés des ordures et des plateaux de nourriture à moitié pleins... des œufs brouillés séchés... de la viande racornie... des sandwichs rassis. Sur quelques-uns des plateaux, il y avait de petits berlingots de lait renversés, leur contenu caillé dégageant une odeur écœurante.

Denver a balayé la pièce du regard, et puis l'a posé sur moi. J'étais ébranlé et sur le point de vomir. « Mr Ron est juste venu te dire bonjour », a-t-il dit à Mr Ballantine. « Maintenant il faut qu'il parte. »

J'ai filé, laissant Denver seul pour laver Mr Ballantine et nettoyer son ignoble chambre. Je ne lui pas offert de l'aider, ni même de rester et de prier. Me sentant coupable, mais pas assez pour changer, j'ai sauté dans ma voiture et je me suis éloigné en pleurant. J'ai pleuré à cause de Mr Ballantine, parce que, abandonné et décrépit, il baignerait dans ses excréments si ce n'était de Denver ; et j'ai pleuré à cause de moi, parce que je n'avais pas eu le courage de rester.

Il était facile pour quelqu'un comme moi de servir quelques repas, de signer quelques chèques, et d'avoir mon nom et ma photo dans le journal uniquement pour avoir fait acte de présence à une soirée-bénéfice fastueuse. Mais Denver aidait son prochain dans l'anonymat, il aimait sans fanfare. Les rôles étaient inversés, et je craignais maintenant que ce soit lui qui me remette à l'eau, parce que je n'étais pas habité d'une réelle compassion et que, peut-être, je n'étais pas une prise qu'il valait la peine de conserver.

Ce jour-là, j'ai éprouvé un respect nouveau et plus profond pour Denver, la perception que j'avais de lui changeant comme les pièces d'un puzzle s'emboîtant lentement les unes dans les autres. Il ne posait pas pour la galerie. Il n'avait fait que partager avec moi un volet secret de sa vie.

Si jouer aux dés dans une allée avec une bande d'itinérants ivres avait fait partie de ses secrets, je n'aurais pas été dégoûté. Mais j'ai été ébranlé par le fait que non seulement il priait pour ma femme la nuit, mais qu'il prenait également soin de cet homme qui ne le remerciait jamais et qui continuait à le traiter de «nègre».

Et pour la première fois, j'ai vraiment réalisé que lorsque Denver m'avait dit qu'il serait mon ami pour la vie, il était sérieux – pour le meilleur et pour le pire. Ironiquement, Mr Ballantine n'avait jamais voulu d'un ami, et surtout pas d'un ami noir. Mais lorsque Denver s'engage, il n'en démord plus. Cela m'a fait penser à ce que Jésus a dit à Ses disciples : «Nul n'a plus grand amour que celui-ci : donner sa vie pour ses amis.»

41

Quand Mr Scott m'a demandé s'il pouvait venir avec moi voir Mr Ballantine après le dîner ce jour-là, j'ai dit oui. Mais je me demandais s'il allait faire comme Mr Ron la première fois qu'il avait vu l'homme. J'ai pensé probablement pas, parce que j'allais souvent dans son centre pour aider Mr Ballantine à garder sa chambre propre.

Lorsque moi et Mr Scott on est arrivés ce jour-là, il a été très gentil avec Mr Ballantine. Il a dit son nom à l'homme et il a parlé de ci et de ça, du temps et de sa santé. Et puis il a dit : « Mr Ballantine, j'aimerais vous offrir quelques petites choses essentielles. Y a-t-il quelque chose que je pourrais vous apporter… quelque chose dont vous auriez besoin ? »

Mr Ballantine a dit ce qu'il dit toujours : « Ouais. J'aimerais des cigarettes et du Ensure. »

Donc moi et Mr Scott on est allés à la pharmacie. Mais quand le temps est venu d'acheter les choses pour Mr Ballantine, Mr Scott a voulu prendre le Ensure, mais pas les cigarettes.

« Ça me met mal à l'aise, Denver, il a dit. C'est comme si je l'aidais à se tuer. »

Eh ben, je lui ai fait de gros yeux. « Vous avez *demandé* à l'homme comment lui faire plaisir et il a dit qu'il voulait deux choses – des cigarettes et du Ensure. Maintenant, vous le jugez

au lieu de lui faire plaisir, et vous voulez lui donner seulement
la moitié des choses qu'il a demandées. Vous avez vu l'homme.
Maintenant, vous me dites la vérité : qu'est-ce qui pourrait lui
arriver de pire ? Fumer, c'est le seul plaisir qu'il a encore. »

Mr Scott a dit que j'avais marqué un point. Il a acheté le
Ensure et une cartouche des cigarettes préférées de Mr Ballantine
et puis il est reparti chez lui pendant que je livrais ses cadeaux.
Vous croirez pas ce qui est arrivé après.

———

Quand je suis retourné à la chambre de Mr Ballantine, il
m'a demandé qui avait payé les cigarettes et j'ai dit que c'était
Mr Scott.

« Comment je vais faire pour rembourser ? », il a demandé.

J'ai dit : « Pas besoin.

– Pourquoi cet homme m'achète des cigarettes quand il
me connaît même pas ?

– Parce que c'est un chrétien.

– Eh ben, je comprends toujours pas. Et puis tu sais que
je déteste les chrétiens. »

J'ai rien dit pendant une minute. Je suis resté assis là sur
une vieille chaise de plastique orange en regardant Mr Ballantine
couché sur son lit. Et puis j'ai dit : « Je suis un chrétien. »

J'aurais aimé que vous voyiez son air. Ça lui a pas pris une
minute pour commencer à s'excuser de maudire les chrétiens
depuis que je le connaissais. Et puis je pense qu'il s'est aperçu
que depuis que je m'occupais de lui – ça faisait à peu près trois
ans – il me disait encore des gros mots.

« Denver, mes excuses pour toutes les fois que je t'ai traité
de nègre, il a dit.

– Pas de problème. »

Et puis j'ai pris un risque et j'ai dit à Mr Ballantine que j'avais pris soin de lui pendant tout ce temps parce que je savais que Dieu l'aimait. « Dieu a une place spéciale préparée pour toi si tu confesses tes péchés et si tu acceptes l'amour de Jésus. »

Je vous raconterai pas des blagues, il était sceptique. Mais en même temps, il a dit qu'il pensait pas que je lui mentirais. « Mais même si tu mens pas, il a dit, j'ai vécu trop longtemps et commis trop de péchés pour que Dieu me pardonne. »

Il était étendu là sur ce lit et il a allumé une des cigarettes de Mr Scott, les yeux au plafond en fumant et en pensant. J'ai pas dit un mot. Et puis tout d'un coup il a parlé. « D'un autre côté, je suis pas mal trop vieux pour commettre d'autres péchés. Peut-être que ça compterait ! »

Eh ben, Mr Ballantine a arrêté de me traiter de « nègre » à partir de ce jour-là. Et pas longtemps après j'ai poussé son fauteuil roulant dans la McKinney Bible Church – l'église où Mr Ron et Miss Debbie ont l'habitude d'aller. On s'est assis ensemble sur le banc du fond, et c'était la première fois que Mr Ballantine mettait les pieds dans une église. Il avait 85 ans.

Après l'office, il m'a regardé avec un sourire.

« Très beau », il a dit.

42

Un peu plus d'un an avait passé depuis que l'appel téléphonique anxieux de Deborah au restaurant de sushis avait fait
dévier la trajectoire de notre vie. Pendant les pires moments,
les médecins n'affichaient aucun espoir, et elle demeurait au
lit, recroquevillée dans la position du fœtus, nauséeuse, luttant
contre une douleur fulgurante. Mais plus la maladie progressait,
plus Deborah devenait belle à mes yeux.

Elle tentait toujours de ne pas trop penser à son état, et
lorsqu'elle pouvait marcher, elle trouvait la force de rendre
visite à des amis malades et de prier avec eux, et plus particulièrement avec ceux qu'elle avait rencontrés au labo de chimio
cryptique.

Si elle croyait être en train de mourir, elle ne m'en parlait
pas. Au lieu de quoi, nous parlions de la vie. Nous parlions des
rêves que nous caressions pour nos enfants, de notre mariage,
de notre ville. Elle feuilletait les magazines de Martha Stewart,
découpant des images de gâteaux et d'arrangements floraux en
prévision des mariages de Regan et de Carson.

Ni l'un ni l'autre n'était fiancé, mais nous y rêvions quand
même, devant un café, ou au lit dans l'obscurité. Nous parlions
de la personne qu'ils devraient épouser, des petits-enfants que
nous aurions, du trottinement enjoué de petits pieds à Rocky
Top pendant les vacances de Noël. Nous parlions de tout ce

qui est important lorsqu'on vit sa vie, mais nous ne parlions jamais de la mort, car nous pensions que nous laisserions ainsi le champ libre à l'ennemie.

Avec la deuxième intervention chirurgicale était venue une nouvelle vague d'espoir. Pour la seconde fois en quatre mois, les médecins ont déclaré Deborah «débarrassée de tout cancer». Un mois plus tard, nous avons pris l'avion à destination de New York pour tenir une promesse qu'elle avait faite: être auprès de Carson le jour de la fête des Mères.

Deborah souffrait encore des suites de sa dernière opération, mais nous avons décidé de faire tout ce que nous aurions fait si la douleur n'avait pas été là. Le vendredi, nous sommes allés dîner avec Carson et mon associé, Michael Altman, au Bella Blue, un restaurant italien. Nous avons commandé la spécialité de la maison, le *homard fra diavolo*, et nous avons bavardé tout en prenant un verre. Mais dès que la nourriture nous a été servie, Deborah a grimacé de douleur et m'a lancé un regard désespéré qui voulait dire: «Sors-moi d'ici!»

L'appartement de Daphene ne se trouvait qu'à quelques pâtés de maisons de là. J'ai fait sortir Deborah du restaurant, et nous n'avions parcouru qu'environ un demi-bloc lorsqu'elle s'est pratiquement effondrée. Les mains pressées sur son ventre, elle ne pouvait plus avancer. Pendant que je tentais d'arrêter un taxi, la terreur a envahi son visage tel un nuage masquant le soleil: «Appelle le médecin!», a-t-elle murmuré d'un ton ferme. «Ça ne va pas du tout.»

J'ai empoigné maladroitement mon portable et j'ai composé plusieurs faux numéros dans ma panique. Finalement, j'ai réussi à joindre l'oncologue de Deborah. «Ne vous inquiétez pas», a-t-il dit doucement après que je lui ai raconté que ma femme semblait être à l'article de la mort sur un trottoir de New York. «Je vous verrai à votre retour lundi.»

Ne pas nous inquiéter? J'ai appelé un ami, un chirurgien du Texas, qui a supposé que cette douleur était probablement causée par une hernie qui s'était formée après la dernière ablation. « Essayez de survivre jusqu'à lundi », a-t-il dit.

———

De retour au Texas, des tomodensitogrammes et d'autres tests ont révélé la présence de nouvelles tumeurs cancéreuses. À davantage d'endroits. C'est comme si nous avions reçu une décharge de mitraillette.

La foi, dit l'apôtre Paul, est la garantie des biens que l'on espère, la preuve des réalités qu'on ne voit pas. Je me suis accroché à la foi comme un alpiniste sans corde s'agrippe au flanc d'une falaise – à la foi voulant que Dieu qui disait m'aimer ne me déchirerait pas le cœur, ne volerait pas ma femme, la mère de mes enfants.

Peut-être que cela paraît stupide, arrogant même, mais avec toute la mauvaise presse qu'Il avait eue, j'estimais que le moment était sans doute bien choisi pour Dieu de redorer son image en faisant un miracle – et il n'y a pas de meilleur miracle qu'une bonne guérison. Nous irions à l'émission d'Oprah et nous ferions circuler la nouvelle. C'est ce que je Lui ai dit.

Deborah et moi aurions adoré ne rien faire à ce stade – pas de chimio, pas de chirurgie, pas de médicaments expérimentaux. Nous connaissions les Écritures et nous y croyions :

« Avec ceux qui L'aiment, Dieu collabore en tout pour leur bien… »

« Espérez en Yahvé… »

« Arrêtez et sachez qu'Il est Dieu… »

Mais je ne voulais pas m'arrêter et attendre, et je ne crois pas que Deborah le voulait non plus.

43

Des dizaines d'amis, dont de nombreux médecins, ont fureté sur le Web et consulté la documentation médicale, espérant trouver un remède. Nous avons appris qu'il existait un tout nouveau produit chimiothérapeutique appelé CPT-11. La FDA s'était hâtée de l'approuver après que des essais cliniques aient démontré son efficacité dans le traitement du cancer colorectal métastatique. Pour en faire l'essai, nous avons parcouru les 400 kilomètres nous séparant du Cancer Therapy and Research Center, situé à San Antonio.

J'ai modifié ma Suburban de manière à ce que Deborah puisse s'étendre sur un matelas pendant les 800 kilomètres de l'aller-retour, ses pieds faisant face au hayon arrière, sa tête sur un oreiller posé contre le tableau de bord, de manière à ce que je puisse lui caresser les cheveux tout en conduisant.

J'avais réservé une suite somptueuse au luxueux Hyatt Hill Country Resort, espérant que la vue sur les collines verdoyantes qui entourent San Antonio pourrait nous distraire. Ça n'a pas fonctionné. De plus, les joyeux mariachis qui s'époumonaient dans la cour de l'hôtel ne créaient pas la trame sonore idéale pour faire reculer la mort.

Mais Deborah était née à San Antonio et, le lendemain de notre arrivée, avant son premier traitement, elle a commencé à évoquer ses souvenirs pendant que je m'engageais sur le terrain de stationnement de l'hôpital, sa tête appuyée sur le tableau de bord à côté de moi. « Daphene et moi avons été les premières jumelles Rh-positif nées d'une mère Rh-négatif, ici à l'hôpital Nix. Nous avons toutes les deux dû avoir une transfusion sanguine », a-t-elle dit en regardant le plafond. « C'était risqué à cette époque. Et voilà maintenant que j'y reviens pour un autre traitement risqué. »

Les larmes lui sont alors montées aux yeux. « Je ne veux pas mourir ici.

– Tu ne vas pas mourir ici », ai-je dit en lissant ses cheveux. Mais en réalité, le spectre de la mort avait commencé à effriter mes espérances.

Le lendemain, nous sommes passés devant l'appartement infesté de rats que nous avions partagé sur Fabulous Drive pendant trois semaines en 1970. Nous y avions emménagé après que j'eusse accepté un emploi qui consistait à vendre des actions par sollicitation à froid contre un salaire à la commission. D'abord attiré par la possibilité de toucher un salaire annuel de 100 000 $, je n'avais reçu qu'un seul chèque de paie avant que la compagnie ne se retrouve fauchée, un chèque de 13 dollars et 87 cents.

Deborah et moi nous sommes nourris de tortillas aux haricots pendant trois semaines, jusqu'à ce que nous n'ayons plus un sou et que nous reprenions le chemin de Fort Worth. Aujourd'hui, 30 ans plus tard, nous étions de retour, espérant que cette seconde entreprise risquée à San Antonio serait plus rentable que la première.

Cela n'a pas été le cas. Pour Deborah, le CPT-11 a été un désastre. Forte de l'expérience de toute une suite ininterrompue de traitements de chimiothérapie, Deborah a rivé son regard sur le mien dès que la substance a commencé à s'infiltrer dans ses veines : « Je t'en prie, dis-leur d'arrêter ! », a-t-elle crié. Les infirmières ont rapidement diminué le débit, mais des crampes lancinantes ont continué à lui nouer les entrailles.

Elle a néanmoins poursuivi le traitement pendant plusieurs semaines. Le CPT-11 a fait des ravages, réduisant Deborah à l'état de squelette au regard creux. J'ai souvent vu Denver pendant cette période assis à l'extérieur en train de prier.

Le 14 juillet 2000, nous avons fêté son 55e anniversaire. À la fin du mois, Carson est venu de New York en avion et nous a accompagnés en voiture jusqu'au Colorado où nous avons rendu visite à Regan au Crooked Creek Ranch, Deborah allongée sur la banquette arrière que nous avions convertie en lit.

Mais le voyage a tourné court lorsque l'altitude a commencé, littéralement, à faire suffoquer Deborah. La chimiothérapie avait à ce point réduit le nombre de ses globules rouges que son cœur devait battre à toute vitesse pour pomper suffisamment de sang oxygéné. Nous l'avons ramenée en bas à une vitesse folle, esquivant cerfs et lièvres en fonçant vers l'hôpital. Nous avons pu retourner à Crooked Creek, mais Deborah a tout le temps dû dépendre d'une bouteille d'oxygène pour respirer.

Après notre retour au Texas, elle m'a un jour pris au dépourvu. «J'ai appelé le pasteur Ken, a-t-elle dit, et je lui ai demandé de passer afin que nous puissions discuter de mon service funèbre.»

Le samedi précédant la fête du Travail, Regan a réalisé qu'il était temps pour elle de rentrer à la maison. Elle a appelé Carson, qui a pris le premier avion quittant New York à destination du Colorado. Il l'a aidée à faire ses bagages et l'a ramenée à Fort Worth.

Moi aussi, je commençais à sentir que nous avions de moins en moins de temps, qu'il baissait comme les ombres à l'approche de midi. Le Dr Senter, le premier chirurgien de Deborah, a confirmé mes soupçons le 8 octobre. L'état de

Deborah s'était détérioré et était maintenant critique, et on a dû l'hospitaliser d'urgence. Elle m'avait supplié de ne pas l'amener à l'hôpital, craignant de ne plus jamais en sortir.

« Je ne veux pas mourir là-bas », avait-elle dit, les larmes aux yeux. Et puis, éclatant en sanglots, elle avait crié : « Je ne veux pas mourir tout court. »

Après l'avoir gardée un certain temps dans la salle des urgences, l'hôpital lui a octroyé une chambre privée. Tentant de rassembler mes esprits, j'ai arpenté le hall jusqu'à ce que j'aperçoive le Dr Senter, qui m'a demandé de le suivre dans son bureau, car il souhaitait me parler, non pas comme un médecin, mais comme un ami.

« Deborah est très malade, a-t-il commencé. Le dernier patient que j'ai vu dans cet état n'a vécu que trois ou quatre jours. »

Cela ne m'a pas étonné. Les heures pendant lesquelles Deborah était éveillée s'étaient transformées en une torpeur de douloureuse agonie. Mais je ne voulais pas le croire. Que la mort soit si proche ne cadrait pas avec nos prières, notre foi.

« Vous devriez commencer à appeler les membres de la famille et les amis qu'elle souhaiterait voir avant... » Il a fait une pause et, choisissant bien ses mots, il a ajouté : « Ron, on ne peut pas revenir en arrière. Je suis désolé. »

Il m'a raccompagné à la porte et m'a serré dans ses bras, une chose que les médecins ne font pas assez souvent. Et puis, je suis sorti de son bureau, m'engageant dans le couloir aseptisé tout en tripotant gauchement mon portable. Qui appeler ?... Carson, oui, bien sûr... et Regan... et Daphene. J'ai traversé la rue en direction du terrain de stationnement sans rien voir. Je ne me rappelle même pas s'il y avait de la circulation. Je suis monté dans ma voiture. J'ai fermé la portière, j'ai posé la tête sur le volant, et j'ai pleuré. Et puis, je me suis rendu compte que je hurlais.

44

Carson m'a téléphoné et m'a dit ce que les docteurs avaient dit à Mr Ron et je suis allé à l'hôpital, et je suis resté devant la porte de Miss Debbie et j'ai prié. De temps en temps, je regardais par la fenêtre de la porte et je pouvais voir les gens qui étaient là... Carson, Regan, Miss Mary Ellen, des infirmières.

Je pouvais aussi voir Mr Ron, des fois assis à côté du lit de Miss Debbie, souvent avec la tête dans ses mains. Je savais qu'il avait très mal, mais il y avait autre chose sur son visage qui me dérangeait un peu : il était en colère. Et je savais contre Qui il était en colère.

De temps en temps, des gens sortaient de la chambre. Je les serrais dans mes bras et ils s'en allaient chez eux. À minuit tout le monde était parti. Un soir, Mr Ron est sorti dans le corridor et je lui ai demandé si je pouvais lui parler.

Je savais ce qu'il traversait. Il se sentait pareil à moi quand j'ai vu la maison de ma grand-mère brûler avec elle dedans. Je savais aussi que si Miss Debbie mourait, il faudrait qu'il passe à travers, comme j'avais fait avec Big Mama, BB et Uncle James.

J'avais appris quelque chose quand je vivais dans la rue : nos limites sont des occasions pour Dieu. Quand on va jusqu'au bout du rouleau et qu'on peut plus rien faire, c'est là que Dieu prend la relève. Je me rappelle la fois que j'étais assis avec d'autres gars dans la jungle du ghetto et qu'on parlait de la vie.

Un gars avait dit : « Les gens pensent qu'ils contrôlent tout, mais c'est pas vrai. La vérité c'est que le malheur qui fond sur toi doit fondre sur toi et que le malheur qui doit t'éviter doit t'éviter. »

Vous seriez surpris de tout ce qu'on peut apprendre en parlant à des sans-abri. J'ai appris à accepter la vie pour ce qu'elle est. Avec Miss Debbie on était rendus au point où il fallait tout laisser dans les mains de Dieu. Parfois, pour nous toucher, Dieu touche quelqu'un d'autre près de nous. C'est ça qui ouvre nos yeux et qui nous fait comprendre qu'il y a un pouvoir plus grand que nous, qu'on l'appelle Dieu ou non.

Vous savez déjà que Mr Ron est bavard, mais il m'a pas dit un mot dans le corridor... Il est juste allé se planter dans un coin et il est resté là à regarder le plancher. J'ai été ferme avec lui. « Mr Ron, levez la tête et regardez-moi ! »

Il s'est vite redressé comme si quelqu'un l'avait secoué et j'ai pu voir dans ses yeux des petits morceaux de cœur brisé pendant qu'il restait là debout.

« Je sais que vous avez de la peine et que vous doutez de Dieu, je lui ai dit. Moi aussi j'ai de la peine. Et vous vous demandez peut-être pourquoi une sainte comme Miss Debbie est dans cette chambre en train de souffrir quand tous les clodos qu'elle a aidés sont en pleine forme. Eh ben, je vais vous dire une chose : Dieu rappelle chez Lui de bonnes personnes comme Miss Debbie pour pouvoir accomplir Son œuvre sur la terre. »

Mr Ron m'a seulement dévisagé. C'est là que j'ai remarqué que ses yeux étaient rouges et enflés. Sa gorge bougeait comme s'il allait commencer à pleurer, mais j'ai quand même continué parce que j'ai pensé que si je parlais pas, il allait tourner le dos à Dieu.

« Je dis pas que Dieu peut pas se servir des bons à rien et des drogués pour faire Sa volonté ici – Il est Dieu et c'est sûr qu'Il peut faire ce qu'Il veut. Je vous dis seulement que des fois Il a besoin d'appeler les bonnes personnes pour qu'elles rendent gloire à Son nom. Et je peux vous dire une autre chose – les docteurs diront ce qu'ils voudront, mais Miss Debbie va aller nulle part avant d'avoir terminé le travail que Dieu lui a demandé de faire ici sur la terre. Vous pouvez mettre *ça* à la banque. »

45

Lorsque j'ai trouvé Denver dans le couloir, j'étais dans un tel état de stupeur que je ne me rappelle pas tout ce qu'il m'a dit. Mais j'ai encore présentes à la mémoire ses paroles à propos du fait que Deborah n'allait pas mourir, que je pouvais mettre ça à la banque. Je me rappelle avoir été vaguement réconforté à l'idée qu'il existait encore quelque part une banque qui accepterait le dépôt pitoyable du peu de foi qu'il me restait.

Je suis retourné dans la chambre où Carson et Regan dormaient de façon intermittente dans des fauteuils inclinables Naugahyde. Je me suis prudemment frayé un chemin dans un enchevêtrement de tubulures à perfusion et j'ai pris Deborah dans mes bras. J'ai bientôt senti la chaleur de ses larmes qui glissaient dans l'étroite vallée entre nos visages. « Ronnie, je ne veux pas mourir », a-t-elle dit dans un murmure afin que les enfants ne l'entendent pas.

Le chagrin me paralysait les cordes vocales et, pendant une longue minute, j'ai été incapable de parler. Lorsque je l'ai fait, tout ce que j'ai pu dire, c'est : « Moi non plus, je ne veux pas que tu meures. »

Le lendemain matin, les médecins ont proposé de procéder à une ultime coloscopie. Dans l'état d'extrême faiblesse où se trouvait Deborah, les risques de l'intervention incluaient la mort. Mais nous avons convenu de continuer à franchir toutes les portes encore ouvertes, de continuer jusqu'à ce qu'elles soient toutes verrouillées et infranchissables.

Mary Ellen était là. Le personnel médical a préparé Deborah et l'a emmenée. Des heures plus tard, nous avons vu des préposés pousser sa civière dans la salle de réveil et nous sommes vite allés la rejoindre. Les chirurgiens sont entrés, l'air sombre, et je me suis bizarrement demandé si on leur enseignait adéquatement à se composer un visage à l'école de médecine. Lorsque Deborah a été de retour dans sa chambre deux heures plus tard, un médecin appelé Redrow est entré afin de nous faire un compte rendu plus approfondi.

Avant qu'il n'ouvre la bouche, Deborah a souri faiblement et l'a salué. « J'ai tel-le-ment faim. Quand est-ce que je pourrai manger quelque chose ? »

Le Dr Redrow l'a regardé tristement. « Vous ne pouvez pas manger. »

Deborah a de nouveau souri, habituée aux protocoles postchirurgicaux. « C'est vrai, mais quand est-ce que je vais *pouvoir* manger ? »

Il l'a fixée avec insistance. « Vous ne pourrez pas. »

Elle l'a regardé, assimilant des mots qui refusaient de l'être. « Vous voulez dire que je ne mangerai plus jamais ? » Incrédule, elle m'a lancé un regard qui me suppliait de poser la question autrement de manière à ce que la réponse soit différente. Je savais que ce ne serait pas le cas. Je ne le lui avais pas encore dit, mais je savais que les tumeurs, énormes et inopérables, avaient envahi ce qu'il lui restait de côlon, le scellant telle une chambre forte. La digestion de tout solide était biologiquement impossible. Des fragments de glace et de petites gorgées d'eau étaient tout ce qu'elle pourrait dorénavant absorber.

D'un ton doux et posé, le Dr Redrow le lui a expliqué. Lorsqu'il s'est tu, elle lui a demandé : « Combien de temps vais-je pouvoir vivre avec de la glace et de l'eau ?

– Quelques jours… peut-être deux semaines.»

Il lui a dit qu'il était désolé avec une froideur toute profes-
sionnelle, et il est sorti au moment où Alan arrivait. Le silence
régnait dans la pièce. Et puis, Deborah l'a brisé en posant une
question : « Comment fait-on pour vivre le reste de sa vie en
seulement quelques jours ? »

46

Le 14 octobre, 11 jours avant notre 31ᵉ anniversaire de mariage, j'ai ramené Deborah à la maison. Alors que je roulais par cette chaude journée automnale, il semblait qu'elle remarquait chaque détail : l'éclat du soleil, la brise fraîche sur son visage, les couleurs rougeoyantes de l'automne qui commençait à s'installer.

Plus tard ce jour-là, nous nous sommes assis dans notre chambre à coucher en compagnie de Regan et de Carson, et nous avons feuilleté les albums-souvenirs qui racontaient les 31 années de l'histoire de notre famille. Au fil des ans, les enfants et moi nous étions souvent moqués de Deborah qui passaient des heures à remplir ces albums, des piles et des piles d'albums, y collant méticuleusement toutes les photos qu'elle chérissait. Mais elle ne les avait pas créés pour l'avenir, mais pour un moment comme ce jour-là. Et en tournant les pages plastifiées, nous avons pu faire un voyage dans le temps.

Nous avons ri en redécouvrant nos photos de mariage. Ici, un cliché de sa grand-mère assise avec les jambes un peu trop écartées, laissant voir sa gaine. Là, un cliché montrant des amis sablant le champagne. (Deux semaines après notre mariage, le père de Deborah nous avait envoyé une facture accompagnée d'une note où il expliquait qu'il n'avait jamais eu l'intention de payer pour que nos amis s'enivrent.)

Nous avons tourné les pages et admiré des centaines de photographies des enfants : la première fois où nous avons tenu Regan dans nos bras, et nous avons raconté pour la millième fois comment nous avions klaxonné dans notre Chevy 1970 tout au long du trajet entre l'hôpital Harris et la maison. Et des clichés de Carson tout petit bébé qui ont cette fois poussé Regan à insister de nouveau sur le fait qu'elle avait dû le choisir parmi plusieurs autres au centre d'adoption Gladney. Nous trouvions alors qu'il ressemblait un peu à une tortue et nous n'avions pas changé d'avis par la suite.

En l'espace de quelques heures, nous avons revu nos enfants grandir et nos cheveux grisonner tout au long de 30 albums de photos. Nous avons ravivé de vieux souvenirs, nous avons ri et pleuré, juste nous quatre sur le grand lit à colonnes.

Deux jours plus tard, Deborah a semblé canaliser toute son attention sur des questions d'ordre domestique, les ultimes détails. Non pas avec tristesse, mais avec la joie d'un voyageur qui allège ses bagages avant d'entreprendre un périple vers un lieu où il a toujours rêvé d'aller, Deborah a commencé à donner presque tout ce qu'elle possédait. Sur le même grand lit, nous sommes restés assis avec Regan et Carson, et Deborah a parlé pendant des heures de ce qu'elle voulait leur laisser à chacun. Je lui ai apporté son coffret à bijoux et elle en a sorti ses colliers, ses bagues et ses broches, nous racontant l'histoire de chaque bijou, et puis elle a tout donné à Regan, à l'exception d'un collier de perles qu'elle a tendu à Carson en lui disant que c'était un cadeau pour sa future femme.

À part tous les articles de cow-boy que nous avions achetés chez des brocanteurs afin de décorer le ranch, Deborah n'avait jamais été une grande collectionneuse. Mais elle avait tout de même une petite collection de bouteilles de parfum anciennes. Elle en adorait les couleurs et les formes, et aussi le fait qu'elles avaient déjà toutes contenu une fragrance dont on pouvait encore saisir les effluves si on soulevait le bouchon.

Une par une, pendant deux jours, Deborah a convoqué ses meilleures amies, leur a dit ce qu'elles signifiaient pour elle, et leur a donné l'une de ses précieuses bouteilles. La première est allée à Mary Ellen, qui était restée aux côtés de Deborah chaque jour depuis le début de sa maladie.

Tard dans l'après-midi, le jour où elle a terminé la distribution des bouteilles, je suis entré dans la chambre où j'ai trouvé Deborah le dos calé contre plusieurs oreillers, souriant gaiement et, d'une certaine manière, ayant l'air d'attendre quelque chose. Je me suis assis à côté d'elle.

Elle portait une veste de pyjama vert pâle, et le haut du drap était plié à la hauteur de sa taille. Je me suis émerveillé ; même en train de mourir, elle était impeccable. Je me suis glissé sous le drap et je me suis blotti contre elle, veillant à passer les bras par-dessus le rebord afin de ne pas faire de plis.

« J'aimerais vous parler, à toi, Carson et Regan, a-t-elle dit.

– À propos de quoi ?

– Tu verras. Demande-leur de venir. »

Je suis donc ressorti du lit où je venais tout juste d'entrer et j'ai appelé les enfants. Quelques minutes plus tard, alors que nous étions tous assis sur le grand lit, Deborah s'est adressé à Carson et à Regan avec le ton d'un chef d'entreprise affable, mais très occupé qui s'occuperait d'une affaire urgente qui ne peut attendre. « Votre père a été un mari et un père merveilleux, et je veux vous dire que je le libère afin qu'il rencontre une autre femme, qu'il sorte avec elle et même qu'il l'épouse. »

Ses mots ont déclenché une réelle douleur dans mon corps, comme si mon sang était soudain entré en ébullition.

« Non… je t'en prie », l'ai-je interrompu.

Elle a continué à parler aux enfants comme si je n'avais rien dit. « Je sais que ce sera dur pour vous, mais je vous demande de respecter ses décisions et de le laisser être heureux à nouveau. »

Carson et Regan la fixaient, bouche bée et silencieux. Tout à coup, tentant de dissiper la tristesse qui alourdissait l'atmosphère de la pièce, Deborah a fait un grand sourire : « Oh, bien sûr, vous êtes tous les deux également libres d'épouser qui vous voulez. »

Regan a souri et a dit d'un ton railleur : « *Merci*, maman. »

Cette petite réunion a duré moins de cinq minutes, mais elle avait plus ressemblé au règlement d'un « ultime détail » que toutes les autres discussions que nous avions eues jusque-là. C'était le constat irréfutable que bien que nous ayons cheminé ensemble pendant plus de 30 ans, l'un de nous deux se préparait à quitter le bateau.

Carson, et puis Regan, ont rampé vers la tête du lit et ont embrassé Deborah sur la joue. Et puis, ils ont discrètement quitté la pièce, comme s'ils sentaient que leur mère avait encore quelque chose à me dire. Ils avaient raison. Elle m'a demandé de l'aider à s'asseoir dans le fauteuil roulant que le personnel de l'établissement de soins palliatifs lui avait prêté. Elle voulait aller dans le jardin près de la cascade que les architectes avaient aménagée derrière la maison. Elle avait rarement eu le temps d'en profiter depuis que nous y habitions.

J'ai poussé son fauteuil près de l'étang miroitant et peu profond, et j'ai placé une chaise de jardin à côté d'elle. Bien qu'elle ait semblé entièrement maîtresse d'elle-même dans la chambre à coucher, elle paraissait soudain moins sûre d'elle. Elle a parlé, mais même le discret bruissement de l'eau ruisselant dans le bassin a été suffisant pour couvrir sa voix.

Je lui ai demandé de répéter et je me suis penché si près d'elle que ses lèvres ont effleuré mon oreille. « Même elle », a-t-elle dit.

J'ai immédiatement compris de qui elle parlait. Fidèle à la promesse qu'elle m'avait faite, 11 ans auparavant, le jour où elle avait appris mon infidélité, elle n'avait plus jamais parlé de l'artiste peintre de Beverly Hills.

« Non, ai-je dit. Je ne veux pas aborder ce sujet.

– Oui, a-t-elle murmuré fermement. Cela a été une *bonne* chose, une chose qui s'est avérée bonne pour *nous*. Pense aux 11 dernières années… si elle ne s'était pas produite, notre vie commune n'aurait jamais été aussi merveilleuse. Et maintenant, je te donne la permission de retourner vers elle. »

Je lui ai dit que je ne voulais même pas y songer, que je priais toujours pour que Dieu la guérisse. Et j'ai ajouté : « J'espère encore que Dieu me prendra en premier. »

47

Le 25 octobre

Nous avions prié afin de pouvoir célébrer ensemble notre 31e anniversaire de mariage. La voyant maintenant s'accrocher désespérément à la vie, la respiration laborieuse et superficielle, je n'étais plus certain qu'elle vivrait assez longtemps. Mais elle l'a fait. Alors que la lumière du jour filtrait entre les pans du rideau de notre chambre à coucher, je lui ai murmuré à l'oreille : «Debbie, nous sommes vivants. »

Mais elle ne pouvait pas me répondre. Cinq jours plus tôt, elle était devenue muette.

Alors, j'ai parlé pour nous deux. Je lui ai lu un extrait du 31e proverbe qui traite de la «femme parfaite»... J'ai parlé de la première fois que je l'avais vue... J'ai évoqué les souvenirs de nos premières sorties à des matchs de football, alors que j'avais trop peur de l'embrasser et que je lui serinais plutôt la «Complainte de Mackie». Elle était étendue immobile sur le lit, soulevant à peine le drap avec ses 35 kilos. J'ai délicatement passé mon bras sous sa tête et j'ai touché son visage du bout des doigts.

«Cligne des yeux si tu peux m'entendre», ai-je murmuré. Elle l'a fait et de petits ruisseaux de larmes ont coulé de ses yeux.

Au cours de l'après-midi, le médecin du centre de soins palliatifs est venu et, après un bref examen, il m'a demandé de le suivre à l'extérieur de la chambre. Il m'a dit que Deborah ne passerait pas la journée. J'ai choisi de ne pas le croire. J'ai choisi de croire que Dieu ne serait pas assez cruel pour me l'enlever le jour de notre anniversaire.

Le lendemain aurait marqué la fin d'une semaine de silence complet, mais Deborah s'est mise à s'agiter et à gémir, et puis soudain elle a crié : « Ron ! Trouve-moi des ailes ! »

Ce n'était pas une requête, mais un ordre, et j'ai éclaté de rire. Incapable de bouger depuis près de deux semaines, elle levait maintenant les mains vers le plafond – droite, gauche, droite, gauche – comme si elle montait sur une échelle. Craignant qu'elle n'arrache son cathéter, nous nous sommes mis à quatre pour tenter de la maîtriser, mais elle se débattait vigoureusement, se démenant pour aller plus haut, toujours plus haut. Son corps était maintenant squelettique, mais elle offrait une résistance extraordinaire.

La journée a passé, et puis une longue nuit épuisante pendant laquelle nous l'avons tous veillée. « Jésus ! Jésus ! », a crié Deborah au moment où un premier rayon de soleil se faufilait dans la chambre. « Pouvez-vous les voir ? Ils volent !

– Qu'est-ce que tu vois ?

– Des anges ! Les voilà ! » Et elle a indiqué un endroit dans la chambre, et puis un autre. Nous avons suivi ses mouvements, espérant voir les anges nous aussi. Ses tentatives d'escalade et ses cris ont duré encore 23 heures. Et puis, aussi soudainement qu'elle avait rompu son silence, elle est redevenue muette. J'ai senti mon cœur se glacer, car j'ai pensé qu'elle était peut-être morte.

Mais deux minutes plus tard, elle a de nouveau parlé d'une voix forte et claire : « Jésus, comment vas-tu ? »

Une autre minute de silence a suivi et puis, d'un ton résolu, elle a ajouté : «Non, je crois que je vais rester ici ! »

Il était deux heures du matin. Regan et moi nous sommes regardés, abasourdis. Venions-nous d'être les témoins d'une visitation ? J'ai pressé l'oreille contre sa chemise de coton fin ; son cœur battait encore fort. J'ai déposé un baiser sur sa joue.

«Tu peux partir avec Jésus, ai-je dit. Regan, Carson et moi irons bientôt te rejoindre au paradis.

– Et Mary Ellen…, a-t-elle murmuré faiblement.

– Oui, et Mary Ellen », ai-je dit, transporté à l'idée qu'elle m'avait bien compris.

———

Tôt le lendemain matin, Denver s'est pointé à la maison, vêtu de haillons crasseux et empestant la cigarette.

«Entrez, ai-je dit, en ouvrant la porte. Vous voulez du café ?

– Je suis pas venu vous visiter, a-t-il dit. Je suis venu livrer un message du Seigneur. »

Il était agité et donnait l'impression de ne pas avoir dormi de la nuit. Il s'est assis à la table de la cuisine, s'est penché en avant et m'a regardé. «Hier soir, je conduisais sur l'autoroute, Mr Ron, quand j'ai senti le besoin d'arrêter et de prier. Donc, j'ai arrêté sur le bord de la route en haut de la colline où on voit toute la ville, et c'est là que Dieu a parlé à mon cœur. Dieu a dit que l'esprit de Miss Debbie veut vraiment être avec Lui et il m'a envoyé des visions d'anges qui entrent dans sa chambre pour l'emmener. Mais les saints sur la terre la retenaient dans son corps parce que son travail ici est pas encore fini. »

Il m'a dit qu'il avait vu Jésus et des anges, et des éclairs. Il m'a également dit à quelle heure il avait eu cette «vision » : précisément à la même heure que cela s'était produit à la maison.

Cela faisait maintenant plus de trois semaines que Deborah n'avait pas mangé. Sa peau adhérait à ses os comme une mince gaze, moulait ses pommettes, creusait ses orbites. Combien de fois les médecins avaient-ils prédit qu'elle ne passerait pas la journée? Et pourtant, un vieux sans-abri «stupide» s'était montré beaucoup plus précis que les savants hommes de science.

Le lendemain matin, Denver a de nouveau frappé à la porte de la cuisine. Nous nous sommes assis à la table, remuant notre café. Il a penché la tête et est resté silencieux pendant un long moment, rassemblant ses pensées sans hâte comme on ramasse des coquillages sur la plage. Et puis, il a dit : «Dieu donne un trousseau de clés à tous les habitants de la terre, des clés pour vivre leur vie ici sur la terre. Et dans ce trousseau, il y a une clé pour ouvrir les portes de la prison et libérer les prisonniers.»

Denver a légèrement tourné la tête, de manière à ce que le côté droit de son visage soit plus près de moi que le gauche. Il s'est penché en avançant l'épaule droite et a plissé les yeux encore un peu plus. «Mr Ron, j'étais prisonnier dans la prison du diable. C'était facile pour Miss Debbie de voir ça.

«Mais il faut que je vous dise : beaucoup de gens m'avaient vu derrière les barreaux de cette prison pendant plus de 30 ans, et ils ont juste continué leur chemin. Ils ont gardé leurs clés dans leur poche et m'ont laissé enfermé. J'essaie pas de dire du mal de ces gens parce que j'étais pas un gars gentil – j'étais dangereux – et que aussi peut-être j'étais pas malheureux de rester en prison. Mais Miss Debbie a été différente – elle m'a vu derrière les barreaux et elle a mis la main dans sa poche et elle a sorti les clés que Dieu lui avait données, et elle les a utilisées pour *ouvrir la porte de la prison et me libérer.*»

Denver a martelé ces derniers mots comme s'il enfonçait neuf clous l'un après l'autre, et puis il s'est appuyé sur le dossier de sa chaise et a bu son café à petites gorgées. Ensuite, il a posé sa tasse et a ajouté : « Elle est la seule personne qui m'a assez aimé pour pas m'abandonner, et je loue le Seigneur parce qu'aujourd'hui je peux m'asseoir dans votre maison comme un autre homme, un homme *libre*. »

48

Le 1ᵉʳ novembre

Une semaine après notre anniversaire, les médecins et les infirmières du centre de soins palliatifs étaient plus que stupéfaits, car Deborah était toujours vivante. Ils avaient cessé de faire des prédictions et discutaient plutôt des modifications qu'il faudrait apporter aux livres sur la mort, ou du moins des notes de bas de page qu'il faudrait y ajouter afin de traiter du cheminement de gens qui, comme Deborah, à l'appel de la mort, trouvent la force d'en repousser la date et de poliment fermer la porte.

Pendant des mois, le Texas avait été aux prises avec une longue sécheresse, mais le ciel sombre déversait maintenant des torrents de pluie glacée. J'imaginais que les anges pleuraient. *Mais pour quelle raison ?* me demandais-je amèrement. Il semblait que Dieu était en train d'obtenir ce qu'Il voulait. Je me rappelais ce qu'avait dit Denver. Il avait besoin de rappeler auprès de Lui quelques bonnes personnes pour qu'elles fassent Sa volonté sur la terre. Je trouvais que c'était un plan merdique.

Ce matin-là, Deborah était allongée sur le lit, immobile et spectrale. Mais à midi, son corps s'est mis à trembler, et puis à se contorsionner. En l'espace de quelques secondes, de violentes convulsions ont commencé à secouer son torse et ses membres. Son visage était tordu par la douleur.

J'ai sauté sur le lit et j'ai tenté de la prendre dans mes bras pendant qu'elle tremblait et se débattait, implorant silencieusement Dieu de cesser de la torturer. Alan, Mary Ellen, les enfants et le personnel du centre observaient la scène avec un sentiment d'horreur grandissant.

Après deux heures, je suis descendu du lit et j'ai littéralement menacé le ciel du poing. «Arrête, Seigneur! Je t'en prie!»

Pendant deux autres heures, Deborah s'est contorsionnée sur le lit, comme une ligne électrique sous tension. Après ce qui m'a semblé être une consultation désespérée, le personnel du centre a décidé de lui administrer du phénobarbital. La dose serait énorme; cela mettrait peut-être un terme à ses douleurs, mais cela pouvait également la tuer. Le médecin a demandé ma permission. Je n'ai pas hésité. J'aurais fait n'importe quoi pour qu'elle ne souffre plus. Néanmoins, je me suis demandé si je ne signais pas ainsi son arrêt de mort.

Le médicament a commencé à faire effet, et ses tremblements ont cessé, mettant un terme à ce qui avait peut-être été pour nous un aperçu de l'enfer. Il n'y avait plus de doute, j'étais maintenant prêt à la laisser partir vers sa demeure éternelle. Et je pensais qu'elle était prête elle aussi.

Le 2 novembre

Tôt le matin, on a sonné à la porte. Lorsque j'ai ouvert, j'ai vu Denver encore une fois vêtu de haillons et ayant encore une fois l'air d'un vagabond qui n'avait pas dormi. Mais son regard était différent cette fois – vide et creux, presque comme s'il était en état de choc. Je l'ai serré dans mes bras, mais il est resté planté là, comme s'il était trop épuisé pour réagir. Il gardait la tête baissée et, pendant quelques minutes, il a été incapable de me regarder dans les yeux.

« Je suis pas venu vous visiter ou boire un café », a-t-il dit au moment où nous nous trouvions à la table de la cuisine. « Je suis venu livrer la Parole de Dieu. »

La foi démesurée que j'avais déjà eue en Dieu s'était effritée. Les spécialistes avaient échoué. J'avais échoué. Et Dieu, semblait-il, était sur le point d'échouer lui aussi. Le Dieu qui promettait d'exaucer celui qui demande avec foi n'avait pas fait en sorte que nous obtenions les résultats escomptés.

Mais je savais également que c'était Denver qui, le premier, avait prédit qu'un voleur viendrait chercher Deborah. Et lorsque les médecins avaient dit que Deborah ne passerait pas une autre journée, Denver avait dit qu'elle le ferait et il avait eu raison. Denver était au courant de la présence des anges avant même que nous lui disions ce qui était arrivé dans notre chambre à coucher.

D'une certaine manière, d'une manière que je ne pouvais pas comprendre, cet homme simple était en communication avec Dieu. Donc, lorsqu'il m'a dit avoir un autre message de Dieu à me transmettre, j'ai décidé qu'il me fallait un témoin. J'ai bondi dans l'escalier et j'ai demandé à Carson de venir. Dès que nous sommes entrés ensemble dans la cuisine, Denver nous a fixés intensément, les yeux plissés.

« Mr Ron, j'ai passé toute la nuit sur la colline à regarder la ville, et j'ai entendu le Seigneur. Il dit que le corps de Miss Debbie veut aller au paradis, mais que les saints ici sur la terre ont encore une chaîne autour d'elle et qu'ils la laisseront pas partir. Et le Seigneur a dit que je vienne ici et que je brise la chaîne. »

Je n'ai rien dit, mais j'ai revu en esprit les violentes convulsions qui avaient secoué Deborah, et j'ai réentendu ses pleurs. Réclamait-elle le paradis ? Et je me suis demandé de quelle « chaîne » il s'agissait et qui étaient les saints. Plus tard, j'ai appris que 30 des amis de Deborah s'étaient réunis dans notre cour le soir précédent et que, se tenant par la main, ils avaient encerclé la maison et prié Dieu pour la guérison de Deborah.

Denver a continué : «Le Seigneur m'a aussi dit de dire à Miss Debbie qu'elle peut déposer son flambeau, et le Seigneur m'a dit de le ramasser. Alors, Mr Ron, pour obéir à Dieu, je suis ici pour briser la chaîne et je vais demander à vous et Carson de prier avec moi pour la briser.»

Après 19 mois de prières pour un miracle, il semblait étrange maintenant de prier pour que Dieu prenne Deborah. Mais lorsque j'ai commencé à prier, de nouvelles promesses des Écritures me sont venues spontanément aux lèvres. «Notre Père, ai-je dit, aidez-nous en tant que famille à Vous confier Deborah. Aidez-nous à croire que Vous avez décrété depuis le début le nombre de ses jours et que Vous ne prendrez pas Deborah avant qu'elle ait vécu ce nombre de jours que Vous lui avez octroyés.»

Denver a ensuite vrillé son regard sur le mien et nous a surpris avec des propos qui semblaient contredire notre prière : «Mais Miss Debbie ira nulle part avant que son travail ici sur la terre soit fini.»

Et puis, il a éclaté en sanglots. Je ne l'avais jamais vu pleurer. Ses larmes ont coulé dans les plis de son visage telles des rivières de chagrin, et cela m'a encore frappé de constater à quel point il aimait Deborah. Je me suis émerveillé devant la trame complexe de la Providence de Dieu. Deborah, guidée par Lui pour faire preuve de miséricorde et de compassion, avait sauvé cette épave d'homme qui, lorsqu'elle était tombée malade, était en retour devenu son principal intercesseur.

Pendant 19 mois, il avait prié du crépuscule à l'aube et nous avait livré la Parole de Dieu à notre porte, tel un camelot céleste. J'étais embarrassé à l'idée que je m'étais déjà considéré comme supérieur à lui, que j'avais cru que c'était moi qui me penchais pour déposer un peu de ma richesse et de ma sagesse sur son humble vie.

49

J'avais beaucoup pleuré quand je priais dehors à côté de la benne à ordures, mais j'avais jamais pleuré devant Mr Ron. Mais j'ai pas pu m'en empêcher. Je savais que tout ce qui pouvait être fait pour Miss Debbie avait été fait. Les docteurs avaient fait tout ce qu'ils avaient pu. Mr Ron avait fait tout ce qu'il avait pu. Et Dieu avait dit à mon cœur que c'était le temps pour Miss Debbie de rentrer à la maison avec Lui. Mais j'avais quand même beaucoup de peine et les larmes sont venues par surprise.

J'ai essayé de les attraper avec le dos de ma main et j'ai vu Mr Ron et Carson assis là à me regarder, un peu surpris. Et puis, ils ont tous les deux baissé les yeux et ont commencé à brasser leur café. C'est là que je me suis levé et que je suis parti dans le corridor vers la chambre de Miss Debbie. J'avais pas prévu faire ça. C'est comme si le Seigneur m'avait poussé et je sentais que c'était ce que j'étais supposé faire.

La porte de la chambre était ouverte et Miss Debbie était couchée sur le dos au milieu du grand lit, minuscule et l'air faible sous le drap. Les rideaux étaient ouverts et la lumière du matin était grise en traversant la pluie qui glissait sur la vitre.

Ses yeux étaient fermés et son visage avait maigri tellement qu'elle ressemblait plus à Miss Debbie sauf qu'elle était encore belle. Je suis resté là un bout de temps à la regarder respirer.

« Comment ça va, Miss Debbie ? », j'ai finalement dit. Mais elle a pas bougé et sa poitrine montait et descendait dans le silence. J'étais venu la voir plusieurs fois et Mr Ron ou Miss Mary Ellen ou quelqu'un était toujours là parce qu'il y avait pas souvent une seconde où personne était avec elle. On venait juste de faire cette prière pour laisser l'âme de Miss Debbie s'envoler vers la gloire et j'étais surpris que Carson et Mr Ron m'avaient pas suivi dans la chambre.

J'avais pensé qu'ils voudraient être là juste au cas où on aurait eu besoin de faire encore la même prière ici avec elle. Mais ils sont pas venus. Il y avait juste moi et Miss Debbie. Quand je repense à ça, je crois que peut-être le Seigneur a ouvert cette petite fenêtre dans le temps pour faire Sa volonté.

J'étais debout du côté gauche du lit avec la tête de Miss Debbie à ma droite et ses pieds à ma gauche. Le drap qui était sur son corps mince montait et descendait, montait et descendait, mais juste un peu. Avec son visage tourné vers le ciel, elle pouvait pas me voir et j'étais pas sûr qu'elle pouvait m'entendre. Et je voulais être sûr qu'elle entende ce que j'étais venu dire. Alors, j'ai mis mon genou droit sur le lit. Et puis j'ai mis ma main en dessous de sa tête et je l'ai levée de l'oreiller juste un peu, et puis j'ai tourné sa tête vers mon visage.

« Miss Debbie », j'ai dit.

Elle a ouvert ses yeux tout grands et elle a regardé droit dans les miens.

Je savais que maintenant elle pouvait m'entendre, alors j'ai parlé. « Je peux comprendre que c'est important pour vous qu'on continue à aider les sans-abri. Vous avez fait tout ce que vous avez pu faire. Et Dieu a dit à mon cœur de vous dire que si vous déposez le flambeau, je le ramasserai et je continuerai votre travail. »

Elle a pas bougé et elle a pas parlé, mais des larmes ont fait briller ses yeux. Mon cœur a commencé à battre fort. Il me faisait mal comme s'il était devenu trop gros pour mon corps.

«Maintenant, vous pouvez rentrer à la maison Miss Debbie, j'ai dit. Allez en paix. »

Et puis ses larmes ont coulé et mon cœur s'est serré, et j'ai pensé qu'il allait se briser en deux. J'ai continué à tenir sa tête pour qu'elle soit capable de me voir. Et puis j'ai dit les derniers mots que je lui dirais jamais : «Adieu. On se verra de l'autre côté. »

J'ai reposé sa tête sur l'oreiller et elle a refermé ses yeux. Et je savais qu'elle savait qu'on se reverrait jamais. Pas dans cette vie.

50

Le 3 novembre

Je ne dormais plus. Je veillais Deborah toute la nuit. Elle était étendue à côté de moi, les traits tirés, les yeux ouverts fixant le vide, la bouche molle, tournée vers le ciel comme si elle était sur le point de poser une question. Sa poitrine se soulevait et s'abaissait sporadiquement, parfois en de brefs soubresauts, parfois pas du tout.

Je regardais les chiffres rouges des minutes se succéder sur le cadran du réveil numérique, grignotant ce qui restait de la vie que nous avions bâtie. Alors que la lumière de l'aube se faufilait dans la pièce, il y a eu un roulement de tonnerre. Je pouvais entendre la pluie qui martelait les corniches et qui s'engouffrait dans les gouttières.

Mon associé new-yorkais, Michael, avait téléphoné pour me demander s'il pouvait venir voir Deborah et il était en route. J'avais tenté de le dissuader de nous rendre visite, comme bien d'autres avant lui au cours des dernières semaines. Deborah avait tellement dépéri que c'est à peine si on discernait son corps sous le drap qui la couvrait. Ses yeux avaient perdu tout éclat et semblaient cruellement suspendus entre les os protubérants de ses orbites. Je voulais que tous se souviennent d'elle comme de la femme belle et élégante qu'ils avaient toujours connue.

Mais Michael avait insisté, et étant donné que nous étions les parrain et marraine de son fils Jack, j'ai accepté. Juif de naissance, ce n'était pas un homme particulièrement religieux. Il savait que nous étions chrétiens et il avait été témoin de notre cheminement dans la foi. Nous parlions de Jésus comme du Messie, mais cela ne concordait pas avec son éducation religieuse. Nos discussions étaient plutôt d'ordre philosophique, amicales, jamais enflammées.

Lorsque Michael s'est garé devant la maison vers 10 heures, Mary Ellen et moi étions dans la chambre avec Deborah, chantant de concert avec un CD les chants religieux préférés de Deborah. Je suis sorti pour l'accueillir, et puis il nous a suivis, Carson et moi, dans la chambre de Deborah. Au moment où il en franchissait le seuil, la chanson intitulée «Nous sommes debout sur une Terre sainte» a commencé: «*Nous sommes debout sur une Terre sainte et je sais qu'il y a des anges tout autour.*»

Alors que la musique remplissait la pièce, Michael a regardé Deborah, et puis Mary Ellen. «Nous *sommes* sur une Terre sainte», a-t-il murmuré. Et puis, comme si quelqu'un lui avait asséné un coup derrière les genoux, il est tombé à genoux et s'est mis à pleurer. Figés sur place, Carson, Mary Ellen et moi avons échangé un regard.

Cela faisait 20 ans que je connaissais Michael et je ne l'avais jamais vu pleurer. À la fin de la chanson, il s'est ressaisi. Sortant de sa poche une photo de Jack, il s'est approché du lit et l'a déposée dans la paume de Deborah, l'aidant doucement à refermer ses doigts sur elle.

«Veilleras-tu sur lui du haut du ciel? a-t-il dit. Seras-tu son ange gardien?» Le moment qui a suivi est depuis resté un mystère. Personne n'a plus jamais revu cette photo de Jack.

Michael a remercié Deborah pour toutes les prières qu'elle avait faites pour lui. Elle n'a pas bougé ni parlé. Michael est resté une vingtaine de minutes. Je l'ai raccompagné et, alors que nous traversions la salle de séjour, j'ai remarqué qu'il avait l'air ahuri.

« Il y a dans cette pièce un pouvoir ou une présence qui n'est pas de ce monde, a-t-il dit. Tu m'as souvent parlé d'une rencontre avec Dieu... Je viens d'en avoir une. Je crois que je ne serai plus jamais le même. »

C'est tout ce qu'il a dit. Il a couru sous des trombes d'eau inclinées par le vent et s'est engouffré dans sa voiture. Michael avait toujours tenu la foi à distance. Les paroles de Denver ont résonné dans mon esprit : « Miss Debbie ira nulle part avant que son travail ici sur la terre soit fini. »

Est-il fini maintenant ? me suis-je demandé.

Je me suis hâté le long du couloir et j'ai raconté à Deborah ce qui était arrivé à Michael. Bien qu'elle soit demeurée silencieuse, j'ai su qu'elle savait. Son pouls était presque imperceptible et sa respiration se résumait à quelques brefs halètements superficiels. Je me suis étendu à côté d'elle, je l'ai enveloppée de mes bras, et j'ai attendu l'arrivée des anges.

51

« Viens vite. Elle a cessé de respirer ! »

C'était Daphene. Elle avait gravi l'escalier en courant, paniquée. J'avais quitté la chambre de Deborah moins de 15 minutes plus tôt, chassé par Carson et Regan qui avaient insisté pour que je prenne quelques heures de repos. Vers 22 heures, j'avais caressé le visage de Deborah du bout des doigts et déposé un baiser sur son front, ne souhaitant pas la quitter de crainte de ne jamais la revoir vivante, et j'étais sorti de la pièce.

Daphene a pris ma place, prête à monter la garde toute la nuit. Mais à 22 h 15, elle a fait irruption dans la chambre d'amis où je m'étais étendu. Depuis 19 mois, j'avais rarement quitté Deborah. Et au cours des 3 dernières semaines, j'avais pratiquement toujours été à ses côtés. Je l'avais été pendant 31 ans et 7 jours de ma vie. Mais c'est Daphene, qui était arrivée dans ce monde en même temps qu'elle 55 ans plus tôt, qui avait vu sa sœur rentrer à bon port.

L'infirmière du centre de soins palliatifs était penchée sur Deborah lorsque je suis entré dans la chambre. Je me suis étendu sur le lit à côté de ma femme. Ses yeux étaient encore ouverts. Je les ai fermés. Doucement, j'ai demandé à l'infirmière de retirer les intraveineuses qui l'avaient maintenue en vie depuis un mois. Et puis, je lui ai demandé de nous laisser seuls quelques minutes, des minutes pendant lesquelles j'ai serré ma défunte épouse dans mes bras en pleurant, implorant Dieu de la faire revenir à la vie, comme Il l'avait fait avec Lazare.

Lorsque j'ai compris qu'Il ne le ferait pas – et je croyais vraiment qu'Il aurait pu le faire – mon cœur a explosé.

Quelques minutes plus tard, un homme tout à fait anodin, qui s'est présenté comme le médecin légiste, est apparu dans notre chambre à coucher afin de constater le décès de Deborah, comme si je ne le savais pas. Et puis, deux hommes sont arrivés dans une camionnette blanche banalisée afin d'emporter son corps. Vêtus d'un pantalon et d'une chemise bleu marine, ils ressemblaient à tous les réparateurs de machines à laver du monde. J'avais espéré qu'ils ressembleraient à des anges, mais non. Et j'avais espéré qu'ils ne correspondraient pas à l'idée qu'on se fait des entrepreneurs de pompes funèbres, mais oui.

Ce soir-là, Daphene m'a tendu deux petites pilules blanches qui, selon Alan, m'aideraient à dormir. J'étais étendu sur mon lit et mon esprit est parti à la dérive vers Rocky Top, et une foule de questions m'ont alors troublé le cœur. Des détails ridicules, comme qui allait donner des noms à nos bébés veaux à longues cornes ? Qui allait cueillir les pêches en juillet et faire des tartes qui embaumaient la cannelle ? Les dernières pensées à me traverser l'esprit m'ont fait pleurer jusqu'à ce que je glisse dans le sommeil : Deborah ne verrait jamais Carson et Regan se marier, elle ne connaîtrait jamais ses petits-enfants, elle ne les verrait jamais chevaucher des veaux à Rocky Top le matin de Noël après que je les aie attrapés au lasso, comme mon grand-père l'avait fait pour moi.

Je me suis dit que je pourrais le faire quand même. Peut-être que Dieu Lui permettrait de regarder.

52

« Trois jours plus tard, nous avons mis Deborah en terre dans un cercueil de pin tout simple, sur une colline isolée de Rocky Top, exactement comme elle l'avait voulu. Le temps, par contre, nous a fait l'effet d'une gifle. Les enfants et moi avions ce matin-là fait le trajet jusqu'au ranch en plein orage. Alors que des vents hivernaux poussaient des trombes d'eau glacée sur l'autoroute, l'amertume s'est mise à me ronger le cœur. Peut-être faisais-je l'objet d'un quelconque châtiment divin. Mais Deborah, elle, ne méritait certainement pas cela.

Le lieu d'inhumation était le point culminant de Rocky Top. Une petite clairière gardée par des chênes rabougris qui avait toujours été l'un des endroits préférés de Deborah sur le ranch. Elle aimait tout particulièrement cet emplacement où une grosse pierre plate formait comme un banc à l'ombre d'un chêne penché, créant un belvédère naturel, idéal pour prier ou jouir de la solitude.

Lorsque Carson, Regan et moi sommes arrivés sur la colline, Roy Gene, Pame et d'autres amis répandaient du foin sur les grandes flaques d'eau qu'avait laissées l'orage derrière lui. Ils avaient enlevé la bâche qui recouvrait la tombe, ce qui m'a troublé. J'ignore ce à quoi je m'étais attendu. Je savais que nous ne mettions pas Deborah en terre dans un cimetière traditionnel, où des pierres tombales et des épitaphes viennent en quelque sorte corroborer la civilité de ce rite final.

Mais avec une clarté cruelle, il m'est apparu que le lieu du dernier repos de Deborah n'était rien de plus qu'un trou sombre dans un sol désolé où des animaux sauvages viendraient rôder la nuit. J'ai senti monter une vague de nausée, et je me suis presque effondré devant la dure réalité de ce que nous étions sur le point de faire.

Dieu merci, le temps a changé. Comme si un petit miracle s'était produit, le ciel s'est dégagé et les rafales glaciales venant du nord ont laissé place à une douce brise du sud qui s'est mise à souffler doucement sur la colline, asséchant le sol en moins d'une heure.

Denver est arrivé, ainsi qu'une centaine d'amis et membres de la famille. Comme des gens de la campagne, nous nous sommes assis sur des balles de foin tout autour de la tombe de Deborah. Quelqu'un avait sellé Rocky, son palomino, et l'avait attaché non loin. Pendant l'heure et demie qui a suivi, nous avons rendu hommage à ma femme.

Nous avons chanté de vieux spirituals et des hymnes campagnards, accompagnés à la guitare sèche par deux amis cow-boys. Les chauds rayons du soleil filtraient à travers les branches des chênes, dessinant des cercles d'or sur le cercueil de pin de Deborah, et cette boîte toute simple qu'elle avait demandée nous apparaissait maintenant constellée de médaillons chatoyants.

Sans ordre précis, les gens se sont levés et ont partagé avec tous des pans de la vie de Deborah. Comme on pouvait s'y attendre, Denver est demeuré silencieux. Finalement, j'ai lu un poème que j'avais écrit pour elle le jour de notre anniversaire. Pame a circulé à travers la foule avec un seau rempli de graines de centaurées bleues et j'ai regardé chacun en prendre une poignée et les répandre sur la terre humide. Ensuite, les enfants et moi sommes montés dans ma Suburban et nous nous sommes éloignés, à la tête d'une procession de voitures, le long du chemin de gravier menant à la maison.

Denver et les autres porteurs sont restés sur les lieux afin de descendre le cercueil de Deborah dans la tombe à l'aide de cordes. Alors que je laissais ma femme au sommet de cette colline, je tentais de ne pas penser aux pelles que j'avais vues là-haut, appuyées derrière un arbre.

53

Quand on a mis Miss Debbie dans la terre, je savais que c'était seulement son corps terrestre. Mais j'ai quand même senti mon cœur couler au fond de ce trou. Je savais que Dieu avait un plan et une raison pour l'avoir prise. Mais je comprenais toujours pas pourquoi il avait arrêté une aussi belle vie, quand le monde entier est rempli de criminels et de gars comme moi qui ont jamais rien fait de bon pour les autres.

Après qu'on a descendu le cercueil dans la tombe, moi et Mr Roy Gene et d'autres gars, on a pris les pelles et on a commencé à remplir le trou. J'aimais pas le bruit de la terre qui cognait sur le cercueil de bois et qui glissait autour de lui comme une pluie malfaisante. Même si je savais que l'esprit de Miss Debbie était avec le Seigneur, j'ai essayé bien fort de pas penser à ce qu'il y avait dedans la boîte. J'ai été content quand j'ai pu entendre seulement le bruit de la terre qui tombait sur la terre et qui frappait plus le cercueil.

Après, il y avait un tas de terre rouge à la place du trou. Un des amis de Miss Debbie et Mr Ron avait fabriqué une grande croix avec du cèdre qui avait encore son écorce et ils l'avaient attachée avec des cordes de cuir. Un gars a pris une pelle et a planté la croix dans la terre vis-à-vis de la tête de Miss Debbie.

Et c'est tout. L'endroit semblait pas différent des autres endroits du ranch sauf pour cette grosse cicatrice rouge.

Après que tout le monde est retourné dans la maison, je suis resté sur la colline avec elle, assis sur une balle de foin. Il arrive que je parle avec Dieu, que je Lui demande pourquoi. Même si j'avais eu une ou deux réponses de Lui, et même si j'avais livré Ses messages à Mr Ron comme Il m'avait demandé de faire, ça voulait pas dire qu'il fallait que j'aime ça. Et je Lui ai dit que j'aimais pas ça. C'est ça qui est bien avec Dieu. Parce que de toute façon Il est capable de voir dans votre cœur, on peut Lui dire ce qu'on pense pour vrai.

Et parce que je savais que personne pourrait m'entendre, j'ai aussi parlé à Miss Debbie. Et pas seulement dans ma tête.

« Vous avez été la seule personne qui a pas regardé seulement ma peau et ma méchanceté, et qui a vu que quelqu'un à l'intérieur valait la peine d'être sauvé. Je sais pas comment, mais vous avez compris que si j'étais méchant presque tout le temps, c'était juste pour que les autres approchent pas trop. Je voulais personne à côté de moi. Ça valait pas la peine. J'avais perdu assez de gens dans ma vie et je voulais plus perdre personne. »

Eh ben, c'était trop tard pour ça. Mais je regrettais pas d'avoir laissé Miss Debbie approcher. Non, je remerciais Dieu pour sa vie et le simple fait qu'elle m'avait aimé assez pour me tenir tête. Ça m'a fait pleurer. J'ai pleuré et pleuré fort, et j'ai dit à Miss Debbie que c'était la chose la plus importante qu'elle m'avait enseignée : « Chaque homme devrait avoir le courage de se lever et de tenir tête à l'ennemi, j'ai dit, parce que quelqu'un qui ressemble à un ennemi à l'extérieur est peut-être pas un ennemi à l'intérieur. Tout le monde a plus en commun que ce qu'on pense. Vous vous êtes levée ou vous m'avez tenu tête quand j'étais dangereux et ça a changé ma vie. Vous m'avez aimé pour ce que j'étais à l'intérieur, pour la personne que Dieu voulait que je sois, pour la personne qui s'était perdue un petit bout de temps sur quelques mauvais chemins dans la vie. »

Je sais pas combien de temps je suis resté assis là sur cette balle de foin. Mais c'était le matin quand on avait enterré Miss Debbie et le soir quand j'ai fini de lui parler, et que je suis retourné dans la maison.

54

Le lendemain matin, il y a eu un service funèbre à l'église. Deborah nous avait donné l'ordre formel d'en faire une fête. Denver avait prévu nous suivre là-bas dans sa voiture et il est arrivé dans notre allée vêtu d'un élégant complet à fines rayures et d'une cravate. Je suis sorti de ma voiture et je l'ai longuement serré dans mes bras. Une amie qui avait assisté à la cérémonie d'inhumation m'avait dit que lorsqu'elle avait quitté Rocky Top à la tombée du jour, elle avait vu Denver toujours assis à côté de la tombe de Deborah.

Le terrain de stationnement de l'église était déjà presque bondé lorsque nous sommes arrivés, et j'ai dû comme tout le monde trouver un espace où me garer. Deborah n'avait pas voulu de limousines ni de quoi que ce soit qui puisse faire penser à des obsèques. À l'intérieur, près de mille personnes s'était rassemblées, et pendant les deux heures qui ont suivi, les amis intimes de Deborah et les membres de la famille se sont remémorés des moments d'une vie bien remplie. Sister Bettie faisait partie des gens qui se sont levés pour parler.

Femme svelte à la voix douce, elle a marché jusqu'à l'estrade et a raconté brièvement comment Dieu avait conduit Deborah à la mission, et comment elles étaient devenues des sœurs dans le Christ, partageant un but commun qui était de changer la ville. Et puis, elle a baissé les yeux et a regardé Denver, qui était assis au premier rang, juste devant Regan,

Carson, Daphene et moi. « Brother Denver a maintenant quelques mots à vous dire. »

Denver a sorti son mouchoir et s'est essuyé la tête. Et puis, il s'est levé et s'est dirigé lentement vers l'estrade. J'ai regardé Carson et Regan, et nous avons échangé un sourire lorsque Denver, de sa démarche lourde, a gravi les marches comme s'il escaladait une montagne.

Pour un homme qui n'élevait généralement pas la voix, Denver n'a pas eu besoin de micro ce jour-là. D'une voix vibrante qui devenait plus forte avec chaque mot qu'il prononçait, il nous a livré un message à propos du courage, de l'espoir et de l'amour d'une femme.

« Dieu m'a donné le bonheur de rencontrer une personne qui est venue à moi et qui s'intéressait à moi, et pas aux endroits affreux d'où je venais. Tout le temps que j'ai connu Miss Debbie, elle m'a offert de venir à l'église ici, mais impossible, je voulais pas du tout venir *ici* ! », a dit Denver en souriant alors que presque toute la congrégation blanche riait. « Alors, elle est venue et m'a pris et m'a emmené de force. J'ai essayé de rester dehors, mais elle a dit : "Venez" et elle est entrée avec moi derrière elle, fière. C'était une vraie dame. »

Et lorsque Denver a raconté l'histoire des femmes blanches et de la retraite, les rires ont fusé dans l'assistance. Et lorsqu'il a raconté comment Dieu lui avait demandé de reprendre le flambeau de Miss Debbie, les gens se sont mis à pleurer.

Regan et Carson, en larmes eux aussi, ont emprisonné mes mains dans les leurs, heureux de constater que cette prière avait été exaucée et tellement fiers de leur maman, dont l'héritage se trouvait scellé par le témoignage touchant d'un homme qui avait survécu à ce que l'Amérique avait de pire à offrir, et à une condition dont il avait souvent été le propre artisan, un homme que nous considérions maintenant comme un membre de la famille.

Comme Denver descendait de l'estrade, j'ai vu Roy Gene et notre ami Rob Farrell se lever et commencer à applaudir. Et puis, toute la congrégation s'est levée et un tonnerre d'applaudissements a retenti dans l'église. Pendant 19 mois, nous avions prié dans l'espoir de voir un miracle se produire.

Soudain, j'ai réalisé que le visage de ce miracle était là, devant moi. Un visage qui ne tentait plus de me fuir. Un visage dans lequel les yeux n'étaient plus jaunes et furieux, mais clairs et d'un brun profond. Un visage sur lequel s'étalait un sourire heureux, alors qu'à une certaine époque, il semblait avoir oublié comment le dessiner.

Denver a descendu pesamment les marches de l'estrade sous les applaudissements. Regan, Carson et moi nous sommes levés, et lorsque qu'il nous a rejoints, nous l'avons pris dans nos bras.

55

Ne laissant jamais rien au hasard, Deborah nous avait dit que, après sa mort, elle voulait que Carson, Regan et moi fassions un voyage ensemble – seulement nous trois. Nous partirions immédiatement après le service funèbre, avait-elle dit, serions absents au moins une semaine, et nous n'aurions pas de sujets de conversation tristes. Elle avait donné ces ordres un mois auparavant, le dernier jour de son hospitalisation. Ce jour-là, nous étions tous les quatre dans sa chambre et nous discutions allégement de notre destination.

«L'Italie, avais-je suggéré. On pourrait séjourner chez Julio et Pilar à Florence. On pourrait manger de la pizza, boire du vin et rire en nous racontant des souvenirs.

– Trop loin, a dit Regan, toujours pratique. «Je veux descendre le Rio Grande et faire de la randonnée dans le parc de Big Bend.»

Cela a plu à Deborah et Carson s'est dit d'accord, et c'est donc ce que nous avons décidé de faire : un séjour dans le parc national désertique de Big Bend, dans l'ouest du Texas. Conformément aux instructions de Deborah, nous avons chargé la voiture le lendemain du service funèbre. Nous étions sur le point de partir lorsque le téléphone a sonné. C'était Don Shisler.

«Ron, pouvez-vous venir à la mission tout de suite ?

– Pas vraiment. Les enfants et moi partions justement pour une semaine au parc de Big Bend.

– Mais ça ne peut pas attendre? Pouvez-vous rester près du téléphone pendant une minute? Je vais demander à Bob Crow de vous rappeler.»

Bob était l'un des membres du conseil d'administration de la mission. J'ai dit que j'attendrais. Moins d'une minute plus tard, Bob était au bout du fil et m'expliquait ce qu'il a décrit comme «le geste le plus puissant que Dieu avait fait au cours des 112 années d'existence de la Union Gospel Mission».

Voici ce qui était arrivé: immédiatement après le service funèbre de Deborah, un couple appelé John et Nancy Snyder avait communiqué avec Bob, disant qu'il voulait faire un don important et participer à une campagne de souscription dans le but d'ériger un nouveau refuge. Le bâtiment existant était vieux et irrécupérable, et le témoignage émouvant de Sister Bettie et le récit de Denver sur la façon dont l'amour de Deborah avait changé sa vie les avaient émus jusqu'aux larmes.

Cette nouvelle m'a stupéfié à elle seule, mais ce que Bob a ajouté m'a littéralement fait vaciller: «Ron, ils veulent faire construire une nouvelle chapelle à la mission et la nommer Deborah Hall Memorial Chapel.»

J'en ai eu la gorge serrée et les larmes me sont montées aux yeux. J'ai eu du mal à lui répondre: «Nous allons en discuter pendant notre voyage.» Et j'ai raccroché.

Carson et Regan ont été ravis du don destiné à un nouveau refuge, et nous sommes partis pour Big Bend tout joyeux malgré notre cœur lourd. Nous avons débattu du nom de la chapelle pendant que nous roulions à toute allure dans la Suburban remplie de bottes et de sacs à dos. Nous nous entendions tous sur le fait que Deborah n'aurait pas davantage souhaité que son nom soit gravé sur quelque chose qu'elle n'avait voulu de Rolls-Royce rouge dans notre allée.

Si les donateurs voulaient donner le nom de quelqu'un à la nouvelle chapelle, nous avons tout d'abord convenu que ce devrait être celui de Sister Bettie. Et puis, Carson qui était assis sur la banquette arrière, a marqué un point : « N'est-ce pas généralement le signataire du chèque qui donne son nom à l'édifice dont il a financé la construction ? »

Nous avons médité sur le sujet pendant une minute, Regan regardant défiler le chaparral par la fenêtre, cette végétation dense d'arbustes et d'arbrisseaux à feuilles persistantes. « Tu sais, papa, a-t-elle finalement dit, ils ne nous ont pas demandé de trouver un nom à la chapelle, mais seulement d'approuver le nom qu'ils ont déjà choisi. » Et nous n'en avons plus reparlé de tout le voyage.

Dans le parc de Big Bend, le Rio Grande serpente à travers les arroyos miroitants du désert de Chihuahua, au pied des sommets irréguliers des monts Chisos. Nous avons fait des randonnées sur les hauts plateaux et vogué sur les flots glacés de la rivière entre d'étroits canyons formés de murs de pierre volcanique escarpés et s'élevant au-dessus de notre tête sous une voûte bleue. C'était une évasion pleine de simplicité, pure et austère, dans un monastère de ciel et de pierre.

La semaine a passé lentement, merveilleusement affranchie des bruits de la vie. J'ai pensé à Deborah, des images surgissant en désordre dans mon esprit comme si quelqu'un avait décidé de projeter notre vie dans un diaporama anachronique. Deborah avec bébé Carson dans les bras. Deborah, frêle et mourante. Deborah disant : « Oui, je le veux. » Deborah riant sur une pente de ski. Servant un pain de viande à la mission. Cuisinant avec Regan.

J'ai pensé à Denver, et encore une fois, les images ont déferlé en désordre. Son allocution au service funèbre. Moi posant la main sur son genou au Caravan. Denver avec Mr Ballantine. Denver priant pour Deborah près de la benne à ordures. Il n'y aurait pas, je le savais, de capture-remise à l'eau.

Après une semaine au Big Bend, nous étions prêts à rentrer à la maison. Et au moment où nous sommes sortis du désert et avons pénétré dans une zone de transmission cellulaire, mon portable a sonné. J'avais un message de Don Shisler.

56

Pendant qu'ils étaient partis à la rivière, j'ai prié pour Mr Ron et Carson, et Regan. J'ai prié pour que Dieu Leur donne le temps d'effacer le chagrin. Une rivière a quelque chose de spécial, quelque chose de spirituel qui remonte aussi loin que le Jourdain. Il y avait aucun voyage qui rendrait moins tristes Mr Ron et ses enfants d'avoir perdu Miss Debbie. Mais j'ai prié pour qu'ils trouvent du réconfort là-bas où il y avait rien d'autre que ce que Dieu a fait.

Je savais que quand ils reviendraient, je devrais encore m'habiller chic. Mr Shisler m'avait invité à aller à quelque chose qu'il appelait la « Journée nationale de la philanthropie ». Il avait déjà invité Mr Ron. Il avait laissé un message sur son téléphone pour qu'il oublie pas de venir. Miss Debbie était parmi les gens qu'ils allaient honorer.

J'étais pas trop content d'avoir à mettre un costume pour la troisième fois dans un mois, mais j'étais d'accord de participer à n'importe quoi qui allait faire savoir aux gens quelle sorte de femme le Seigneur avait rappelée à la maison.

Le lendemain du jour où il est revenu de la rivière, Mr Ron est venu me chercher à la mission. J'avais un costume que j'avais trouvé au magasin du refuge qui paraissait flambant neuf. Quand Mr Ron m'a vu, il a eu un sourire et il a dit que j'avais l'air d'un millionnaire, donc j'ai pensé que j'avais bien fait les choses.

Leur cérémonie de Journée nationale de la philanthropie avait lieu au Worthington, un hôtel pour gens riches sur Main Street. Quand on est entrés dans le hall, il y avait à peu près un million de personnes qui attendaient d'entrer par les grandes portes décorées qui menaient, Mr Ron a dit, dans la salle de bal où il y aurait la fête. Ça faisait pas longtemps qu'on était là quand des gens que j'avais jamais vus de ma vie ont commencé à venir me voir.

Cette femme qui avait un collier de perles et un chapeau m'a dit : « J'ai entendu dire que vous avez parlé au service funèbre de Deborah. Quelle histoire *merveilleuse* !

– Denver, je veux vous serrer la main », a dit un gars grand et maigre avec un diamant sur sa cravate. « Je suis si heureux d'entendre que vous avez repris votre vie en main ! »

Et ça a continué comme ça, des étrangers venaient me voir et m'appelaient par mon prénom. J'ai commencé à suer. Mr Ron a eu un sourire et il a dit que peut-être il devrait être mon agent. Enfin quand quelqu'un a ouvert les grandes portes, j'ai remercié le Seigneur et j'ai espéré que plus personne me féliciterait.

Mr Ron m'avait emmené dans beaucoup d'endroits chics, mais cette salle était encore plus chic. On aurait dit que quelqu'un avait apporté là tout l'argent et le cristal du Texas et les avait placés sur les tables rondes avec dessus des nappes rouge foncé. Je me suis assis à côté de Mr Ron et j'ai essayé de faire comme si j'étais à ma place, mais je pouvais pas m'empêcher de toujours regarder les lustres.

Mr Ron a vu que je souriais. « À quoi pensez-vous ?

– J'ai vu cet hôtel à partir de la rue pendant 30 ans, j'ai dit. Mais j'avais jamais pensé que j'entrerais à l'intérieur un jour. »

Quand je vivais encore dans la rue, je lui ai dit, je venais souvent au Worthington la nuit quand il faisait très froid et j'allais derrière l'hôtel où il y a de gros ventilateurs qui soufflent de l'air chaud sur le trottoir. Je dormais sur la grille pour avoir chaud. Un des gardes de sécurité avait de la sympathie pour moi. Pour être gentil, il venait de temps en temps et me donnait un coup de pied pour être sûr que j'étais pas mort de froid. Des fois, il m'apportait du café chaud.

« Il m'a jamais chassé, j'ai dit à Mr Ron. Tant que je préparais pas mon lit avant minuit et que j'étais parti à 6 heures du matin, il me laissait rester là.

– Vous n'êtes jamais entré dans le hall ? Je crois que tous les halls d'hôtel sont accessibles au public. »

J'ai regardé Mr Ron droit dans les yeux. « Les sans-abri font pas partie du public », j'ai dit.

J'imagine que je faisais partie du public maintenant parce mon nom était sur la « Liste des invités ». Quand la nourriture est arrivée, j'ai mis ma serviette en tissu sur mes genoux et j'ai gardé un œil sur Mr Ron pour être sûr que je prenais la bonne fourchette. J'avais appris que les gens blancs et riches avaient beaucoup de règlements à propos des fourchettes. J'ai pas encore compris pourquoi il faut qu'ils utilisent trois ou quatre différentes fourchettes et qu'ils donnent comme ça beaucoup de travail à ceux qui travaillent dans la cuisine.

On avait presque fini de manger quand Mr Ron a parlé du projet de donner le nom de Miss Debbie à la nouvelle chapelle. « Nous avons voté contre, il a dit. Nous ne pensons pas qu'elle aurait voulu attirer l'attention sur elle de cette façon. »

Je suis alors devenu très sérieux. « Mr Ron, Miss Debbie est au ciel. Et puis ça concerne pas Miss Debbie. Ça concerne Dieu. Vous allez vous mettre en travers du chemin de Dieu quand Il fait Son travail ? »

Mr Ron a secoué sa tête avec un peu l'air d'un chien battu. « Non. Je suppose que non.

– Alors, ôtez-vous de Son chemin et laissez-Le faire ! »

57

Denver Moore s'est fort bien débrouillé dans cette foule réunissant toute la haute société de Fort Worth et c'est avec grâce et dignité qu'il a accepté un prix de philanthropie au nom de Deborah. Toute l'assistance s'est levée pour l'ovationner.

Le lendemain, j'ai eu une rencontre avec les membres du conseil d'administration de la mission et je leur ai dit que ma famille ne souhaitait pas que la chapelle porte le nom de Deborah. Mais je leur ai également fait part du conseil de Denver et, bien entendu, cela était décidé : le nouveau lieu de culte s'appellerait la Deborah Hall Memorial Chapel.

Entre-temps, la collecte de fonds au profit de New Beginnings, le nouvel édifice qui abriterait la mission, avait été officiellement lancée. Deux jours après le service funèbre de Deborah, alors que nous étions sur la rivière à Big Bend, les Snyder et nos amis, Tom et Patricia Chambers, avaient fait don de 350 000 $ à la mission en son honneur.

Cette réunion du Conseil a semblé mettre un terme à l'état de grâce qui m'avait soutenu tout au long des obsèques de Deborah, de mon voyage à Big Bend et du banquet. Cela s'est également révélé le dernier arrêt civilisé avant que la vie ne me rejette sur un sentier non balisé. J'avais 55 ans, les tempes grisonnantes, et la moitié du cœur enfouie sous terre à Rocky Top. Comment survivre ? Comment aller de l'avant ? Je me sentais piégé dans une tempête de neige où je ne voyais plus rien, j'étais sans guide ni provisions. La force de ma peur m'a surpris.

Pendant des semaines, j'ai erré dans la maison comme un fantôme dans un cimetière. J'ai hanté la penderie de Deborah, j'ai ouvert ses tiroirs et ses commodes, j'ai touché ses foulards, ses bas, j'ai enfoui mon visage dans ses vêtements, tentant d'y retrouver son odeur. Parfois, je refermais derrière moi la porte de la penderie et je restais assis dans le noir, serrant contre ma poitrine la dernière photo qui avait été prise de nous deux.

J'ai épluché classeurs et albums de photos, et j'ai créé un nouvel album réunissant mes photos préférées et des lettres qu'elle avait écrites. J'ai passé plusieurs jours et plusieurs nuits assis sur notre lit, hébété, tournant lentement les pages, revivant les moments marquants de notre vie : le printemps où j'étais tombé amoureux d'elle et le jour où je lui avais apporté des bonbons au citron dans un petit sac de papier brun à l'école où elle enseignait …

L'été de nos fiançailles, nos baignades dans le lac, nos baisers sous l'eau, si longs qu'on avait désespérément besoin d'air lorsqu'on émergeait enfin, gloussant en disant qu'on avait failli se noyer… notre lune de miel en automne à Vail, nous étions si pauvres qu'il avait fallu partager une chambre avec un autre couple… Les jours d'été au parc avec les enfants… Les hivers pendant lesquels nous faisions des bonshommes de neige habillés en cow-boys et que nous explorions des cavernes indiennes à Rocky Top.

J'ai mis de côté ma Bible et j'ai lu la sienne, non pas pour y trouver des mots de réconfort de Dieu, à qui je n'adressais pratiquement plus la parole, mais pour y trouver ceux de Deborah – des milliers de mots griffonnés dans les marges de 2 094 pages. Elle y racontait nos hauts et nos bas, nos luttes et nos victoires – dans notre mariage, l'éducation de nos enfants, nos amitiés. Ses mots – et non notre argent, nos bijoux, nos antiquités ou nos tableaux de grands maîtres du 20e siècle –

constituaient notre trésor familial : c'était le cœur de Deborah qui se révélait, écrit de sa propre main.

J'avais le sentiment que mon propre cœur était flétri et noir, et que mon corps l'était également. Mesurant près de 1,82 mètre, je ne pesais que 61 kilos. Mes amis disaient que j'avais un air épouvantable. J'en étais content. J'estimais que c'était bon et juste. Mary Ellen m'a demandé si j'avais des idées suicidaires. Je suppose que oui : je me languissais de quelqu'un qui était mort.

Ma peur a finalement laissé place à la colère, une colère immense. Mais alors que je décochais autour de moi des flèches empoisonnées de reproches – sur les médecins, l'industrie pharmaceutique, les chercheurs en cancérologie – ma véritable cible était manifestement Dieu. C'est Lui qui m'avait irrémédiablement déchiré le cœur. Sans arme et sans masque, Il avait volé ma femme et la mère de mes enfants, et la grand-mère de mes petits-enfants. Je Lui avais fait confiance, et Il m'avait laissé tomber.

Comment peut-on pardonner ça ?

Et puis, ce fut l'Action de grâces, une journée à subir et non à célébrer. Dans une maison qui en cette fête que Deborah aimait entre toutes, et où elle reproduisait le festin des pèlerins, Denver et mes parents ont été les seuls invités. Je m'étais levé tôt, j'avais mis une dinde maigrichonne au four et je m'étais installé sur la véranda à l'arrière de la maison, une tasse de café à la main.

Alors que le soleil levant illuminait graduellement la vallée, j'ai observé des cerfs mâles pourchasser des biches près de la rivière. Jusqu'à maintenant, j'avais chaque année chassé le cerf le matin de l'Action de grâces. Mais la mort avait maintenant pour moi un caractère trop personnel.

J'ai pris ma voiture et je suis monté sur la colline pour m'asseoir avec Deborah. Je me suis assis sur la grosse pierre sous le chêne penché, sombrant encore plus profondément dans la tristesse alors que des feuilles rouge sang s'amoncelaient sur le sol autour de moi. Les roses blanches sur la tombe de Deborah étaient devenues brunes. Et seul un affreux grillage de basse-cour protégeait son lieu de repos de l'intrusion des animaux sauvages.

Mon cœur s'est serré et je me suis demandé comment j'avais pu la laisser là comme ça, sans mur ni barrière pour la protéger. Denver m'avait dit qu'il voulait m'aider à transformer cet endroit en cimetière familial, et nous avions convenu de le faire ensemble.

À la mi-décembre, nous nous sommes donc retrouvés à Rocky Top pour faire ce geste d'amour et transformer la colline désolée et solitaire où reposait Deborah en un havre sûr. La veille du début des travaux, nous avons rempli de bûches le grand âtre de pierre et nous nous sommes installés dans des fauteuils de cuir, les jambes tendues vers les flammes afin de nous réchauffer les pieds. La lueur du feu dansait sur la peau sombre de Denver pendant que nous parlions de Deborah.

« Vous vous rappelez quand elle a fait une fête d'anniversaire pour moi, Mr Ron ?

– Bien sûr ! C'était au Red, Hot & Blue. »

Denver avait 63 ans et Deborah avait organisé une petite fête-surprise. Après le service religieux, nous l'avions emmené au Red, Hot & Blue, une grilladerie où Denver et moi étions souvent allés manger un sandwich au porc émincé accompagné de feuilles de chou vert et de patates douces. Scott et Janina, et leurs enfants s'étaient joints à nous.

« Denver », avait dit Deborah après que nous ayons commandé, « dites-nous quelle a été votre plus belle fête d'anniversaire ? »

Il avait baissé les yeux et réfléchi quelques instants, et puis il avait regardé Deborah. «Eh ben, je pense que c'est celle d'aujourd'hui la plus belle parce que c'est la seule que j'ai jamais eue.

– Mais quand vous étiez enfant?», a demandé Deborah, étonnée.

«Non, m'dame. Sur la plantation on fêtait pas les anniversaires. J'ai pas su quand c'était le mien avant que je sois grand et que ma sœur me dise la date.» Et puis, son visage s'est éclairé. «Donc aujourd'hui est mon anniversaire préféré, c'est sûr.»

Deborah avait apporté un petit gâteau au chocolat nappé d'un glaçage blanc. Elle a allumé les bougies et nous avons chanté «Joyeux anniversaire», mêlant nos voix à celles plus flûtées des enfants pendant que Denver souriait timidement.

Il souriait encore maintenant à ce souvenir, les pieds tendus vers les flammes crépitantes. «C'est sûr que ça m'a fait plaisir. Et les grillades et le gâteau étaient pas mal bons aussi.

– Mais vous avez eu un mal de chien à manger votre grillade», ai-je dit, me rappelant les gouttelettes de salive qui giclaient à travers ses quelques bonnes dents et qui tombaient sur la nappe à carreaux rouge et blanc chaque fois qu'il prenait une bouchée.

«Oh oui», a-t-il dit, gloussant en y repensant. Il avait eu tellement de difficulté à manger son repas d'anniversaire que, le lendemain, j'avais téléphoné à Glen Petta, un dentiste qui avait fait la connaissance de Denver pendant la retraite. À cette époque, il lui avait offert de lui fabriquer de nouvelles dents gratuitement. Lorsque j'en ai parlé à Glen, il a dit qu'il serait heureux de tenir sa promesse. Et lorsque j'ai revu Denver, il arborait fièrement un grand sourire, révélant une rangée de dents nacrées, bien alignées et aussi serrées que la grille d'une Corvette 1954.

«Eh bien, vous ressemblez à une vedette de cinéma, Denver, lui avais-je dit, lui retournant son sourire.

– Laquelle?»

J'ai nommé la première qui m'a traversé l'esprit: «John Wayne!»

Cela a semblé lui convenir, mais finalement pas le dentier. Il ne le portait qu'à l'église. Il disait qu'il le gênait lorsqu'il mangeait.

Et il ne le portait pas en ce moment devant l'âtre où le bois vert sifflait et crépitait, nous plongeant dans un état de douce somnolence.

Enfin, nous nous sommes extirpés de nos fauteuils et j'ai conduit Denver à l'étage pour lui montrer la chambre où il pouvait dormir. Je voulais désespérément qu'il se sente le bienvenu chez moi. Il avait dormi à Rocky Top à quelques reprises déjà, mais jamais sans se faire prier. Il préférait encore dormir à l'extérieur.

Et maintenant que Deborah était partie, je commençais à croire qu'il se sentait comme un parasite. Mais je ne le voyais pas du tout comme ça. En fait, durant toute la maladie de Deborah et depuis son décès, j'en étais venu à le considérer comme mon frère.

58

J'étais vraiment content d'aller avec Mʳ Ron à son ranch pour l'aider à arranger l'endroit où était Miss Debbie. Mais pour dire la vérité, j'avais jamais été aussi à l'aise avec lui que j'avais été à l'aise avec elle. Non pas vraiment, même si on se connaissait depuis plusieurs années, j'étais assez sûr que si Mʳ Ron essayait d'être mon ami, c'était juste parce que Miss Debbie lui avait demandé d'être mon ami. Et je pensais que maintenant que Miss Debbie était partie, ça serait pas très long avant qu'il me remette à l'eau.

Ce soir-là, Mʳ Ron m'a encore montré la chambre en haut même si je savais où elle était. C'était une chambre vraiment confortable avec un petit lit de fer et une décoration dans le style des cow-boys. J'avais déjà dormi là, mais toujours par terre parce que j'ai jamais vraiment été beaucoup à l'aise de dormir dans une maison pour commencer. Mais Mʳ Ron a dit qu'il voulait pas entendre parler de ça et il m'a fait promettre que je dormirais dans le lit.

«À demain matin», il a dit en sortant de la chambre et en fermant la porte. Je suis resté debout sans bouger au milieu de la pièce et j'ai écouté ses pas quand il a descendu l'escalier. Quand j'ai entendu la porte de sa chambre se fermer, j'ai ouvert la mienne pour pas me sentir trop enfermé.

Et puis je me suis enveloppé dans une couverture et je me suis couché sur le lit avec la couverture par-dessus ma tête comme un capuchon et juste mon nez qui sortait, style sans-abri. Mais ça a rien changé, je pouvais pas me sentir bien dans le lit de quelqu'un d'autre et je savais que je dormirais pas beaucoup.

Ça faisait plusieurs heures que j'étais couché là sans bouger comme un homme mort, mais tout éveillé quand j'ai entendu quelque chose, des pas dans la chambre.

Pendant une minute je suis resté figé, mort de peur. Et puis une sorte de paix est venue dans la pièce et j'ai fermé mes yeux en dessous la couverture. Et puis j'ai senti le capuchon glisser et des mains douces et légères comme une plume sur mon cou. Mais j'ai gardé les yeux fermés.

Et puis j'ai entendu la voix d'une femme et j'ai reconnu la voix : « Denver, vous êtes le bienvenu dans notre demeure. »

J'ai ouvert mes yeux et j'ai vu Miss Debbie, et elle était guérie et très belle. Et puis déjà elle était partie. Je vous dis pour sûr, c'était pas un rêve parce que je dormais pas. C'était une visitation.

Je suis resté sans bouger très longtemps en essayant de comprendre pourquoi Miss Debbie était venue. *Vous êtes le bienvenu dans notre demeure.*

Notre demeure.

J'ai pensé qu'elle voulait dire sa demeure *et* la demeure de Mr Ron, et que j'étais encore le bienvenu même si elle était partie. Elle avait été mariée avec lui pas mal longtemps et donc j'ai pensé qu'elle le connaissait pas mal bien. C'est là que j'ai compris que Mr Ron était sérieux quand il disait qu'il était mon ami.

Quand j'ai compris tout ça, j'ai plus senti que c'était le lit d'un étranger et j'ai plongé dans le sommeil.

59

Nous nous sommes réveillés le lendemain matin au moment où le soleil, en s'élevant dans un ciel sans nuage, déposait des teintes de rose, et puis d'or, sur la gelée. Denver avait l'air reposé et particulièrement enjoué. Nous avons pris le café sur la véranda arrière et avons observé plusieurs cerfs traverser la pâle rivière tout en bas. Même à une distance de près de 100 mètres, nous pouvions entendre leurs étroits sabots casser la couche de glace qui s'était formée sur la berge pendant la nuit.

Étant donné que nous avions prévu passer la journée à ramasser des pierres pour le site où reposait Deborah, nous étions ravis qu'il fasse froid. Ramasser des pierres sur un ranch du Texas n'est pas une corvée que l'on souhaite accomplir avant les premières gelées, à moins d'avoir envie de se retrouver face à face avec un serpent à sonnettes irrité.

Ensemble, Denver et moi avons ramassé des pierres pendant trois jours, négligeant les pierres ordinaires pour ne garder que les plus belles. Ensuite, nous avons érigé un mur autour du carré de terre où je reposerais un jour aux côtés de ma femme. Nous avons utilisé les meilleures pierres pour construire des piliers qui supporteraient une arche de fer forgé sur laquelle serait inscrit le nom du cimetière : Brazos del Dios. Les Bras de Dieu.

Cela faisait six jours que nous travaillions et j'ai cru remarquer un changement chez Denver. Quelque chose… *de plus léger* dans son état d'esprit. Je n'arrivais pas à préciser quoi au juste ? Pendant que nous empilions les lourdes pierres des piliers, il a résolu le mystère pour moi.

« Mr Ron, j'ai quelque chose à vous dire.

– De quoi s'agit-il ? », ai-je demandé en faisant basculer un bloc de calcaire de couleur rouille. « Eh ben, vous me croirez peut-être pas, mais j'ai vu Miss Debbie l'autre soir. »

Je m'étais penché pour soulever une autre pierre, mais je me suis aussitôt redressé et me suis tourné vers lui. « Qu'est-ce que vous voulez dire par là ? »

Denver a retiré sa casquette de base-ball, s'est essuyé le front et a remis son mouchoir dans sa poche arrière. « Vous savez, le premier soir ici quand vous m'avez emmené en haut pour me montrer où dormir ?

– Oui…

– Eh ben, j'étais pas capable de dormir. J'étais couché depuis pas mal de temps quand Miss Debbie est entrée dans la chambre. Sauf qu'elle avait plus l'air malade. Elle était belle comme avant d'attraper le cancer. »

Ne sachant pas trop quoi dire, j'ai un peu penché la tête et je l'ai regardé attentivement. « Pensez-vous avoir rêvé ?

– Non, m'sieur. » Il a secoué la tête catégoriquement. « Comme j'ai dit, je pouvais pas dormir. C'était pas un rêve. C'était une *visitation*. »

Je me rappelais que, pendant la maladie de Deborah, tout ce que Denver avait dit s'était toujours avéré exact. Sa prédiction que quelque chose de terrible allait se produire. Les anges. Les tentatives de Deborah pour aller au ciel. Même son espérance de vie. Par conséquent, j'en étais venu à croire des choses que j'aurais auparavant jugées incroyables.

J'ai regardé la tombe de Deborah et puis de nouveau Denver. «A-t-elle dit quelque chose?

– Oui, m'sieur. Elle a dit: "Vous êtes le bienvenu dans notre demeure." Mr Ron, je dois dire que je me suis senti beaucoup mieux quand elle a dit ça, parce que j'étais pas mal sûr qu'après qu'elle elle soit partie à la maison avec le Seigneur, vous alliez me remettre à l'eau.

– Vous remettre à l'eau?» J'étais stupéfait qu'il ait pu croire ça. J'en étais venu à tenir pour acquis que lui et moi serions des amis pour toujours, exactement comme il l'avait dit un jour au Starbucks. Et puis, je me suis rappelé: la première fois que je lui avais dit que je voulais être son ami, c'était parce que Deborah m'y avait poussé.

Ensuite, pendant un certain temps, je m'étais secrètement vu moi-même comme une sorte de Henry Higgins des sans-abri – j'avais du moins cru que c'était secret. Et n'était-il pas vrai que j'avais promis de ne pas faire de capture-remise à l'eau lorsque ma femme, capitaine du bateau de pêche, vivait encore? Maintenant, elle n'était plus. Cela n'aurait peut-être pas dû m'étonner que Denver pense que j'avais l'intention de l'abandonner.

Souriant, j'ai fait un pas vers lui et j'ai posé une main sur son épaule. «Denver, bien sûr que vous êtes le bienvenu ici. Vous l'êtes même quand je n'y suis pas. Les enfants et moi vous considérons maintenant comme un membre de la famille, et notre demeure est votre demeure. Lorsque je vous ai promis de ne pas faire de capture-remise à l'eau, j'étais sérieux.»

J'ai cru voir qu'il avait la gorge serrée. Il a fixé le sol pendant un long moment, et lorsqu'il a relevé la tête, j'ai constaté qu'il avait les yeux humides.

«Pour toujours», a-t-il dit. Et puis, il a souri et s'est penché pour s'emparer d'une autre pierre.

60

J'aime la grosse pierre qu'il y a à Brazos del Dios, cette pierre plate sous le chêne penché. Je me sens bien là parce que quand je monte sur la colline je sais que Miss Debbie est avec moi. On a dédié le nouveau cimetière au mois de mai à la mémoire de Miss Debbie et j'étais très content parce que Dieu avait béni la journée avec un ciel bleu et des fleurs jaunes partout.

Il y avait à peu près 50 personnes là-bas, pratiquement les mêmes qui étaient venues à l'enterrement au mois de novembre. On a chanté pendant un bout de temps et puis on a parlé de la loyauté de Dieu pour nous aider à traverser ce moment de chagrin.

Et puis j'ai senti que le Seigneur me disait de parler aux gens qui étaient là. Et quand le Seigneur dit « parle », on peut pas faire autrement que se lever, ouvrir la bouche et voir ce qui en sort.

Voici ce qui est sorti de ma bouche ce jour-là : « Miss Debbie était assez mon amie pour que je prie et prie pour elle, le jour et la nuit – même au point d'offrir ma vie à Dieu pour sa vie à elle. « Laissez-moi partir «, je le Lui disais. « Laissez-la rester «parce qu'elle est plus précieuse que moi sur la terre et je serais mieux au ciel parce que j'ai pas de chance ici en bas. »

Mais tout le monde savait que ça ne s'était pas passé comme ça. Alors, j'ai regardé Mʳ Ron et Carson et Regan assis sur le banc que Miss Pame avait apporté, parce que je savais que ce que j'allais dire serait dur pour eux à entendre.

« Je sais que quand quelqu'un qu'on aime est parti, on n'a pas envie de dire merci à Dieu. Mais des fois on doit être reconnaissant pour les choses qui nous font mal, j'ai dit, parce que des fois Dieu fait des choses qui nous font mal, mais qui aident quelqu'un d'autre. »

Je pouvais voir les gens faire oui avec leur tête. Mr Ron et tous les autres sont restés assis sans parler.

« Si vous voulez savoir la vérité, rien finit jamais vraiment sans que quelque chose de nouveau commence, j'ai dit. Quand une chose finit devant nos yeux, elle recommence ailleurs dans un endroit où on peut rien entendre ou voir ou sentir. On vit dans deux mondes, un monde physique et un monde spirituel. Quand le corps physique de Miss Debbie est descendu dans la terre, son esprit est monté dans le ciel. Dans ce monde, on change de forme avant d'en prendre une autre. »

J'ai regardé la tombe où les ouvriers de Mr Ron avaient mis des roses sauvages dans un vieux seau près de la tête de Miss Debbie. Et puis j'ai encore regardé Mr Ron et j'ai vu qu'il était d'accord. Il a souri un peu et j'ai pensé que peut-être il se rappelait que j'avais vu le corps spirituel de Miss Debbie avec mes yeux.

61

Un été torride est passé, et puis septembre est arrivé avec des vents exceptionnellement frais. Denver et moi avions passé beaucoup de temps ensemble. Nous parlions de ce que nous avions vécu et l'idée d'écrire notre histoire a commencé à germer.

Mais pour raconter cette histoire, il fallait que j'en sache davantage sur les racines de Denver. L'endroit d'où il venait était-il aussi terrible qu'il le prétendait? J'étais souvent allé en esprit dans cette plantation de Red River Parish. Mais l'idée que je m'en faisais avait un caractère cinématographique, comme si un machiniste avait construit un décor avec des accessoires abandonnés après le tournage du film *Autant en emporte le vent*.

De plus, le vocabulaire de Denver était pauvre en adjectifs et il n'y avait donc qu'une seule chose à faire. Il fallait que je me rende avec lui à Red River Parish afin de voir et de toucher ces lieux qui avaient produit cet homme qui avait changé ma vie. Et Denver avait lui aussi une raison d'y retourner: il souhaitait fermer la porte sur son passé.

C'est peut-être pour cette raison qu'il s'est fermé comme une huître lorsque, au début de septembre 2001, nous avons mis les voiles sur l'autoroute 20 et entrepris notre pèlerinage. Alors que nous roulions vers l'est dans ma nouvelle Suburban

– l'autre ayant trop de kilomètres à son actif – Denver était exceptionnellement silencieux, et je lui ai demandé pourquoi.

«J'ai pas beaucoup dormi dernièrement, a-t-il dit. Ce voyage me rend nerveux.»

Il était déjà retourné là-bas pour rendre visite à sa sœur, Hershalee, et à sa tante Pearlie May. Mais Hershalee était décédée en 2000, quelque mois seulement avant Deborah, laissant Denver coupé à tout jamais de ces étroits liens familiaux qui nous rattachent sur cette terre et qui nous donnent un sentiment d'appartenance.

Nous ne roulions pas depuis longtemps lorsque la tête de Denver est tombée sur sa poitrine comme une pierre du haut d'une falaise. Une minute plus tard, il ronflait. Pendant les trois heures qui ont suivi, le voyage s'est déroulé au son d'une scierie. Mais lorsque nous avons pénétré dans le pays des bayous, quelque chose dans l'air a semblé le ranimer : il n'a pas émergé lentement du sommeil, mais il s'est plutôt redressé brusquement.

«On approche», a-t-il dit.

L'air de la Louisiane était chaud et humide, lourd de la moiteur d'une pluie toute récente. Bientôt, nous filions à travers des champs de coton, et les yeux de Denver se sont allumés comme ceux d'un jeune garçon qui aurait traversé un parc d'attractions. Dehors, les acres se succédaient, et d'immenses couvertures de boules de coton d'un blanc laiteux se déroulaient pour rejoindre au loin des rangées de feuillus qui se dressaient à l'horizon.

«Regardez, c'est pas beau ça! Juste prêt à être cueilli!» Denver a doucement hoché la tête, envahi par les souvenirs. «Avant, il y avait des centaines de gens de couleur partout dans les champs aussi loin qu'on pouvait voir. Et l'Homme blanc était debout dans sa charrette avec ses balances et il écrivait combien chacun avait cueilli. Maintenant, tout le coton reste là dans le champ en attendant qu'une grosse machine qui ressemble à un monstre passe et arrache tout. Beaucoup de gens ont plus de travail. C'est pas juste.»

De nouveau, cette relation d'amour-haine que Denver nourrissait à l'égard de sa plantation m'a étonné. C'est comme si ça ne l'aurait pas beaucoup ennuyé d'être encore coincé dans une ère agraire hors du temps s'il n'y avait pas eu autant d'injustice.

Nous avons roulé encore sur une distance de près d'un kilomètre, Denver le nez pratiquement collé sur la vitre. «Ici, Mr Ron. Arrêtez juste ici.»

J'ai rangé la Suburban sur l'accotement, les pneus crépitant sur le gravier tout à côté des premiers plants de coton disposés en de blanches rangées se déployant comme les rayons d'une roue de bicyclette. Denver s'est engagé dans une allée boueuse et nous avons marché entre les plants, Denver laissant doucement courir une main sur les boules duveteuses.

«J'ai labouré ce champ et j'ai cueilli le coton ici pendant beaucoup d'années, Mr Ron… beaucoup d'années.» Sa voix avait des intonations mélancoliques et lasses, et puis son visage s'est éclairé comme s'il me confiait un secret commercial. «Aujourd'hui est une bonne journée pour cueillir parce qu'il y a un peu d'humidité dans l'air», a-t-il dit en me faisant un clin d'œil. «Ça fait que le coton pèse plus lourd.

– Ne croyez-vous pas que l'Homme blanc le savait et en tenait compte?», ai-je demandé.

Denver s'est arrêté un moment et puis il a éclaté de rire. «Ouais, j'imagine.»

J'ai sorti un petit appareil photo numérique de ma poche, et Denver a pris la pose typique des portraits sépia comme si j'avais actionné un interrupteur. Il a posé un genou dans la poussière et a fixé la lentille d'un air sérieux à travers ses lunettes de soleil mode, ressemblant autant à un ancien cueilleur de coton que Sidney Poitier. J'ai pris plusieurs photos, et il était toujours figé dans cette pose de touriste lorsque l'appel sentimental d'un sifflet de train a flotté jusqu'à nous à travers champs.

« C'est le train que vous avez pris pour quitter cet endroit ? », ai-je demandé.

Denver a hoché la tête d'un air solennel. Je me suis demandé combien de fois il avait écouté ce sifflet avant qu'il l'entende chanter son nom.

67

J'ai trouvé pas mal angoissant de retourner à Red River Parish. Mais je me suis senti mieux quand on a traversé la frontière de la Louisiane. Il y avait quelque chose dans l'air… des souvenirs, des esprits, je sais pas. Les esprits sont pas tous bons, mais ils sont pas tous mauvais non plus.

Mr Ron a pris des photos de moi dans un champ où j'avais déjà travaillé. On est restés là juste une minute et puis on a repris la route nationale 1 toute droite qui coupait en deux le champ de coton comme un grand couteau noir.

On a roulé un bon bout de temps avant que je dise à Mr Ron : « Tournez ici. » Il a tourné le volant brusquement et on s'est retrouvé sur un vieux chemin de terre. À gauche il y avait la maison de l'Homme blanc, et à droite il y avait une nouvelle maison que j'avais jamais vue avant.

Nous avons avancé très lentement sur le chemin en faisant voler un peu de boue, et il y avait du coton partout de chaque côté. Pas longtemps après, on a vu une vielle cabane abandonnée, grise et en ruines avec toute sa peinture partie. « C'était la maison du Patron des nègres », j'ai dit.

Mr Ron m'a regardé d'un drôle d'air. J'imagine qu'il était surpris de m'entendre dire le mot « nègre », mais c'est comme ça qu'on disait dans ce temps-là. Au cas où vous voudriez savoir ce que le Patron des nègres faisait, il faisait exactement ce que

Different, tout comme moi

ça veut dire : c'était l'homme de couleur qui disait quoi faire aux autres hommes de couleur.

Mr Ron a continué à conduire et puis j'ai dit : « Arrêtez juste ici. »

Là, près de la route de l'autre côté d'une clôture en fil de fer barbelé, il y avait une cabane de deux pièces qui avait l'air de vouloir d'écrouler d'une minute à l'autre. Des mauvaises herbes grimpaient dessus. Il y avait plus de porte en avant, juste un gros nid de guêpes aussi gros qu'un enjoliveur de roue. « C'est là que j'habitais », j'ai dit pas très fort.

Il y avait pas de place pour se garer et Mr Ron a juste arrêté son camion au milieu du chemin. On est sortis, on est passés par-dessus la clôture et on a regardé par les fenêtres en poussant les mauvaises herbes. Il y avait pas de vitre. Il y en avait jamais eu. Il y avait rien à l'intérieur sauf des toiles d'araignée et des guêpes et des tas d'ordures. Je me suis demandé si c'était les miennes. Mais après si longtemps, j'ai pensé que non.

Mr Ron secouait sa tête. « J'ai de la difficulté à croire que vous avez vécu ici toutes ces années, il a dit. C'est affreux. C'est pire que ce à quoi j'avais pensé. »

En regardant la cabane, je me voyais encore jeune homme, si fier d'avoir ma maison à moi que je voyais pas qu'elle était pas plus grande qu'une remise à outils. Je pouvais me voir sur le tracteur de l'Homme blanc dans le champ là-bas. Je pouvais me voir soigner un cochon en arrière de la cabane et puis me priver pour faire durer la viande plus longtemps. Je pouvais me voir me lever chaque matin avant le soleil, m'occuper du coton de l'Homme blanc, année après année, et tout ça pour rien.

Quand Mr Ron a demandé s'il pouvait prendre des photos de moi devant la cabane, j'ai dit oui. Mais j'ai souri seulement à l'extérieur.

63

Lorsque Denver m'a montré l'endroit où il vivait autrefois, j'ai eu beaucoup de mal à le croire. Faite de madriers grisâtres, sa cabane était deux fois plus petite que les *shotgun houses* que j'avais vues pendant mon enfance à Corsicana, et elle aurait presque pu entrer à l'arrière d'une camionnette à caisse longue. J'ai regardé la route par où nous étions venus et je me suis rappelé être passé devant la maison de l'Homme blanc – une grosse maison de campagne blanche en bardeaux, entourée d'une belle véranda abritant une balançoire. Le contraste m'a révolté.

Denver n'a pas dit grand-chose pendant que nous flânions autour de sa cabane. Et puis, il a proposé que nous allions voir la maison où avait vécu Hershalee. Nous sommes remontés dans la Suburban et, pendant que nous roulions sur le chemin de terre rouge, il m'a raconté comment l'Homme blanc avait permis à sa sœur de vivre dans cette maison, même si elle ne travaillait plus aux champs et ne pouvait pas payer de loyer. Denver semblait penser que c'était très sympa de sa part.

Pendant un moment, mon esprit est parti à la dérive sur une route où il avait déjà cheminé : quel genre d'homme était l'Homme blanc ? Pendant des décennies, un Homme blanc avait obligé ses métayers à vivre pieds nus et dans la pauvreté, mais avait quand même offert à un jeune Noir une bicyclette Schwinn flambant neuve.

Un autre Homme blanc avait permis à une vieille femme noire de vivre sur ses terres sans payer de loyer longtemps après qu'elle ait cessé de travailler aux champs. Un troisième Homme blanc avait maintenu Denver dans l'ignorance et la dépendance, mais avait subvenu à ses besoins beaucoup plus longtemps qu'il avait sans doute eu besoin de lui dans ses champs.

Cela équivalait pratiquement à cette doctrine de l'esclavagisme appelée «paternalisme», cette notion selon laquelle les Noirs étaient comme des enfants incapables de vivre libres, et qu'ils étaient par conséquent plus heureux comme esclaves. Que cela soit arrivé à Denver au milieu du 20e siècle me faisait horreur.

Environ 500 mètres plus loin, nous nous sommes arrêtés devant la maison d'Hershalee. C'était une vraie maison – si on se fiait à ce qu'on pouvait en voir. Un toit de bardeaux goudronnés et des corniches grisâtres dépassaient d'une jungle de mauvaises herbes hautes de trois mètres comme la dernière partie visible du pont d'un navire qui est en train de couler. Derrière la maison, à une distance de 30 mètres, affluait paresseusement de la gauche vers la droite un bayou vert pomme. J'ai coupé le contact de la Suburban, et Denver et moi en sommes descendus pour aller explorer les lieux.

La maison d'Hershalee avait autrefois été enduite d'une couche de peinture blanche avec des moulures bleu pâle. Mais aujourd'hui, on aurait dit qu'une bombe avait explosé non loin. Les vitres de toutes les fenêtres étaient cassées. Des ordures et du verre – surtout des bouteilles de vin – étaient éparpillés sur les rares parcelles du terrain qui n'avaient pas été envahies par les mauvaises herbes.

La maison était posée obliquement sur des souches de bois d'arc et la véranda était pourrie, et sur le point de s'écrouler. Les mauvaises herbes entouraient les quatre côtés de la maison comme un linceul. Et derrière les rares ouvertures des fenêtres, il n'y avait qu'obscurité.

Denver m'a regardé avec un sourire narquois. «Vous avez peur d'entrer?

– Non, je n'ai pas peur. Et vous?

– Moi? J'ai peur de rien.»

Sur ce, nous avons tenté de nous frayer un chemin à travers les mauvaises herbes comme des hommes pendant un safari et nous nous sommes hissés sur la véranda. Nous n'avons pas eu le choix, car les marches avaient disparu. Posant les pieds sur les planches restantes comme sur des pierres de gué, nous avons avancé avec précaution jusqu'à la porte d'entrée qui était grande ouverte, ce qui m'a fait penser à une bouche affamée.

Denver est entré en premier, et j'ai entendu des rongeurs s'enfuir pendant que je le suivais dans un petit salon qui avait été saccagé et puis utilisé comme dépotoir. Il y avait un divan couvert d'ordures, des chaises brisées et un vieux tourne-disque. Une table et un vaisselier étaient appuyés contre un mur et tenaient encore debout, contre toute attente. Des vêtements jonchaient le sol. Une épaisse couche de poussière recouvrait le tout.

J'ai fait un pas, poussant ainsi de vieux papiers, et baissant les yeux, j'ai découvert une pile de courrier. Sur le dessus, une lettre de la Ville de Fort Worth adressée à Denver Moore à Red River Parish, Louisiane. La date: 25 mars 1995. Je la lui ai tendue, mais d'un geste, il a refusé de la prendre.

«Vous, ouvrez-la. Vous savez que je sais pas lire.»

J'ai glissé le pouce sous le rabat de l'enveloppe jaunie et la colle a cédé en de fines particules de poussière. J'y ai puisé une feuille unique et je l'ai dépliée pour découvrir un mandat d'arrêt pour conduite d'un véhicule automobile sans permis. Plissant les yeux, car la lumière était faible, j'ai lu à haute voix: «Cher Mr Moore, nous avons contre vous un mandat d'arrêt pour une contravention impayée de 153 $.»

Nous avons éclaté de rire, notre hilarité se répercutant de façon étrange dans la maison sombre et délabrée. J'ai mis la lettre dans ma poche, un souvenir. Je me suis penché et j'ai ramassé une autre lettre, celle-ci adressée à Hershalee par la Publishers Clearing House et l'informant qu'elle avait peut-être gagné 10 millions de dollars. Il semble qu'elle était morte la veille de son jour de chance.

La chambre à coucher d'Hershalee était sinistre. J'ai eu l'impression de pénétrer dans une vie qui avait soudain été abandonnée. Des photos de famille étaient encore posées sur la commode. Ses vêtements étaient encore accrochés dans le placard, et le lit était fait.

Denver a regardé le lit et a souri. «Je me rappelle une fois quand Hershalee gardait les enfants d'autres gens et qu'elle voulait les faire écouter. Alors, elle m'a emmené ici et elle a fermé la porte et elle m'a dit de sauter sur le lit, et de crier comme si elle me donnait la raclée du siècle. Elle voulait que les autres enfants fassent ce qu'elle disait.»

Ce souvenir l'a rendu mélancolique, mais cet instant est vite passé.

«Venez, a-t-il dit. Je veux vous montrer la baignoire d'Hershalee.»

Denver m'avait déjà parlé de cette baignoire qu'il avait achetée pour Hershalee avec l'argent que je l'avais obligé à garder après son aventure au Colorado. Hershalee y prenait son bain, mais elle ne l'avait jamais raccordée à l'eau courante et l'avait installée sur la véranda grillagée à l'arrière de la maison.

Denver et moi avons pris cette direction, nous orientant tant bien que mal dans l'obscurité qui régnait au centre de la maison. Le plancher gémissait et craquait sous nos pieds, et j'ai senti les poils de mon cou se hérisser quelque peu. Il faisait moins sombre sur la véranda, un peu de lumière filtrant à travers les mauvaises herbes qui s'agglutinaient tout autour. Et elle était effectivement là, la baignoire d'Hershalee, grouillante d'araignées.

Seule la moitié de la véranda où se trouvait la baignoire avait des moustiquaires et était ouverte au grand air. L'autre moitié, qui formait en quelque sorte une pièce supplémentaire, était sombre et fermée à l'aide de planches et surplombait le bayou.

« Hershalee était pas mal fière d'avoir cette baignoire neuve, a dit Denver. Venez. Je veux vous montrer le poêle où elle faisait chauffer l'eau pour son bain. »

Il s'est dirigé vers la cuisine, mais a soudain figé sur place et m'a regardé : « Vous avez entendu ça ? »

Je me suis immobilisé et j'ai tendu l'oreille dans l'étrange silence. Et puis, j'ai entendu des pas, comme si quelqu'un marchait avec de grosses bottes. Pire, j'ai entendu une respiration bruyante. Quelqu'un venait vers nous de l'*intérieur* de la section fermée de la véranda à près de cinq mètres de nous. Toutefois, je n'avais pas l'impression que c'était quelqu'*un* — ça m'apparaissait plutôt comme quelque *chose*.

Les poils de mon cou se sont dressés encore plus et j'ai regardé Denver. *Toumpe, toumpe* ont fait les pas, et puis nous avons entendu le grincement d'une poignée de porte. Les yeux de Denver se sont agrandis jusqu'à atteindre la taille d'une assiette à tarte. « Sortons d'ici », a-t-il murmuré.

Nous avons filé à toutes jambes à travers la maison d'un noir d'encre, sautant par-dessus des tas d'ordures et des meubles renversés. Nous sommes pour ainsi dire arrivés en même temps à la porte d'entrée et avons jailli à l'extérieur, en moins de deux. J'ai bondi sur les planches pourries et j'ai sauté en bas de la véranda, Denver volant juste derrière moi. Nous avons pris nos jambes à notre cou, mais à quelques mètres de la maison, nous nous sommes arrêtés net.

J'ai regardé Denver et il m'a rendu mon regard, tous deux haletant de soulagement. Et puis, nous avons été pris d'un fou rire nerveux.

« Pensez-vous que c'était un opossum ou un raton laveur ? », ai-je dit d'un ton léger, comme si ni l'un ni l'autre n'avait eu *vraiment* peur.

« Mr Ron, ça existe pas les opossums et les ratons de 90 kilos qui ont des bottes et qui marchent comme des hommes. »

J'ai ramassé un gros bâton et je me suis tourné vers la véranda, prêt à me battre avec ce qui en sortirait. Et puis, au lieu de dire que ça suffisait pour la journée, Denver et moi avons fait exactement comme dans les films d'horreur : nous avons contourné la maison et nous nous sommes dirigés vers le bayou.

J'étais tout à fait prêt à voir surgir de sa tanière une sorte de monstre des marécages, botté et gluant. Moins d'une minute avait passé quand, soudain, chaque poil de mon corps s'est hérissé. Denver et moi avons échangé un regard lourd d'une terreur partagée.

« Partons d'ici ! »

Cette fois, nous avions parlé en même temps et nous avons piqué un sprint vers la Suburban, comme si nous avions le diable à nos trousses. Nous avons sauté à l'intérieur, claqué les portières et appuyé sur les boutons de verrouillage. J'ai tourné la clé et... rien.

Mon véhicule flambant neuf refusait de démarrer. Encore et encore, j'ai tourné la clé. La tête de Denver pivotait entre la clé et la maison, la clé, la maison. Ses yeux ne cessaient de s'agrandir. Il appuyait sur une pédale d'accélération imaginaire du côté du passager, voulant à tout prix que la chose démarre.

Le moteur a toussé et craché comme s'il manquait d'essence. Mais le réservoir était presque plein.

« C'est pas vrai ! », ai-je dit, ma voix ayant grimpé d'une octave.

« C'est vrai », a-t-il dit en avalant sa salive.

Toute une minute est passée pendant que je tournais la clé je ne sais combien de fois. Les poils à l'arrière de mon cou étaient maintenant si raides que les follicules me faisaient mal. Le moteur a de nouveau toussé et craché, et puis s'est finalement mis en marche. Mais lorsque j'ai appuyé sur l'accélérateur… rien.

Terrifié, je n'aurais pas été surpris que le monstre que nous n'avions *pas* vu à l'arrière de la maison surgisse soudain en hurlant de sous la camionnette, défonce le pare-brise et nous ouvre la gorge. Jamais auparavant n'avais-je ressenti une telle frayeur. C'était viscéral, palpable. Le moteur tournant à peine, j'ai engagé brusquement la première vitesse et nous avons avancé, mon VUS de 40 000 $ roulant comme une bagnole antique.

Environ 400 mètres plus loin, le chemin se terminait en cul-de-sac. J'ai pénétré dans une petite clairière boueuse afin de faire demi-tour, mais le moteur a calé. Et pendant que je m'acharnais de nouveau sur le contact, Denver ne quittait pas le chemin des yeux, s'attendant à tout instant à voir apparaître le Quelque Chose.

Finalement, la Suburban est revenue à la vie et je me suis engagé sur le chemin en sens inverse, le moteur claquant et crachant comme un vieux tracteur dont le réservoir aurait été rempli avec une essence de mauvaise qualité. Nous nous sommes traînés ainsi jusqu'à ce que nous ayons dépassé la maison d'Hershalee. Une centaine de mètres plus loin, le moteur a repris vie et s'est mis à ronronner, toutes les jauges affichant des valeurs normales, comme si rien ne s'était passé.

Sur ce, Denver a éclaté d'un gros rire, si puissant que s'il s'était trouvé à bord d'un avion, un masque à oxygène serait tombé du plafond pour l'aider à respirer. Suffoquant et braillant, les yeux larmoyants, il a finalement lancé : « Maintenant, Mr Ron, vous avez une histoire à raconter, une bonne ! Oh oui ! »

Et puis, comme si une gomme avait effacé le sourire de son visage, il s'est tourné vers moi avec sérieux et m'a regardé droit dans les yeux. « Rien vous garde plus honnête qu'un témoin », a-t-il dit.

64

Quand on a entendu ces gros bruits de pas dans la chambre fermée sur la véranda, on savait que c'était rien d'humain. J'ai pensé que mes yeux allaient sortir de ma tête. On a vite décampé de là. Mais en courant, j'ai pensé que j'étais un peu ridicule. J'ai pensé que c'était peut-être seulement un vagabond ou quelqu'un qui s'était caché dans la maison d'Hershalee. Mais quand on est allés sur le côté de la maison et que ma peau a commencé à me démanger, j'étais pas mal sûr que c'était quelque chose, pas quelqu'un. Et quand la voiture toute neuve de Mr Ron a commencé à agir comme un cheval paniqué, j'ai été sûr.

Après, quand on a dépassé la maison de Hershalee, j'ai dit à Mr Ron que c'était pas la première fois que je voyais des choses bizarres sur la plantation. Comme quand ma tante, la sœur de Big Mama, avait appelé la pluie.

Quand je repense à ça, je me dis que Auntie était ce qu'on pourrait appeler une guérisseuse spirituelle, comme une sorte de « sorcier guérisseur », sauf que c'était une vieille femme. Elle vivait pas loin du bayou, à peu près à un kilomètre et demi de chez Big Mama, et j'avais l'habitude d'aller la voir là-bas de temps en temps.

J'avais peur d'elle. Elle portait toujours une longue jupe foncée et un chiffon autour de la tête, et quand elle riait, ça sonnait comme une bande d'oiseaux qui ont peur et qui se sauvent. Mais Big Mama m'obligeait à aller lui présenter mes respects et aussi à aider Auntie à cueillir les ingrédients de ses remèdes.

Elle m'emmenait avec elle dans le marécage et elle ramassait des feuilles et des racines. On allait là le soir quand le soleil qui se couchait donnait de la fraîcheur et on apportait un petit panier. C'est moi qui le portais pour elle à travers les cyprès pendant que les ouaouarons et les grillons accordaient leurs voix. Je gardais toujours un œil ouvert parce qu'un alligator pouvait toujours arriver.

«Ça, Li'l Buddy, c'est pour enlever la douleur d'une blessure», elle disait en arrachant une racine et en secouant la terre qui était dessus. «Et ça, c'est pour la pneumonie.»

Elle connaissait au moins 20 racines différentes et savait quoi faire avec, et puis ce qu'elle savait devait rester un secret parce qu'elle m'a fait promettre de dire à personne où elle les trouvait et où elle les mettait.

Auntie vivait toue seule. Elle avait une chambre dans sa maison avec une grande table et beaucoup de pots dessus de toutes les grandeurs.

«Tu vois ces pots? elle m'a dit une fois.

— Oui, m'dame.

— Dans chaque pot j'ai quelque chose pour tout ce qui peut t'arriver.»

Les gens avaient l'habitude d'aller voir Auntie quand ils étaient malades. Mais quand ils étaient pas malades, ils restaient loin. J'étais pas surpris. Il y avait comme une chose spirituelle qui se passait dans sa maison. Chaque fois que je suis allé là, elle me faisait asseoir sur un petit tabouret au même endroit, toujours tourné dans la même direction, comme si elle voulait pas que je dérange le vaudou qu'elle faisait là-dedans.

Un jour quand j'étais assis sur ce tabouret, elle a répandu une poudre sur le plancher de bois. Et puis elle a marché vers

moi et elle a regardé dans mes yeux, et elle a dit très lentement :
« Crois-tu que je peux faire venir la pluie ? »

J'ai regardé par la fenêtre et j'ai rien vu d'autre qu'un ciel
bleu. « Je sais pas », j'ai dit. J'avais à moitié peur et j'étais à
moitié curieux.

« Reste assis là », elle a dit.

Et puis Auntie a pris son balai et a commencé à balayer la
poudre sur le plancher en chantant une petite chanson qui
ressemblait à rien que je connaissais. Elle chantait et balayait,
chantait et balayait à petits coups sur le plancher. Elle a poussé
la poudre partout dans la chambre et puis un peu dehors en
chantant tout le temps.

Et puis elle a dit : « Li'l Buddy, sors sur la véranda. »

Je suis sorti et c'est la vérité : il y avait un nuage devant la
maison. Juste un nuage, pas un ciel rempli de nuages. Et quand
j'ai regardé le nuage il a lancé des éclairs et il y a eu du tonnerre.
Je pouvais le sentir qui grondait en dessous la maison. Et puis
la pluie est tombée sur la véranda.

Auntie a levé son visage dans les gouttes qui tombaient et
elle a fait un petit sourire comme si elle connaissait un secret.
« Je te l'avais dit », elle a dit.

Sauf à Mr Ron, j'avais jamais raconté ça à quelqu'un parce
que la plupart des gens diraient que c'est juste de la superstition.
Ils aiment mieux dire que des choses comme ça arrivent pas.

65

J'ai guidé la Suburban miraculeusement guérie le long du chemin de terre rouge jusqu'à ce que nous débouchions sur la route nationale 1. Nous avons roulé pendant un peu plus d'un kilomètre à la recherche d'un autre chemin de terre, en fait juste une brèche dans les mauvaises herbes, si étroite que nous l'avons ratée à plusieurs reprises et que j'ai dû faire demi-tour. C'était le chemin qui menait à la maison de Pearlie May, la tante de Denver. Dans les années 1960, elle avait déménagé dans une *shotgun house* plus près de la plantation et y avait toujours vécu par la suite.

Alors que j'avançais sur le chemin plein de nids-de poule, des mauvaises herbes qui arrivaient à la hauteur du pare-chocs s'écartaient pour révéler une Amérique que la plupart des Américains n'ont jamais vue. Six *shotgun houses* étaient plantées dans une clairière qui s'ouvrait dans les bois, alignées comme des prisonniers tenus en otage par une autre époque. Aucune cour ne divisait les lots. Des ordures étaient empilées autour de chaque maison : de vieux pneus, des sièges de voiture, des sommiers aux ressorts rouillés. Au milieu du chemin, il y avait la carcasse boursouflée d'un chien bâtard mort.

Devant l'une des maisons, un jeune homme et une jeune femme de couleur nous observaient du fond d'un divan éventré que quelqu'un avait posé là dans la poussière. La femme tirait des bouffées d'une cigarette pendant que des poules picoraient à ses pieds. De la fumée montait dans les airs en provenance d'une autre cour où des enfants faisaient brûler des ordures. Tout près, une petite fille accrochait des vêtements trempés sur une corde qui était tendue entre la maison et un arbre mort. Elle avait l'air d'avoir 12 ans et elle était enceinte.

J'ai ralenti comme si je passais tout près du lieu d'un grave accident. Les gens me fixaient comme si j'étais un extraterrestre.

«Arrêtez juste ici», a dit Denver. Et là, assise sur une souche au bord du chemin se trouvait une vieille femme qui sirotait une canette de bière à 3 heures de l'après-midi. Vêtue d'un pantalon d'homme et d'un t-shirt taché et troué, son visage s'est illuminé lorsqu'elle a vu Denver. Il est descendu du camion et l'a serrée dans ses bras, et puis il lui a tendu un billet de 5 $. Avec un petit rire haletant, elle a passé la main à travers l'un des trous de son t-shirt et a glissé l'argent dans son soutien-gorge.

«Venez dans la maison», a-t-elle dit d'une voix râpeuse. «J'ai des légumes verts sur le poêle et ils sont frais.»

Denver a poliment décliné l'invitation et est remonté dans la Suburban.

«Elle est pas de la famille, a-t-il dit. C'est juste une amie de Pearlie May.»

Nous avons roulé lentement jusqu'à la dernière maison, dépassant un homme qui réparait un tracteur. Il avait démonté la machine et plusieurs douzaines de pièces étaient éparpillées près de la porte d'entrée de sa maison. En fait, ce n'était pas vraiment une porte, mais une couverture de lainage écossais rouge clouée sur le chambranle pour empêcher les mouches de pénétrer à l'intérieur.

La maison de Pearlie May était la dernière de la rangée. Environ une douzaine de chaises de jardin en plastique étaient éparpillées dans la poussière devant la maison, avec ici et là de grosses pyramides de canettes de bière Natural Light vides, empilées comme du bois de chauffage. À côté de la véranda, il y avait une montagne de bocaux de verre brun ayant contenu du tabac à priser Garrett, des centaines de bocaux. Au bout d'une longue chaîne, un chien bâtard tacheté aboyait après un groupe de poules qui ne semblaient guère apeurées, et qui connaissaient très bien la longueur de la chaîne.

« Li'l Buddy ! », s'est exclamée Pearlie May lorsqu'elle nous a vus approcher de la véranda. « Seigneur, tu as le nez de ton père ! » Denver l'a serrée dans ses bras – pas trop fort – et puis elle s'est penchée au-dessus de la balustrade pourrie de la véranda et a gratifié le chien d'un vilain mot, suivi de : « Ta gueule, le chien, sinon c'est moi qui viens et qui te la ferme ! »

Ensuite, elle s'est tournée et a souri à Denver, mais son visage buriné laissait transparaître l'inquiétude que ma présence lui inspirait. Pour l'apaiser, j'ai indiqué de la tête la montagne de bocaux et je lui ai raconté que ma grand-mère et mes grands-tantes avaient déjà prisé du tabac Garrett. Je crois que ça l'a rassurée.

Aunt Pearlie May nous a invités dans son salon, une pièce d'environ 1,8 m par 2,4 m dont les murs étaient tapissés avec du papier d'emballage de Noël et sur lesquels trois images de Jésus étaient accrochées. Quelqu'un avait réussi d'une manière ou d'une autre à caser dans la pièce deux causeuses usées à la corde et à les disposer l'une en face de l'autre.

Lorsque Denver et moi nous sommes assis devant Pearlie May et son mari, nos genoux touchaient les leurs. Nous avons bavardé de tout et de rien, sauf le mari qui n'a pas dit un mot et qui est resté assis en face de moi, imperturbable. Plus tard, Denver m'a confié qu'il ne l'avait jamais vu aussi amical.

« Venez en arrière voir mes cochons », a dit Pearlie May après une brève conversation. « Je pense les vendre. Je veux vous les montrer parce que peut-être vous connaissez quelqu'un qui veut les acheter. »

Nous nous sommes levés et avons couvert la courte distance nous séparant de la porte arrière en trois enjambées. À
l'extérieur, deux porcs corpulents reniflaient et grognaient, se
vautrant dans la boue qui leur montait jusqu'au ventre. Pearlie
May nous a fait un petit discours de vente porcin, et puis s'est
mise à jacasser gaiement à propos de ses nouvelles toilettes
intérieures.

Elle les avait fait installer en 2001 et les avait payées avec
ce que lui avait rapporté toute une vie de contrebande de bière
Natural Light, marchandise qu'elle écoulait par la fenêtre de sa
chambre à coucher à un dollar la canette. Elle a dit qu'elle
utilisait encore les cabinets extérieurs, car la tuyauterie inté-
rieure n'était pas encore entièrement installée.

Nous sommes partis juste avant la nuit, et pendant que
nous nous éloignions, des images de pauvreté et de conditions
sordides se gravaient dans mon cerveau comme d'affreux
tatouages. J'arrivais difficilement à croire que de tels endroits
existaient encore en Amérique. J'ai remercié Denver de m'y
avoir emmené, d'avoir retiré mes œillères.

« Mr Ron, ils vivent mieux que j'ai jamais vécu quand je
vivais ici. Maintenant, vous savez que c'était la vérité quand
je disais qu'être un sans-abri à Fort Worth était une promotion
dans la vie pour moi. »

66

La deuxième semaine de septembre, déjà plus d'un demi-million de dollars avait été versé à la mission. Deux jours avant la cérémonie d'inauguration des travaux de construction de la chapelle de Deborah, Mary Ellen m'a téléphoné. Elle voulait partager avec moi quelque chose que Jésus avait dit à ses disciples, une métaphore sur Sa propre mort qui avait été consignée dans l'évangile selon saint Jean : « En vérité, en vérité, je vous le dis, si le grain de blé tombé en terre ne meurt pas, il demeure seul ; mais s'il meurt, il porte beaucoup de fruit. »

En priant ce matin-là, m'a dit Mary Ellen, elle avait senti que Dieu disait doucement à son cœur : *Deborah était comme ce grain de blé.*

Le lendemain, Denver est venu me rendre visite. Assis en face de moi à la table de la cuisine comme il l'avait fait si souvent, il m'a dit pratiquement la même chose, mais avec les mots d'un pasteur de campagne. « Mr Ron, toutes les bonnes choses doivent finir, a-t-il dit, et rien finit jamais vraiment sans que quelque chose de nouveau commence. Comme Miss Debbie. Elle est partie, mais quelque chose de nouveau commence. »

Trois jours plus tard, le 13 septembre, nous nous sommes réunis pour assister à la première pelletée de terre qui allait donner naissance à « New Beginnings », le nouveau refuge. Cela faisait seulement deux jours que des terroristes avaient précipité deux avions de passagers sur le World Trade Center, changeant à jamais l'Amérique. Carson vivait à New York. Cela m'avait pris des heures à le joindre par téléphone, assis devant la télé où l'on couvrait l'événement en direct, conscient du fait que ce n'était plus seulement mon propre monde que la tragédie avait transformé pour toujours.

La nation tout entière retenait son souffle, mais en l'honneur de Deborah, le conseil d'administration de la mission avait décidé d'aller de l'avant avec le début des travaux. J'ai fait le trajet familier qu'elle et moi avions si souvent emprunté ensemble jusqu'à la mission, j'ai traversé les voies ferrées et j'ai longé des immeubles abandonnés et ces passages souterrains que les sans-abri utilisent comme cabinets d'aisance.

La première fois que Deborah et moi avions roulé sur East Lancaster, elle avait rêvé d'apporter de la beauté ici. Et elle l'avait fait, mais pas comme elle l'avait d'abord imaginé. Au lieu de border les trottoirs de petites clôtures, elle avait fait reculer la peur, les préjugés, les jugements, créant avec son sourire et son grand cœur un sanctuaire pour des centaines de personnes.

Au lieu de planter des fleurs jaunes, elle avait semé des graines de compassion qui avaient transformé des cœurs, le mien et celui de Denver n'en étant que deux parmi tant d'autres.

Ce jour-là, je me tenais donc debout aux côtés de Regan, Denver, ma mère, Tommye, et de près d'une centaine d'amis sous le ciel bleu de Dieu, me servant du programme de la cérémonie pour m'abriter du soleil. Nous avons écouté le maire Kenneth Barr et le sénateur du Texas Mike Moncrief parler de l'espoir que ce nouveau refuge apporterait aux sans-abri de Fort Worth. Derrière eux, une parcelle de terre rouge de trois mètres avait été dénudée et quatre pelles ornées de rubans bleus se dressaient comme des soldats, prêtes à retourner la terre. Une terre prête à recevoir un grain de blé.

East Lancaster abrite maintenant un nouveau refuge qui offre de nouveaux services aux nécessiteux : des chambres pour les femmes et les enfants, ainsi que la Deborah L. Hall Memorial Chapel. Toutes ces installations ont été érigées en mémoire d'une femme qui a servi la ville, d'une femme que Dieu a rappelée auprès de Lui afin que, dans Son étrange providence, le malade et l'égaré trouvent asile et espoir. Avec amertume, je me suis demandé s'Il n'aurait pas pu construire tout ça sans me prendre ma femme. Cela aurait pu s'appeler la Chapelle de Dieu et Deborah Hall aurait pu Le servir là.

Je me suis rappelé ce que C.S. Lewis avait dit de ce qui oppose le chagrin et la foi : « Les tortures se produisent », a-t-il écrit. « Si elles ne sont pas nécessaires, alors il n'y a pas de Dieu, ou c'est un mauvais Dieu. S'il y a un Bon Dieu, alors ces tortures sont nécessaires, car aucun Être même modérément bon ne pourrait les infliger ni les permettre. »

Je pleurais toujours la perte de Deborah. Et je ne pouvais pas cacher la profonde déception que m'inspirait le silence que Dieu avait opposé à nos prières demandant sa guérison. Je suppose qu'Il ne m'en veut pas pour ça. L'une des idées que nous, évangéliques, aimons bien propager, c'est que le christianisme « n'est pas une religion, mais une relation ». J'y crois, et c'est pourquoi je sais que lorsque ma foi a volé en éclats et que j'ai ragé contre Lui, Il a continué à m'accepter. Et même si j'ai inscrit un mauvais point pour Lui dans Sa colonne, je peux le dire en toute franchise. C'est cela, une relation.

Et pourtant, je ne peux nier les fruits de la mort de Deborah – Denver, l'homme nouveau, et les centaines d'hommes, de femmes et d'enfants qui allaient être aidés grâce au nouveau refuge. Et donc, je l'ai rendue à Dieu.

Le dimanche suivant le début des travaux, Denver et moi nous sommes garés sur le terrain de stationnement de la New Mount Calvary Baptist Church, une église d'un quartier défavorisé dans le sud-est de Fort Worth. Le pasteur Tom Franklin avait entendu Denver lors du service funèbre de Deborah et, pendant des mois, il ne m'avait pas lâché. Il voulait que je le convainque d'aller prêcher dans son église. Denver a fini par accepter. J'avais prié pour que l'église soit bondée, mais si je me fiais au nombre de voitures autour de nous, les fidèles se massaient ailleurs ce matin-là.

Si Abraham Lincoln avait été noir, le pasteur Tom, avec sa barbe et ses cheveux gris, aurait pu être son jumeau. Il nous a accueillis à la porte de l'église et nous a tous les deux serrés dans ses longs bras maigres. Jetant un coup d'œil dans le sanctuaire, je n'ai vu que quelques personnes dispersées çà et là.

Le pasteur Tom a lu dans mes pensées. « Ne vous en faites pas, Ron. Tous ceux que le Seigneur veut voir ici seront ici. »

Alors que l'office commençait et que la petite congrégation chantait de vieux spirituals, Denver et moi nous faisions discrets sur un banc de la dernière rangée. Le pasteur Tom voulait que je présente Denver du haut de la chaire, mais il a quand même passé quelques minutes à raconter d'abord l'histoire de sa vie. Évidemment, Denver n'a pas tellement apprécié. Pendant les chants, il y a eu négociation sur le dernier banc.

« Ça regarde personne comment je suis arrivé ici ! », a-t-il murmuré. « Et je veux pas leur parler de moi. Je veux leur parler du Seigneur. »

Il a fait une pause et a fixé la Bible qui se trouvait sur le banc à côté de moi. « Dites juste que je suis un rien du tout qui essaie de parler à tout le monde de Quelqu'un qui peut sauver *n'importe qui*. Pas besoin de dire plus. »

C'est donc ce que j'ai dit lorsque je l'ai présenté à la congrégation après les chants. Et puis Denver est monté en chaire. Au début, sa voix était un peu chevrotante, mais elle était forte. Et plus il prêchait, plus elle devenait forte encore. Et comme un aimant, cette voix a attiré les gens qui passaient dans la rue. Et lorsqu'il a essuyé la sueur de son visage et s'est rassis, les bancs étaient presque tous occupés.

Comme un boulet de canon, le pasteur Tom a bondi de son siège et est monté en chaire, levant les bras vers la congrégation. «Je crois que Dieu veut que Denver revienne et prêche le renouveau de la foi!», a-t-il dit. Les fidèles, dont la plupart avaient été attirés dans le sanctuaire par la voix de Denver, ont applaudi très fort.

Je me suis soudain rappelé le rêve de Deborah, lorsqu'elle avait vu le visage de Denver et entendu les paroles de Salomon: «Mais il trouva devant lui un homme pauvre et sage qui sauva la ville par sa sagesse.»

Encore une fois, quelque chose de nouveau avait commencé. Quelque chose qui, j'en étais sûr, faisait danser ma femme de joie sur des routes pavées d'or.

67

Comme j'ai dit, quand Mr Ron avait promis qu'on ferait pas de capture-remise à l'eau, j'étais pas sûr. Mais écoutez ça : pas longtemps après que j'ai prêché à l'église du pasteur Tom, Mr Ron m'a demandé si je voulais habiter avec lui. Et vous croirez pas où – au Murchison Estate à Dallas. Mr Ron a dit que des présidents des États-Unis, des vedettes de cinéma et même un gars appelé J. Edgar Hoover avaient habité là.

J'imagine que les Murchison ont déjà été les gens les plus riches du Texas et parmi les plus riches de tout le pays. En 2001, Mrs Lupe Murchison est morte. Elle est partie rejoindre son mari et sa famille voulait que Mr Ron vive dans son manoir et vende toutes ses œuvres d'art. Ils avaient des centaines de tableaux et de statues, et tout ce que vous voulez.

Mr Ron a dit que ça valait des millions et des millions de dollars. Donc, il m'a engagé pour vivre là-bas avec lui et être le gardien de nuit. Ça faisait mon affaire parce que j'étais prêt à travailler et à gagner un peu d'argent. Le manoir était vraiment vieux et très beau. Il avait été construit dans les années 1920, Mr Ron a dit. Quand je gardais la nuit, j'ai vu souvent des fantômes qui se promenaient.

Pas longtemps après que j'ai déménagé là-bas avec Mr Ron, j'ai trouvé de la peinture dans le garage et j'ai décidé de me faire un tableau. J'étais payé pour garder tous ces tableaux bizarres de gars comme Picasso. J'avais pas l'impression que c'était difficile à faire. Et c'était vrai parce que ça m'a pris seulement deux heures pour faire le portrait d'un ange aussi beau que les portraits que je gardais.

Je l'ai montré à Mr Ron le lendemain matin et il l'a beaucoup aimé. «Combien en voulez-vous? il m'a demandé.

– Un million de dollars, j'ai dit.

– Un million de dollars! il a dit en riant. Vos tableaux sont au-dessus de mes moyens.

– Mr Ron, je vous demande pas de l'acheter. Je vous demande de le vendre comme vous vendez les autres tableaux d'un million de dollars.»

Mais après ça, j'ai montré le portrait de l'ange à Sister Bettie et elle a dit que c'était le plus beau qu'elle avait jamais vu, et donc je lui ai donné l'ange. De toute façon, elle est comme un ange pour moi. Après, Mr Ron a installé pour moi un studio à côté du garage à cinq voitures de Lupe Murchison. J'imagine que j'ai fait une centaine de tableaux jusqu'à aujourd'hui. J'en ai vendu plusieurs aussi.

Carson et Mr Ron ont vendu presque toutes les œuvres d'art des Murchison et quelqu'un a acheté le manoir aussi. Maintenant on vit dans une autre maison sur le domaine pendant qu'ils vendent ce qui reste.

Pendant le jour quand je travaille pas, je porte le flambeau de Miss Debbie, celui que le Seigneur m'a dit de ramasser pour qu'elle se repose. Je vais encore au Lot et j'aide Sister Bettie et Miss Mary Ellen. Sister Bettie vieillit et je m'inquiète pour elle. Une fois par mois, je prêche à la Riteway Baptist Church. J'apporte des vêtements aux sans-abri et je prends soin de mes copains qui vivent encore dans la rue, et des fois je leur donne un peu d'argent.

Je fais des voyages aussi. En janvier 2005, moi et Mr Ron on est allés à l'inauguration présidentielle. Mr Ron était invité et il m'a demandé d'aller avec lui. C'était la première fois que je prenais l'avion. On a atterri dans une tempête de neige, mais je savais pas que j'étais censé avoir peur.

On était assis dans la première rangée sur la pelouse de la Maison-Blanche et je regardais autour de moi tous les astronautes et les héros de guerre, et je me demandais comment un gars comme moi avait pu se retrouver dans un endroit comme ça.

J'avais jamais rêvé de ça. J'étais pas loin du président, mais je voulais le voir mieux, alors je me suis levé et j'ai marché vers sa chaise où il attendait de faire son discours. Mais un homme des services secrets, un gars noir comme moi, a levé sa main.

« Monsieur, où allez-vous ?

– Je m'en vais juste là voir le président », j'ai dit.

Il m'a regardé d'un air assez sévère. « Non. Vous êtes assez près. »

Plus tard ce soir-là, moi et Mr Ron on est allés au bal inaugural. Le président et sa femme dansaient juste là en face de moi. Je portais un smoking et un nœud papillon. J'étais pas mal fier de ça.

Le lendemain, j'ai absolument voulu me tenir sur les marches du Lincoln Memorial. Je me rappelle que quand j'étais encore un petit gars, Big Mama m'avait raconté que le président Lincoln avait libéré les Noirs de l'esclavage. C'est pour ça que quelqu'un avait tiré sur lui.

Je trouvais que j'étais chanceux d'avoir pu aller voir le président. Moi et Mr Ron, on a fait d'autres voyages aussi. Je suis allé à Santa Fe et à San Diego. Quand on est à Dallas, on va encore dans des restaurants et des cafés, au ranch et à des rodéos, et à l'église le dimanche. Finalement, on est des bons amis. Souvent, on s'assoit sur la véranda en arrière de la maison des Murchison, ou sur la terrasse à Rocky Top, et on regarde la lune briller sur la rivière et on parle de la vie. Mr Ron a encore beaucoup de choses à apprendre.

Non, c'est une blague. Même si j'ai presque 70 ans, moi aussi j'ai beaucoup de choses à apprendre. Avant, je passais beaucoup de temps à m'inquiéter parce que j'étais différent des autres, même des autres sans-abri. Après, quand j'ai rencontré Miss Debbie et Mr Ron, j'ai pensé que j'étais tellement différent d'eux que j'ai eu peur qu'on ait pas d'avenir ensemble. Mais j'ai compris que tout le monde est différent – *différent, tout comme moi*. Tout le monde est quelqu'un d'ordinaire qui marche sur le chemin que Dieu a mis devant lui.

La vérité c'est que même si on est riches ou pauvres ou quelque part entre les deux, cette terre est pas notre dernière demeure. Donc, on est tous un peu des sans-abri, on fait juste marcher vers notre vraie maison.

Guide à l'intention du lecteur

Voici quelques questions visant à stimuler la réflexion et la transmission au quotidien des sujets présentés dans cet ouvrage. Assoyez-vous avec une tasse de café ou réunissez-vous avec des amis pour réfléchir et discuter de ces sujets et de leur importance dans notre société actuelle.

Pour connaître les opinions en anglais de Ron et de Denver à cet égard, consultez leur site Web à l'adresse suivante :

www.samekindofdifferentasme.com

Les préjugés

1. Quels sont quelques exemples modernes de préjugés ? Outre les préjugés raciaux, quels autres types de préjugés sont actuellement monnaie courante ?

2. Nommez trois choses que l'on peut faire pour surmonter nos préjugés personnels ?

3. Qu'est-ce que le fait d'avoir des préjugés laisse transparaître de notre estime de soi ?

4. Lisez ce verset 6,8 du livre de Michée : «On t'a fait savoir, homme, ce qui est bien, rien d'autre que d'accomplir la justice, d'aimer avec tendresse et de marcher humblement avec ton Créateur.» Que dit ce verset de l'attitude que nous devrions adopter envers les autres ?

Les sans-abri

1. Quelle est votre première réaction lorsque vous croisez un sans-abri ou quelqu'un qui a sérieusement besoin d'aide financière ou personnelle?

2. Si vous vous trouviez dans cette situation, comment aimeriez-vous que les gens réagissent envers vous?

3. En plus de faire des dons en argent à des organismes de bienfaisance, nommez trois choses que vous pourriez faire pour aider les sans-abri de votre communauté.

4. Plusieurs organismes sont souvent dirigés vers les bannis, les exclus de la société. Quel groupe de gens êtes-vous le plus porté à fréquenter – les rejetés de votre communauté ou l'élite? Pourquoi?

La maladie et la souffrance

1. Des choses terribles arrivent à des gens bien. Que la Vie tente-t-elle de révéler dans de telles situations?

2. Prendre conscience de notre nature mortelle met la vie en perspective. Nommez trois choses pour lesquelles vous aimeriez qu'on se souvienne de vous. Que faites-vous aujourd'hui pour atteindre ces buts?

3. Que pouvez-vous faire pour cultiver ce genre de réflexion au quotidien?

Le pardon

1. Est-il plus difficile de pardonner ou de se faire pardonner? Pourquoi?

2. Pourquoi est-il si difficile pour nous d'offrir un pardon inconditionnel? Qu'est-ce qui pourrait vous aider à pardonner davantage?

3. Quel est le rôle du pardon dans votre vie personnelle et spirituelle ?

4. Parce que quelqu'un nous a pardonné, nous devrions pardonner. Comment cette forme de pardon influerait-elle sur vos relations ?

La foi

1. Dans le chapitre 44, Denver dit : « Nos limites sont des occasions pour Dieu. » Comment cet énoncé s'est-il authentifié dans votre vie ?

2. Tout au long de cet ouvrage, la réaction initiale de Denver devant les défis de la vie trouve souvent ses racines dans sa foi toute simple. Pourquoi est-il aussi difficile pour les gens qui ont réussi dans notre société de nourrir ce genre de foi ? Qu'est-ce qui nous empêche d'avoir ce genre de foi ?

3. Alors que Deborah est dans un état critique, l'objet de son ministère (Denver) en devient la source. Denver avait lui-même beaucoup souffert et il était outillé pour épauler Ron. Quelles épreuves ont été mises sur votre route pour vous permettre d'aider les autres ? Comment faites-vous pour répondre aux besoins d'autrui ?

4. Deborah est allée jusqu'à s'investir dans la vie des autres pour les aider. Comment pouvez-vous vous investir dans la vie d'autrui ?

5. Le service funèbre de Deborah a été une célébration. Comment une occasion aussi triste peut-elle devenir une fête ? Que cela révèle-t-il de la personne qui est décédée ?

Où sont-ils maintenant ?

UNE CONVERSATION AVEC LES AUTEURS

En quoi le fait de raconter votre histoire a-t-il influé sur votre vie de tous les jours ?

RON : Ce livre est devenu ma vie, car les conférences et ma correspondance avec nos lecteurs me laissent dorénavant peu de temps libre. Il m'est pratiquement impossible d'aller où que ce soit, et plus particulièrement au Texas, où Denver et moi sommes maintenant très connus. Mais je dois admettre que c'est flatteur, et les récits étonnants que nous font de parfaits étrangers à propos de la façon dont notre histoire a changé leur vie et de ce qu'ils font maintenant pour les autres compensent largement la perte de notre anonymat. Je ne cesse de dire aux gens que je suis devenu riche grâce à l'art, mais que c'est mon amitié avec Denver qui a enrichi ma vie.

DENVER : Tout a changé. Les choses que j'avais l'habitude de faire, je peux plus les faire. Je suis pas parfait, mais je veux plus faire de mauvaises choses, mais même les choses qui sont pas mauvaises, il faut que je fasse attention parce que je peux pas aller nulle part sans que quelqu'un me reconnaisse.

Quelles ont été quelques-unes des occasions d'aider qui ont croisé votre route depuis la première parution de ce livre?

RON: J'ai eu le privilège d'encourager de nombreuses personnes qui avaient perdu un conjoint, un enfant ou un autre membre de leur famille. Évidemment, nous avons passé beaucoup de temps avec des sans-abri et leurs proches. Notre histoire leur donne de l'espoir.

DENVER: J'avais jamais rêvé d'aller à la télévision, à la radio et de visiter autant de villes comme New York, Washington, D.C. et Chicago, et de parler à des milliers de gens de la part de mes frères et de mes sœurs qui vivent encore dans la rue. Et j'avais jamais rêvé que je pourrais donner de l'argent à ceux qui m'avaient aidé si longtemps. Je pouvais juste pas penser aussi grand!

Y a-t-il des réflexions que vous n'avez pas consignées dans le livre original?

RON: Nous y avons consigné la majeure partie de nos pensées et cet ouvrage n'a pas été conçu comme un livre d'auto-assistance ou un manuel didactique. C'est simplement l'histoire d'une femme croyante qui avait un rêve et qui a vécu ce rêve jusqu'à transformer une ville. Denver et moi ne sommes pas des prédicateurs ni des professeurs, mais des pécheurs avec une histoire à raconter.

DENVER: Je n'avais pas de pensées à dire pour ce livre, j'ai juste raconté mon histoire. Je veux seulement encourager les gens à être un peu plus comme Miss Debbie.

Quel message espérez-vous que le lecteur retienne de la lecture de cet ouvrage?

RON: Une personne peut faire une différence et changer les choses. Denver fait une différence. Debbie a fait une différence ici sur terre et continue de là-haut.

DENVER : Vous savez jamais à travers les yeux de qui Dieu vous regarde. Ce sera probablement pas votre pasteur et ça pourrait bien être quelqu'un qui vit comme je vivais.

Tout livre a son héritage. Qu'espérez-vous que soit l'effet à long terme de votre récit ?

RON : Notre nation, peut-être même notre monde (oh là là !, c'est grand !) ne verra plus jamais les sans-abri du même œil. Il faut une vision inspirée par l'amour pour voir au-delà des haillons et de la crasse, et découvrir le cœur d'autrui.

DENVER : J'espère que les gens vont recycler l'amour qu'ils donnent et l'offrir à quelqu'un qui est pas facile à aimer.

Nommez trois choses que nous pourrions faire pour combler la brèche sociétale qui existe actuellement dans notre culture ?

RON : 1) Nous devons sortir de notre zone de confort et nous trouver un ami d'une race et d'un groupe socioéconomique différents ; 2) nous devons faire preuve de loyauté ; 3) et nous ne devons jamais pratiquer la capture-remise à l'eau, quelles que soient les difficultés.

DENVER : Il faut aimer cet ami et l'aider et pas le juger, malgré ce qu'il est, ce qu'il a l'air et ce qu'il a fait !

Votre récit révèle la façon dont vous voyiez la vie avant de vous rencontrer. Qu'avez-vous appris en lisant l'histoire de votre coauteur ?

RON : J'ai réalisé la chance que j'avais eue de naître et d'être élevé au sein d'une famille qui m'aimait, qui prenait soin de moi et qui n'a pas été le théâtre de tragédies. L'histoire de Denver m'a fait prendre conscience que ma famille et moi étions responsables de la façon injuste dont des familles comme la sienne ont été traitées au 20e siècle.

DENVER : J'ai pas lu le livre, mais j'ai appris à pas juger les gens parce que je connais pas les choses qui les ont rendus comme ils sont. Mais Mr Ron et ses amis ont changé ma façon de voir les gens riches.

Dans certaines communautés, le sans-abrisme atteint des proportions épidémiques. Quelle est d'après vous la solution finale à ce problème ? En quoi votre perception des sans-abri a-t-elle changé au cours des dernières années ?

RON : À mon avis, il n'y a pas de solution à ce problème. Cependant, il existe de nombreux moyens d'améliorer les conditions de vie des gens qui se retrouvent dans la rue : 1) Les relations établissent la confiance et la confiance conduit à l'obligation de rendre des comptes. C'est à ce moment-là que des vies peuvent être changées. 2) Il faut encourager et financer la réconciliation des familles. Un jeton pour téléphoner et un billet de bus ont réussi à sortir des gens de la rue et leur ont permis de rentrer chez eux.

Nos lecteurs nous ont parlé d'un grand nombre de cas similaires. 3) Ma perception a beaucoup changé après avoir rencontré des centaines de sans-abri et entendu leur histoire. Il suffit de prendre le temps d'écouter pour découvrir que la plupart des sans-abri ont débuté dans la vie à peu près comme tout le monde, mais que souvent leur trajectoire a dévié à cause d'une tragédie et de circonstances qui ont échappé à leur contrôle. Mais, par la grâce de Dieu, je n'ai pas connu ça.

Denver m'a raconté comment des organismes religieux, des programmes gouvernementaux et des individus charitables l'avaient nourri et gardé en vie pendant toutes ces années où il a vécu dans la rue, mais c'est l'amour de Deborah qui l'a amené à vouloir apporter des changements dans sa vie.

DENVER: Dieu dit que le pauvre sera toujours avec nous. Je crois pas qu'il y a une solution, mais si les gens étaient plus comme Miss Debbie, les sans-abri seraient mieux traités.

Comment définissez-vous maintenant le succès ? En quoi votre histoire a-t-elle influé sur ce que veut dire pour vous avoir réussi ?

RON: Une personne qui a réussi est une personne qui vit dans la joie avec les cartes qui lui ont été données. La haute société dans laquelle je vivais semblait peuplée d'un nombre disproportionné de gens malheureux. En ce qui me concerne, j'ai gagné beaucoup moins d'argent au cours des six dernières années, mais j'estime avoir réussi au-delà de toute espérance en permettant à Dieu de nous utiliser, Denver et moi, pour aider les plus désespérés de notre société.

DENVER: Une personne qui a réussi est une personne qui remercie Dieu pour rien, et puis Dieu lui donne tout ! Le succès, j'ai découvert, vient avec beaucoup de responsabilités. Avant, j'étais debout au milieu de nulle part où le temps comptait pas et où j'avais rien à faire. Et maintenant je suis debout au milieu de partout et j'ai jamais assez de temps pour arriver où je veux aller et j'ai appris que le TEMPS COMPTE !

Il faut bien me comprendre. Dieu a besoin des gens riches pour aider les gens pauvres à survivre. J'espère que tout le monde va essayer de réussir, pas pour des raisons égoïstes, mais pour aider ceux qui peuvent pas s'aider.

Si vous aviez la possibilité de revenir en arrière et de tout recommencer, cette histoire serait-elle différente ? Si oui, comment ? Sinon, pourquoi ?

RON: Oui, ce serait une histoire différente, car Debbie, arrivée à l'article de la mort, aurait guéri miraculeusement. Mais maintenant, 7 ans après son décès et après que j'ai raconté son histoire 200 fois, je peux voir la main de Dieu et même comprendre le but qu'Il avait fixé pour sa vie et sa mort douloureuse. Mais cela n'empêche pas que j'aurais aimé une fin différente.

DENVER : Non, l'histoire serait pareille. Si j'avais pas vécu ce que j'ai vécu, je serais pas qui je suis maintenant ! Le malheur qui fond sur toi doit fondre sur toi, et le malheur qui doit t'éviter doit t'éviter.

Remerciements

Denver et Ron souhaitent remercier les Wednesday Watchmen, la Union Gospel Mission, Sister Bettie Hedgpeth, le pasteur Henry Stanford la Riteway Missionary Baptist Church, Mighty Men, Best Friends, Buckaroos, le Vitas Hospice, le All Saints Hospital, ses médecins et infirmières, le CTRC et tous les amis, membres de la famille et associés en affaires qui ont prié sans relâche, téléphoné, chanté, cuisiné, écrit, nettoyé la maison, fait des courses, fait les messages, donné des massages de pieds, sorti les chiens, ramassé leurs besoins, adopté les chiens, envoyé de l'argent au refuge et aux H.O.P.E. Farms, qui se sont occupés de nos sympathisants, ont préparé le cimetière et qui nous ont aimés de près ou de loin.

Merci à mon agent Lee Hough, un véritable croyant qui est allé à l'encontre de toutes les règles en acceptant de lire le manuscrit d'un auteur inconnu pour ensuite le vendre aux meilleures personnes de l'industrie... Et merci à Lynn Vincent qui a passé des heures avec Denver et moi au Texas et en Louisiane afin de camper nos personnages et de donner forme à notre histoire... Et merci à Caryl Avery qui m'a enseigné la ponctuation et les verbes, et qui n'a cessé d'affirmer que, avec un peu de chance, mon manuscrit serait peut-être publié.

Merci à Jack Temple Kirby, dont l'ouvrage intitulé *Rural Words Lost: The American South 1920-1960* (Louisiana State

University Press, 1987) nous a été précieux pour établir les fondements historiques de ce livre.

Merci à David Moberg et à Greg Daniel – ils ont pris le risque de publier le premier manuscrit d'un auteur inconnu qui racontait l'histoire extravagante de gens qu'ils ne connaissaient pas!

Et un merci tout spécial à ma tante Vida qui a dactylographié le tout plus de 20 fois sans jamais se plaindre.

Que Dieu vous bénisse tous!

La dernière maison de Denver en Louisiane

La voie ferrée où Denver a sauté dans un train de marchandises pour quitter la Louisiane

Le magasin de l'« Homme blanc »

Denver chez lui dans sa galerie

Denver en Louisiane avec le cochon de Pearlie May

La première fête d'anniversaire de Denver au Red, Hot & Blue
à Fort Worth, avec Janina et Scott Walker, Denver au milieu,
et Ron et Deborah Hall

Denver et Ron observant la capture au lasso du bétail
à Rocky Top

Le dernier Noël de Deborah à Rocky Top

Denver et Ron souhaitant la bienvenue au premier
petit-enfant de Ron et Deborah, Griffin Donnell

Un des tableaux de Denver : «Angel in Flight»

Le cimetière Brazos del Dios, qui signifie Les Bras de Dieu, où repose Deborah

RON HALL (à droite), un marchand d'art international
renommé. Détenteur d'un MBA, il partage son temps entre
Dallas, New York et son ranch sur la Brazos River, près de Fort
Worth. DENVER MOORE (à gauche) qui fait du bénévolat
à la Union Gospel Mission de Fort Worth. Il agit aussi comme
pasteur invité à la Riteway Baptist Church, à Fort Worth,
et il fait carrière en tant que peintre. Il vit à Dallas, au Texas.
Ce sont les auteurs de ce livre.

À Debbie,
Tu as gardé la foi tout au long de ton combat.